Bergtouren rund um das Lechtal

W0302411

Gerhard Hirtlreiter/Rudolf Kuhnlein

Bergtouren rund um das Lechtal

Gipfel- und Höhenwege im Lechquellengebirge, in den Lechtaler Alpen, Allgäuer Alpen, Tannheimer Bergen und Ammergauer Alpen

40 Touren

Mit 97 Farbfotos,
38 Kartenskizzen zu den Touren
und einer Übersichtskarte

Bruckmann

Umschlag-Titel:
Die Mädelegabel, Krönung des Heilbronner Höhenwegs. Dieser Weg läßt sich vom Lechtaler Ort Holzgau aus in eine besonders reizvolle Runde einbauen (Tour 28).

Umschlag-Rückseite:
Am Dirstentritt in den nördlichen Ausläufern der Heiterwand (Tour 12).

Umschlag-Klappe:
Am nordöstlichen Ende der Lechtaler Alpen, am Fuß des Grubigsteins, liegt der Ort Lermoos (Tour 9).

Innentitel:
Am mittleren Abschnitt des Höhenwegs von der Rappenseehütte zum Biberkopf hat man reichlich Vormittagssonne. Weiter geht es durch die schattige Nordflanke und schließlich nahe des im Profil sichtbaren Westgrates auf den Gipfel (Tour 29).

Gedruckt auf chlorarm gebleichtem Papier

Die Deutsche Bibliothek – CIP-Einheitsaufnahme

Hirtlreiter Gerhard:
Bergtouren rund um das Lechtal : Gipfel- und Höhenwege im Lechquellengebirge, in den Lechtaler Alpen, Allgäuer Alpen, Tannheimer Bergen und Ammergauer Alpen ;
40 Touren / Gerhard Hirtlreiter ; Rudolf Kuhnlein. –
München : Bruckmann, 1993
(Erlebnis Berg)
ISBN 3-7654-2628-8
NE: Kuhnlein, Rudolf:

© 1993 F. Bruckmann KG, München
Alle Rechte vorbehalten
Gesamtherstellung: Bruckmann, München
Druck: Gerber + Bruckmann, München
Printed in Germany
ISBN 3-7654-2628-8

Inhaltsverzeichnis

Bildnachweis

Gerhard Hirtlreiter, München: 2/3, 11, 18/19, 24, 30, 31, 32/33, 34, 37, 38, 39, 40, 47, 48, 49, 50/51, 53, 54, 55, 56, 58, 60/61, 62, 63, 64, 67, 68/69, 70, 71, 73, 77, 78, 80, 81, 82, 84/85, 87, 88, 90/91, 92, 93, 94, 95, 97, 99, 100/101, 121, 133, 134/135, 136, 139, 140, 142/143, 145, 146, 148, 150, 151, 152, 160/161, 162, 164/165, 168, 169, 170/171, 172, 174/175, 177, 178/179, 182, 184/185, Umschlag-Titel, Umschlag-Rückseite und Umschlag-Klappe;

Rudolf Kuhnlein, München: 9, 12/13, 16, 21, 27, 42, 44/45, 75, 103, 104, 107, 109, 111, 113, 116/117, 119, 122, 124/125, 128/129, 130, 154/155, 157, 158.

Die Kartenskizzen zu den Touren und die Übersichtskarte zeichnete Wolfgang Bayer, Röhrmoos.

Vorwort

Völlig unabhängig voneinander hat uns, die beiden Autoren, gleich zu Beginn unseres Bergsteigerlebens der Zufall in die Berge ums Lechtal geführt. Dabei ist es uns ganz ähnlich ergangen: Wir waren fasziniert von diesem großen Gebirge, in dem man tage-, ja wochenlang, fernab des hektischen Zivilisationsbetriebs umherstreifen konnte. Wir waren begeistert von den schroffen Felskämmen über sanften grünen Hügeln, den kristallklaren Badeseen mitten im Hochgebirge, den harten Kontrasten in einer grandiosen Berglandschaft. Fasziniert hatte uns auch, daß es dennoch kaum Modeberge, keine überlaufenen Wege und keinen Massenansturm auf den Hütten gab. Und schließlich dieser herrlich wilde Fluß im Tal...

Bis heute hat sich da nicht viel geändert. Stille und Ursprünglichkeit findet man hier noch immer, wie in kaum einer anderen Ecke der Alpen.

Natürlich haben wir uns gefragt, ob dieser seltene Zustand durch dieses Buch nicht gefährdet werden könnte. Aber Massentourismus wird sich kaum entwickeln, solange Seilbahnbauten und Pistenerschließungen tabu bleiben. Dazu können Wanderer, Bergsteiger und Sommerfrischler durchaus einen Beitrag leisten: Wenn das Einkommen aus dem sanften Tourismus den Einwohnern eine realistische Alternative zu den Verdienstmöglichkeiten bei – auch im Lechtal – diskutierten Großprojekten der Tourismusindustrie oder der Energiewirtschaft ermöglicht.

Seit vielen Jahren hat uns das Lechtal und seine Berge immer wieder angezogen und mit der Zeit wurden die kleinen und großen Sensationen entlang des Wegs fast wichtiger als die Gipfelziele selbst. Die Berge und die Täler sind so reich an Blumen, an Geschichten, die die Steine erzählen, an Kultur und Geschichte, aus der das Heute gewachsen ist. Wer mit wachen Sinnen unterwegs ist, wird auf den Wegen und Steigen vieles bewußter wahrnehmen und vielleicht ein tieferes Erlebnis spüren als beim reinen »Gipfel abhaken«.

Wir wünschen unseren Lesern erholsame Tage im Lechtal und erlebnisreiche Touren in den Bergen.

Gerhard Hirtlreiter
Rudolf Kuhnlein

Der Lech ist nicht nur einer der schönsten, er ist auch der letzte relativ ursprüngliche Wildfluß in den nördlichen Kalkalpen; Lebensraum für zahlreiche Raritäten aus Tier- und Pflanzenwelt.

Kleine landeskundliche Einführung

Die Berge rund um das Lechtal – sind das nicht die Lechtaler Alpen? Ja, aber nicht nur! Die Lechtaler Alpen gehören zwar zu den größten Gebirgsgruppen der Ostalpen, den namengebenden Lech begleiten sie aber nur auf der orographisch (also in Fließrichtung gesehen) rechten Seite – und das nicht einmal von der Quelle weg. Wer ins Lechtal fährt oder dort den Urlaub verbringt, wird sich nicht immer nur für diesen Abschnitt auf der einen Talseite interessieren, sondern ebenso für die anderen Gebirgsgruppen rund um das Tal. Daher haben wir in diesem Buch Touren aus all diesen Gebieten zusammengestellt.

Der junge Lech wird auf seinem Weg zunächst von den Bergen des *Lechquellengebirges* begleitet. Ab Warth folgen dann am orographisch linken Ufer zunächst die *Allgäuer Alpen* mit dem Krottenkopf als höchstem Gipfel (2656 m) und nördlich des Tannheimer Tals dann die Tannheimer Berge mit Gimpel und Roter Flüh als Wahrzeichen.

Am rechten Ufer erstrecken sich von Lech bis Reutte die *Lechtaler Alpen,* mit ca. 1600 Quadratkilometern Fläche eine der größten Gebirgsgruppen innerhalb der Nördlichen Kalkalpen. Sie kulminieren in der Parseierspitze, dem mit 3036 Metern höchsten Gipfel, nicht nur in unserem Gebiet, sondern in den gesamten Nördlichen Kalkalpen. Nördlich des Zwischentorentals schließen sich dann die *Ammergauer Berge* mit dem steil aufragenden Säuling als »Wächter des Lechtals« an.

Diese Berggruppen, die den Fluß begleiten, wollen wir auf den schönsten Höhen- und Gipfelwegen erkunden. Zuvor begeben wir uns auf eine kleine Gedankenreise den Lech entlang – von der Quelle bis zum Austritt ins bayrisch-schwäbische Voralpenland.

Eine Reise von den Lechquellen bis Füssen

Wer diese Reise in die Tat umsetzen und dabei die Talschaft wirklich kennenlernen will, verzichtet dazu am besten auf die Benzinkutsche. Zu Fuß auf straßenfernen Wanderwegen, per Rad, mit Schlauchboot oder Kajaks auf dem Lech, im Winter auch mit Langlaufskiern lassen sich viele Talabschnitte erlebnisreich erkunden; zwischendurch kann man sich auch von den österreichischen Bundesbussen chauffieren lassen.

Das Lechtal zählt zu den letzten Wildflußlandschaften der Nördlichen Kalkalpen. Weitgehend unberührt von häßlichen Industriebauten und (abgesehen vom Ort Lech) noch nicht von touristischer Übererschließung beeinträchtigt, gehört es mit seinen schmucken Dörfern und einer meist noch intakten Kultur- und Naturlandschaft zu den schönsten Tälern in Tirol, ja in ganz Österreich. Besondere Perlen sind die romantischen Seitentäler, in denen man sich zeitweilig in vergangene Jahrhunderte zurückversetzt fühlen kann...

Der Ursprung des Lechs, den zwei kleine Bäche bilden, ist namengebend für das Lechquellengebirge, einer wenig bekannten Berggruppe westlich der Flexenpaßstraße.

Zunächst richtet der *junge Lech* seinen Lauf gegen Nordosten und gräbt sich, bald nach Passieren des berühmten Wintersportorts Lech, in eine beeindruckende Schlucht. Bei *Warth* wird er dann von den Allgäuer Bergen scharf in östliche Richtung abgelenkt und erreicht wenige Kilometer später beim Weiler *Prenten* kurz vor Steeg den Talboden des Tiroler Lechtals. Von *Steeg* führt ein Sträßchen ins *Kaisertal,* dem südlichsten von mehreren größeren Seitentälern, die in ihrer Ursprünglichkeit ihresgleichen suchen.

Nach Steeg schwenkt der Flußlauf in weitem Bogen ganz allmählich wieder nach Norden. In der nächsten Ortschaft, *Holzgau,* fallen sofort die stattlichen, meist in spätbarocker Pracht bemalten alten Häuser auf, die auf den einstigen Wohlstand einiger Holzhändler und Stukkateursfamilien zurückgehen. Holzgau könnte sich als schönstes Dorf des Lechtals rühmen, wäre da nicht diese neue Architektur in der Dorfmitte...

Wir gehen weiter und erreichen über Schönau und Stockach die Gemeinde *Bach* am Alperschonbach, der aus dem waldreichen Madautal mündet. Der durchweg von steilen Bergflanken gesäumte Talboden des Lechs bleibt schmal und der Flußlauf wird

Die Walsersiedlung Lech liegt am Oberlauf des Lechs, sie markiert die Grenze zwischen dem Lechquellengebirge und den Lechtaler Alpen.

von den aus den Seitentälern aufgehäuften Schwemmkegeln immer wieder von der einen auf die andere Talseite gedrängt.

Auf einer alten Brücke überqueren wir nun den Fluß und erreichen nach Ober- und Untergiblen die älteste Siedlung und den Hauptort des inneren Lechtals, *Elbigenalp.* Die Mutter des Märchenkönigs Ludwig II., Maria, pflegte hier samt Hofstaat auf Sommerfrische zu gehen – ein frühes Omen für das touristische Zentrum des heutigen Lechtals? Elbigenalp war Heimatort einiger markanter Persönlichkeiten. Das kleine Anton-Falger-Museum und eine Geierwally-Ausstellung im gleichnamigen Café lohnen einen Besuch ebenso wie die Schnitzschule im Ort.

Unsere Reise entlang des Lechs führt weiter nach *Häselgehr,* das einst der Ort des Eisens war. Eine Glockengießerei, Kuhschellen- und Sensenschmiede exportierten dereinst ihre Produkte weit über Tirol hinaus. Gleich hinter Häselgehr zweigen Straßen zunächst ins stille *Gramaiser Tal* ab (Geheimtip für abgelegene Bergtouren) und zwei Kilometer später ins *Bschlaber Tal* mit seinen uralten Weilern Bschlabs, Boden, Pfafflar und Egg. Von dort kann man über das Hahntennjoch nach Imst und weiter ins Inntal hinüberfahren.

Elmen, ein schön gelegenes, stilles Dörfchen, das von der Straße großzügig umgangen wird, erscheint ziemlich neu, da nach einer verheerenden Feuersbrunst 1881 das ganze Dorf wieder aufgebaut werden mußte.

Nach einer Talenge unterhalb Elmen weitet sich das Tal erneut. Jenseits des Lechs erblickt man *Vorderhornbach,* wunderschön auf einer späteiszeitlichen Flußterrasse über der Hornbachmündung gelegen. Von diesem hübschen Dorf führt die einzige Fahrstraße in die Allgäuer Alpen hinein: ins *Hornbachtal.* Mit seiner grandiosen Bergkulisse ist es vielleicht das schönste aller Lech-Seitentäler. Es ist auch das einzige Tal auf der österreichischen Seite der Allgäuer Alpen, das durch eine Straße erschlossen ist.

Unterhalb von Stanzach, wo ein Sträßchen ins *Namloser Tal* abzweigt, beginnt eine eigenartige Wildflußlandschaft. Der Lech, dereinst »größter Grundbesitzer« im Lechtal, ist über weite Bereiche durch Regulierungsmaßnahmen mit Dämmen und Buhnen weitge-

Die Namloser Wetterspitze bietet eine hervorragende Aussicht über die Riesenmauer der Heiterwand hinweg in die Ötztaler und Stubaier Alpen. Im Vordergrund die Grasberge (z. B. Tschachaun) auf den tonigen Gesteinsschichten rings um die Anhalter Hütte. Kleinräumiger Wechsel zwischen Kalkgestein und weichen, tonigen und mergeligen Gesteinsschichten ist charakteristisch für die Geologie der Lechtaler Alpen.

hend in ein enges Bett gezwängt worden. Hier verzweigt er sich nun in viele Arme, zwischen weiten Kiesbänken, und nach jedem Hochwasser entwickelt die natürliche Dynamik des Wassers im Flußbett eine neue, faszinierende »Kalligraphie«. Über die drohende Zerstörung dieses äußerst selten gewordenen Ökosystems müssen wir später berichten.

Die Fahrt führt uns nach der Johannesbrükke (bequemster Aussichtspunkt auf das verwilderte Lechbett) durch einen Auwald nach *Weißenbach,* wo über den Gaichtpaß und das Tannheimer Tal eine alte Verbindungsstraße westwärts ins Allgäu abzweigt. Hier ist das »innere Lechtal« zu Ende, und nach einer letzten Talenge öffnet sich schließlich das Becken von Reutte, mit dem lebhaften Hauptort des Außerferns.

Nun sind es nur noch etwa 10 Kilometer, bis der Lech, nach der Mangschlucht bei *Füssen,* die Alpen verläßt und damit auch die Grenzen unseres Tourengebiets.

Die gesamte Region ist Teil der Nördlichen Kalkalpen, deren südliche Grenze in unserem Bereich vom Inntal zum Arlberg zu ziehen ist. Politisch gesehen bewegen wir uns meist im österreichischen Bundesland Tirol. Nur der äußerste Südwesten etwa westlich der Linie Warth – Mittagsspitz – Valluga gehört zu Vorarlberg.

Geologie und Geomorphologie

Als Erstbesteiger großer Lechtaler Berge, zum Beispiel der Dremelspitze und der Parzinnspitze, wird in der alpinen Literatur *Otto Ampferer* genannt. Der Innsbrucker war nicht nur ein großer Bergsteiger der Zeit um die Jahrhundertwende, er wurde auch einer der bedeutendsten Alpengeologen überhaupt. Wichtige Grundlagen seiner Einsichten in die Erdgeschichte und die geologischen Zusammenhänge der Alpen gewann er bei der ersten genauen geologischen Kartierung der Lechtaler Alpen.

So wie Otto Ampferer kann es in den Lechtaler Bergen auch den der Alpengeologie fremd gegenüberstehenden Bergwanderern ergehen, daß sie dieser Wissenschaft verfallen – die vielen bunten Steine und die spektakulären Felsformationen sind einfach zu faszinierend, um sie unbeachtet zu lassen. Denn in den Bergen rund ums Lechtal gibt es eine so große Vielfalt an Gesteinen wie sonst nirgends in den Nördlichen Kalkalpen (zu

denen unser Gebiet zählt). Während Kalkformationen in Gebirgsgruppen wie dem Wetterstein, dem Karwendel oder dem Kaiser stark dominieren und fast alle höheren Gipfel aufbauen, sind die Lechtaler Berge auch in den höchsten Lagen geologisch und damit auch botanisch sehr viel bunter. Der kleinräumige Wechsel zwischen wuchtigen Kalkwänden, ruinenhaften Dolomitzinnen und sanfteren, blumenübersäten Mergel- und Tonschichten bestimmt den landschaftlichen Reiz der Berge rund um das Lechtal.

Unser Tourengebiet besteht aus *Sedimentgesteinen,* also mehr oder minder verfestigten Ablagerungen. Dabei handelt es sich überwiegend um Sedimente, die sich in einem Meer gebildet haben. Dieses Meer, Tethys genannt, erstreckte sich zwischen Ur-Afrika und Ur-Europa. Viele der Gesteine entstanden in relativ seichtem Wasser, wahrscheinlich auf Schelfgebieten (flache Küstengewässer) nördlich des afrikanischen Kontinents. In den Lechtaler Bergen liegen stellenweise viele hundert Meter Flachwasser-Ablagerungen (Kalke und Dolomite) übereinander. Dazu mußte sich der Meeresboden gerade so schnell gesenkt haben, wie die riffbildenden Lebewesen (Algen, Korallen, Schwämme) und die Ablagerung anderer Sedimentschichten gewachsen sind. So blieben Flachwasser-Bedingungen lange erhalten.

Von Zeit zu Zeit änderte sich innerhalb einer begrenzten räumlichen Spannweite die Wassertiefe aber doch immer wieder, ebenso das Klima, die Entfernung zum Festland und damit die Lebewelt. Diese veränderlichen Umweltbedingungen führten zur Bildung unterschiedlicher Gesteine. Heute erkennen wir das am Wechsel zwischen den Gesteinsschichten. Eine Schicht folgt auf die andere, daraus könnte man schließen, daß die obere Schicht jeweils jünger ist als die untere – normalerweise ist das auch so. Gerade in den Lechtaler Bergen findet man aber oft ältere Gesteine über jüngeren. Mal sind Schichtpakete überkippt, also auf den Kopf gestellt, mal wurden ältere Schichtpakete auf jüngere Schichten geschoben. Wie kam es zu diesem Durcheinander? Vor rund 100 Millionen Jahren gingen die afrikanische und die europäische Kontinentalplatte auf Kollisionskurs (ein Vorgang, der noch nicht abgeschlossen ist – die Erdbeben im Mittelmeer- und Alpenraum zeigen es).

Durch die Raumverengung wurden die trias-, jura- und altkreidezeitlichen Ablagerungen des dazwischenliegenden Tethys-Meeres von ihrer Unterlage abgeschert und nach Norden geschoben. Bei dem Transport über mehrere hundert Kilometer (vielleicht waren es sogar 1000 km) wurden die Schichten gefaltet. Dabei zerbrachen die Schichtpakete und wurden als Gesteinsdecken übereinandergeschoben. Im Lechgebiet kann man vier Decken unterscheiden: Nahe dem Alpenrand steht in einem schmalen Streifen die Allgäudecke an. Weiter südlich ist sie überschoben von der Lechtaldecke (benannt nach ihrem verbreiteten Vorkommen in den Lechtaler Alpen). Darüber wurde stellenweise noch die Inntaldecke (z. B. mit der Heiterwand) geschoben. Von einer weiteren darüberliegenden Decke, der Krabachjochdekke, sind im Westen der Lechtaler Alpen nur noch Reste erhalten.

Welche Gesteine treffen wir nun im einzelnen an? Den kristallinen, aus *»Urgestein«* bestehenden Untergrund der Kalkalpen trifft man gerade noch am Südfuß der westlichen Lechtaler Alpen an (etwa zwischen Landeck und Fliersch). Darauf liegen die ältesten Sedimentlagen der Kalkalpen, die Schiefer und Konglomerate des *Veruccano*. Im ausgehenden Perm, vor etwa 230 Millionen Jahren, wurden sie im Wüstenklima noch auf dem Festland abgelagert. Heute findet man diese Gesteine zum Beispiel am Südfuß der Schindlerspitze. Ebenfalls am Südhang der Lechtaler Alpen treten die ältesten Lagen der Trias-Ablagerungen zutage: der oft recht brüchige *Muschelkalk*, die dunklen Partnachschichten und die Arlbergschichten. Etwa gleichzeitig mit den Arlbergschichten haben Korallen und kalkabscheidende Algen in flacheren Riffgewässern den *Wettersteinkalk* gebildet. Mit seinem festen Fels erfreut er jeden Kletterer, in unserem Gebiet vor allem an der Heiterwand.

Die nächstjüngeren Lagen, die oft bröseligen *Raiblerschichten*, zum Beispiel an der Ruitelspitze, bestehen aus Gesteinen, deren Struktur auf die Entstehung in der Nähe zum Festland (Sandsteine) und auf geringe Wassertiefe hinweist (Rauhwacken mit dem Eindampfungsprodukt Gips). Später bildeten sich in salzhaltigen Lagunen mächtige Lagen *Hauptdolomit* (Kalzium-Magnesium-Karbonat). Dieses Gestein stellt heute den Hauptgipfelbildner in den Lechtaler und Allgäuer Alpen. Während der Hauptdolomit in den Bayerischen Alpen wegen seiner Brüchigkeit berüchtigt ist, tritt er in den Lechtaler und Allgäuer Alpen oft so fest auf, daß man daran ganz gut klettern kann.

Vor rund 200 Millionen Jahren entstanden wieder besonders kletterfreundliche *Riffkalke*. Sie bauen zum Beispiel den Gipfel der Holzgauer Wetterspitze auf und heißen nach ihrer Entstehungszeit »Oberrät-Kalke«; wenn sie noch ein bißchen jünger datiert werden auch »Rätolias-Kalke«. Zwischen den Riffen kamen damals gleichzeitig die fossilreichen *Kössener Schichten* zur Ablagerung. Sie nehmen große Flächen in den Lechtaler Alpen ein. Wegen ihres Tongehaltes sind sie relativ weich und wasserstauend, so daß sie sanftere Landschaftsformen mit blumenübersäten Wiesen bilden. Bei oder nach Regen sind die Gebiete der Kössener Schichten (wie z. B. um die Simmshütte) mit Vorsicht zu genießen: Die Wege können außerordentlich glitschig sein.

Die Jurazeit (195–140 Millionen Jahre zurück) beginnt mit den *Liaskalken,* die mit ihrer roten Farbe einen besonders bunten Reigen an Gesteinen einleiten. Zusammenfassend nennt man die Juragesteine hier Allgäuschichten (nicht zu verwechseln mit der Allgäudecke!). Dazu zählt auch der tiefgründig verwitternde und daher ebenfalls blumenfreundliche Fleckenmergel, neben dem schon erwähnten Hauptdolomit eines der häufigsten Gesteine im Gebiet. Die nächstjüngeren Gesteinsserien der Jurazeit, die *Aptychen- und Hornsteinkalke,* sind wieder hart genug, um kühne Gipfel zu bilden (Feuerspitze, Roggspitze). Ihr vielfältiger Mineralbestand (einschließlich der in den Kalkalpen sonst seltenen Kieselsäure) sorgt für Farbe: durch die Gesteine selbst (weiß, rot, grün), aber auch durch die Blumenpracht, die darauf wächst.

In der Kreidezeit (140–65 Millionen Jahre zurück) kam es zu ersten gebirgsbildenden Bewegungen, bei denen Teile der Gesteinspakete über den Meeresspiegel angehoben wurden. Deshalb gibt es aus dieser Zeit Gesteine, die auf oder nahe dem Festland entstanden sind: *Sandsteine, Breccien* (verfestigter kantiger Schutt) und feine *Konglomerate* (verfestigtes Geröll). Auf der Kreidezeit wandelt man zum Beispiel am Kaiserjoch, am Stanskogel oder am Gehrengrat. Bei einem neuerlichen Vorstoß des Meeres in der Kreidezeit wurden die Gosauschichten abgelagert. Auch sie kamen durch die Gebirgsbildung in größere Höhen, allerdings in den ganzen Alpen nirgends so hoch wie am Muttekopf in den Lechtaler Alpen.

Im Tertiär (beginnend vor 65 Millionen Jahren) hielt die *Nordwanderung der Kalkalpen* an, dabei wurden die Alpen erst zum Hochgebirge. Dabei waren die Gesteinsdekken bereits über den Meeresspiegel angehoben und somit der Erosion ausgesetzt. Der Abtragungsschutt dieser Zeit füllte das Molassebecken zwischen Alpen und Donau auf.

Als sich mit der Wende zur Quartärzeit vor rund zwei Millionen Jahren das Klima verschlechterte, bildeten sich Gletscher in den Alpen. Es folgte eine Serie von *Eiszeiten,* in denen mächtige Eisströme zeitweise bis weit ins Alpenvorland vorstießen. Diese schufen schließlich das alpine Landschaftsbild, das uns heute so begeistert. Von unseren Lechtaler Bergen ragten damals nur noch die höchsten und schroffsten Gipfel aus dem Eis heraus. Die lokalen Gletscher schürften die für unser Gebiet so charakteristischen Kare aus und formten Trogtäler. Sie mündeten in die großen, zeitweise über 1000 Meter mächtigen Eisströme, die durch das Inntal und das Lechtal in das Alpenvorland flossen. Der letzte Vorstoß ins Alpenvorland hatte seinen Höhepunkt vor ca. 18000 Jahren (Würm-Eiszeit). Die folgende Rückschmelzphase war von mehreren kürzeren Gletschervorstößen unterbrochen. Dabei wurden in den Karen und Tälern der Lechtaler Berge Moränenwälle abgelagert, die die Ausdehnung solcher späteiszeitlicher Gletscher oft deutlich nachzeichnen. Vor rund 10000 Jahren endete auch die wechselhafte Späteiszeit. In der seither andauernden Nacheiszeit hinterließen immer noch kleine Gletscher ihre Moränen in den Bergen ums Lechtal. Noch um 1850 gab es über 50 Gletscher in unserem Gebiet. Die meisten davon sind ganz abgeschmolzen (z. B. der Hochalpferner zwischen Hohem Licht und Rappenseehütte); nur einige Gletscher (z. B. Schwarzmilzferner, Leiterferner, Fallenbacher Ferner, Vorderseeferner) haben sich mit kleinen Resten über die Erwärmung im 20. Jahrhundert hinweg erhalten.

Klima

Das Klima im Lechtal wird durch die angrenzenden Allgäuer und Lechtaler Alpen besonders stark beeinflußt. Die Abschirmung des tief eingeschnittenen Tals durch diese Gebirgsgruppen behindert den Austausch der Luftmassen und fängt die Regenwolken ab, so daß die Niederschläge im Tiroler Lechtal mit 1200 bis 1400 mm deutlich niedriger sind als z. B. im nach Westen offenen Warth (1680 mm). Die niederschlagsreichsten Monate sind Juli, dicht gefolgt von Dezember/ Januar.

Der Föhn ist im Talgrund des Lechtals ein seltener Gast, denn die warmen Fallwinde finden keine Einfallschneise im geschlossenen Lechtaler Hauptkamm zwischen Valluga und Heiterwand. Dagegen kann sich winterliche Kaltluft im Lechtal besonders lange halten.

Von den Freuden der Rast... Rast im Röttal.

Die schwere Kaltluft bleibt manchmal tagelang in den Tälern hängen. Inversionslagen mit Hochnebel sind die häufige Folge. Dies und eine geringe Besonnung im engen Tal verzögern die Schneeschmelze. In Holzgau beispielsweise liegt eine geschlossene Schneedecke im Mittel 130 Tage lang, während das weite Reuttener Becken deutlich weniger als 100 Tage von Schnee bedeckt ist. In den Seitentälern jedoch kann an ungünstigen Standorten die Schneedecke bei frühem Schneefall und später Schmelze bis zu acht Monaten halten!

Der Frühling zieht spät ins Lechtal ein, doch mit außerordentlicher Pracht. Eine Wanderung oder Radltour Ende Mai wird zum unvergeßlichen Erlebnis. Da die Allgäuer Berge Regenfronten aus west- bis nordwestlichen Richtungen abschirmen, erreicht Schlechtwetter die Lechtaler Alpen oft mit Verzögerung und geringerer Intensität.

Auch noch im Oktober, ja bis in den November hinein findet der Wanderer meist noch ausgezeichnete Tourenbedingungen, denn die herbstlichen Hochnebel des Alpenvorlandes haben kaum eine Chance, ins abgeschirmte Lechtal einzudringen.

Nie aber sollte man vergessen, daß alle diese Regeln aus den Durchschnittswerten jahrzehntelanger Wetterbeobachtungen abgeleitet sind – Schwankungen und Ausnahmen gehören aber im Wetterablauf zu den natürlichen Erscheinungen.

Vegetationsgeschichte

Als in der Kreidezeit die ersten Spitzen der Alpen zunächst als vereinzelte Inseln aus dem Wasser ragten und einige Millionen Jahre später als zusammenhängende Hügelketten sich aus einem riesigen »Urmittelmeer« erhoben, waren sie sehr bald grün. Ein viel wärmeres Klima als heute bot der Vegetation günstige Entwicklungsbedingungen, und obwohl damals noch keine Menschen umherstreiften, kennen wir die Pflanzenwelt jener Periode aus Versteinerungen recht gut: Magnolien, Zimt- und Kampferbaum, verschiedene Lorbeergewächse, ja sogar Palmen und Mammutbäume haben ihre Spuren im Schlamm von einigen frühalpinen Tümpeln und Seen hinterlassen. Das Klima dieser Zeit muß etwa dem heutigen der Kanarischen Inseln oder Südjapans entsprochen haben, wo eine ähnliche Vegetation noch heute zu finden ist.

Aus jener Zeit stammen aber auch einige Bergblumen, die bis heute in den Alpen blühen, so zum Beispiel die Winterheide oder die süß duftende buxblättrige Kreuzblume.

Am Ende des Tertiärs, jener riesigen Zeitspanne von mehr als 60 Millionen Jahren vor den Eiszeiten, kühlte das tropische Klima ab. Auch die Pflanzenwelt im ausgehenden Tertiär kommt uns bekannt vor: Eichen, Linden, Eschen, Kastanien, Kiefern und wilden Wein gab es im Alpenraum, aber auch den Ginkgobaum, die japanische Schirmtanne, den Tulpen- und Hickorybaum.

Als dann die Alpen vor etwa zwei Millionen Jahren innerhalb weniger tausend Jahre fast vollständig unter einem riesigen Eispanzer erstarrten und die Gletscher aus den Tälern sich weit hinaus ins Vorland schoben, bedeutete dies das Ende der grünen Pracht. Viele Pflanzenarten sind in jener Zeit ausgestorben und bis heute nicht mehr heimisch geworden. Nur die Südflanken einiger isolierter Gipfel, die über die riesigen Gletscherströme hinausragten, waren eisfrei geblieben und boten einigen Pflanzenarten die Chance, die Eiszeitkatastrophe bis in unsere Zeit zu überdauern (der berühmteste dieser Reliktstandorte ist wohl der Monte Baldo, der Blumenberg über dem Gardasee). Auch die subtropische Vegetation Mitteleuropas ist damals verschwunden. Von den Alpengletschern bis zum skandinavischen Eispanzer, der sich mittlerweile bis zu einer Linie zwischen Duisburg und Dresden vorgeschoben hatte, erstreckte sich eine arktische Tundra.

Jedoch haben wir den Eiszeiten – selbst wenn es zunächst paradox klingt – auch eine Florenbereicherung in den Alpen zu verdanken. Einer ganzen Reihe von »zirkumpolaren

Folgende Abbildung:

Im Frühjahr bieten blühende Wiesen in den Tälern und Schneereste auf den Bergen einen besonders reizvollen Kontrast. Im Bild der Blick von Häselger auf das Haglertal in der Hornbachkette.

Pflanzen«, wie dem Silberwurz, den Mehlprimeln, dem Alpenmohn oder den seltenen Zwergbirken, ist in jener Zeit der Brückensprung in die Alpen gelungen. Selbst so alpentypische Arten wie die Zirbe, das Edelweiß oder die Alpenaster sind damals erst aus den Steppengebieten Südsibiriens und den Gebirgen Südosteuropas in die Alpen eingewandert.

Als das Eis vor 15000 bis 10000 Jahren in mehreren Intervallen etwa auf die heutige Ausdehnung zurückschmolz, erfolgte die Rückeroberung der Alpen durch das Pflanzenreich. Zu den Reliktpflanzen der inneralpinen Vegetationsinseln gesellten sich jene der nördlichen Tundra, aber auch verschiedene Pflanzenarten des Mittelmeergebietes wie zum Beispiel die Soldanellen, die im Frühjahr neugierig ihre Köpfchen durch den Schnee stecken.

Die bald dichte Waldbedeckung der Nacheiszeit wechselte mehrfach ihr Gesicht. Vor 10000 Jahren bildeten Haseln und Birken die ersten Baumbestände, später, in einer wärmeren Periode, Eichen, Ahorn und Kiefern, bevor dann die Fichte aus dem Osten und die Tanne von Westen her die heutige Waldzusammensetzung prägten.

So geben uns die Pflanzen des Gebirges Kunde von der geographischen Entwicklung und der Klimageschichte der Alpen.

Heutige Vegetation, Flora und Fauna

Der Florenreichtum der Lechtaler und Allgäuer Alpen ist schon fast legendär. Es gibt noch Bergwiesen mit einer märchenhaften Blumenpracht. Ein Grund für die bunte Flora ist die Vielfalt im geologischen Aufbau. Kieselsäurereiche Gesteinsschichten (wie z. B. Hornsteine und Aptychenkalke) und Tone bieten den Pflanzen ganz andere Nährstoff- und Feuchtebedingungen (ähnlich denen im Kristallin der Zentralalpen), als Wettersteinkalk und Hauptdolomit. Deshalb können wir hier auch manchmal »zentralalpine« Pflanzen (wie z. B. die rostblättrige Alpenrose) in nächster Nachbarschaft ihrer kalkalpinen Verwandtschaft (dem »Almrausch«) finden.

Auch die Nähe des Alpenhauptkamms und der Westalpen (mit einer ganz unterschiedlichen Besiedelungsgeschichte) haben Einfluß auf die Flora dieser Region. Schönstes Beispiel ist die zarte Mont-Cenis-Glockenblume, die am Augsburger Höhenweg ihren nördlichsten Standort gefunden hat.

Und schließlich gedeihen auch aufgrund der Abgeschiedenheit vieler Täler und Berge sowie durch die einzigartigen Lebensbedingungen im Flußbett des Lechs noch Pflanzen, die man andernorts nicht mehr findet.

Im Lechtal selbst faszinieren die Wildflußlandschaften des Lechs und seine Auen den Naturfreund wohl am meisten. Knorpelsalatflur und Deutsche Tamariske sind hier die charakteristischen Vertreter. Man findet aber auch einen bunten Querschnitt an Bergblumen, von der Silberwurz bis zum Enzian, die aus den unterschiedlichsten Höhenlagen herabgeschwemmt wurden.

Auch die *Tierwelt* hat im Lechtal Besonderes zu bieten: Flußuferläufer und Flußregenpfeifer leben hier bis 1000 Meter Meereshöhe – nirgendwo sonst sind diese selten gewordenen Vogelarten in dieser Höhe noch zu finden. Als Folge der geplanten naturzerstörenden Flußausbauten sind sie allerdings vom Aussterben bedroht.

Die besonderen und so selten gewordenen Lebensräume auf den offenen Kiesbänken im Lech geben einer prächtigen Heuschrecke, der Gefleckten Schnarrschrecke, eine letzte Überlebenschance – wie lange noch?

All das sind nur Einzelbeispiele einer reichen und ursprünglichen Fauna entlang des alpinen Lechs.

Die Hänge im Lechtal und in den Seitentälern sind überwiegend mit Bergmischwäldern bedeckt, in denen die Fichte dominiert. Im talnahen Bereich findet man Rotbuche, Bergahorn, Eberesche und vereinzelt noch die Tanne; Lärchen erreichen des öfteren die Waldgrenze (besonders schön im Herbst zu beobachten). In einigen abgelegenen Tälern (z. B. im Alperschon-, im Bschlaber- und im Kaisertal) sind noch Bestände der duftenden Zirben zu finden, die einst beliebtes Bauholz waren und deshalb stark zurückgedrängt wurden. Auf steinigen, sonnigen Südhängen dominieren im allgemeinen Kiefernwälder, im Frühjahr mit einem farbenprächtigen Unterwuchs von Schneeheide und Orchideen.

Der Wald ist heute als Lawinenschutzgürtel von größerer Bedeutung denn als Holzlieferant. Diese Einsicht mußte im Lechtal je-

Der Blaugrüne Steinbrech mit seinen strahlend weißen Blüten hat seinen Lebensraum im kargen Kalkfels gefunden.

doch bitter erworben werden. Für den Holzbedarf der schwäbischen Städte Augsburg und Kempten wurden einst ganze Hänge »abgeerntet«. Diese Kahlschläge brachten vorwiegend dem Fiskus Vorteile. Als Folge wurde das Tal mit verheerenden Lawinen belegt. Dazu trugen auch Rodungen in Hochlagen zur Vergrößerung der Almweiden bei, ebenso die im Lechtal besonders zahlreichen Bergmähder in Steillagen. Schon im späten Mittelalter dürfte so die natürliche Waldgrenze 100 bis 200 Meter nach unten gedrängt worden sein. Viele dieser »Heuberge« tragen heute massive und teure Lawinenverbauungen.

Moderne Ursachen für beträchtliche Waldschäden in steilem und labilem Gelände sind häufig die in den letzten Jahren angelegten Forst- und Almstraßen. Und natürlich sind auch die Symptome des Waldsterbens, das durch die Luftverschmutzung bedingt ist, mit besonderer Besorgnis zu betrachten. Wenn bislang die Schäden im Lechtal noch begrenzt aufgetreten sind, so kann aufgrund der immer stärkeren Zunahme der Luftverschmutzung durch den Verkehr keinesfalls Entwarnung gegeben werden. Im Gegenteil, die Symptome scheinen sich in jüngster Zeit auch im Lechtal zu verschlimmern!

An den Wald schließt sich nach oben die Krummholzstufe mit der Latschenkiefer (auch Legföhre oder Zundern genannt) an. Als geschlossener Vegetationsgürtel ist diese Zone aber kaum auszumachen, denn die Latschen haben sich auf Geröllhalden und Lawinenschneisen bis in die Talregion ausgedehnt und sind nun im Ablauf der Sukzession (Entwicklung) ein wichtiger Stabilitätsfaktor. Um so besorgniserregender ist die Tatsache, daß infolge der Luftverschmutzung nun auch die Latschenkiefer mehr und mehr geschädigt ist!

Oberhalb des Latschengürtels folgt die Zone der Zwergstrauchgesellschaften sowie der alpinen Rasen und Matten. Die Blumenfülle dieser Urwiesen ist oft unbeschreiblich. Je nach Geologie und Exposition entwickeln sich unterschiedliche Pflanzengesellschaften. Auch Raritäten wie der Schweizer Mannsschild, die kleine Alpenrose, der Frauenschuh oder die Mont-Cenis-Glockenblume kann man finden. Der Entdeckerfreude sind kaum Grenzen gesetzt. Auch auf öden Geröllfluren, in den scheinbar kahlen Felsen, auf windgefegten Graten und auf manchem Gipfel wird man immer wieder leuchtende Farbtupfer finden: Aurikel, Steinbrecharten, Gletscherhahnenfuß, Flechten, um nur einige wenige zu nennen, sind Pioniere und Extremisten unter den Pflanzen, gleichzeitig Spezialisten, die mit besonderen Überlebenstechniken den lebensfeindlichen hochalpinen Bedingungen wie Kälte, Trockenheit, Strahlung und Sommerfrost ein Schnippchen schlagen und sich so diesen Lebensraum erobert haben. Wir sollten es ihnen danken und die Pracht nicht stören. Eine Selbstverständlichkeit ist es, geschützte Pflanzen – und das sind viele – nicht zu pflücken oder gar auszugraben.

Ein Pflanzenbestimmungsbüchlein im Rucksack ist eine feine Sache. Ein wenig zu botanisieren wird jede Wanderung ebenso deutlich verlängern wie bereichern. Aber die Zeit lohnt sich, denn dieses Erlebnis ist nirgends käuflich, und die Freude an den Schönheiten im Gebirge ist unbezahlbar. (Interessierten seien aus der Vielzahl der Alpenpflanzenliteratur der gute alte »Hegi/Merxmüller« oder die hervorragenden und allgemein verständlichen Bücher zur Ökologie der Alpenpflanzen von Herbert Reisigl empfohlen.)

Bedrohtes Lechtal

Wer im Lechtal mit fotografischen Ambitionen unterwegs ist, dem werden wiederholt die Stahlmasten und Drähte einer etwas groß dimensionierten Stromleitung in den Sucher geraten und gelegentlich schmerzhaft ins ästhetische Bewußtsein dringen. Überdeutlich ist auch von vielen Bergen die – wie mit dem Lineal gezogene – Schneise dieser 110-kV-Leitung in den ursprünglichen Lechauen auszumachen.

Schon im Baujahr 1983 fiel dies auch einigen aufmerksamen Lechtalern ins Auge, und sie fragten und bohrten so lange nach, bis folgende Pläne der Energiewirtschaft ans Licht kamen: 13 Teilprojekte zur Nutzung der Wasserkraft in den Seitentälern des Lechtals waren geplant worden; Stauseen mit Kleinkraftwerken sollten gebaut werden mit allem, was so dazu gehört: Staudämme, Bachableitungen, Rodungen, Straßenausbau usw. An die fatalen Folgen für die Ökologie des Tales, vor allem die sich dann noch rasanter verschärfende Eintiefung des Lechs (aufgrund des in den Staubecken zurückgehaltenen Geschiebes), die wohl das Ende dieser einzigartigen Wildflußlandschaft bedeuten würde, hatte man nicht gedacht. Wohl auch daran nicht, daß die noch über weite Strecken erhaltene Ursprünglichkeit und landschaftliche Schönheit des Lechtals und seiner Seitentäler das wichtigste Kapital für einen sich entwickelnden sanften Tourismus sind und nicht etwa die Betonstaudämme und Baustellen der E-Wirtschaft. Die Ausführung dieser Pläne wäre ein verheerender Eingriff für Landschaft und Natur des Lechtals.

Es war zunächst eine kleine Gruppe engagierter und heimatverbundener Lechtaler, die sich gegen diese Pläne wehrte. Aber mit Ablehnung allein war es nicht getan. Man stellte sich und den anderen Bewohnern des Lechtals die grundsätzliche Frage nach Entwicklung und Zukunft des Tals: Wollen wir eine eigenständige, von uns selbst bestimmte Entwicklung anstreben, oder haben sich auch die Lechtaler einer meist von auswärtigen Kapitalinteressen fremdbestimmten Entwicklung unterzuordnen? So etwa artikulierte sich das kritische Bewußtsein im Lechtal.

Im Lechtaler Dialekt kommt dies mit feiner Ironie zum Ausdruck: »Warum mechta mir insara Gäscht im Lechtl mit aller G'walt des biata, was sie dahoam viel billiger kriaga: Huachspannungsmaschta, kanalisierte Bachla, Stahlbeton-Monstr-Brugga, z'broata Straßa, z'viel Leit und z'viel Verkeahr, asphaltierta Spazierwegla, kastrierte Natur und Kitsch-Kultur...?«

Schon der Ausbau der Hahntennjochstraße oder der Strecke Steeg – Warth und die damit verbundene Zunahme des Wochenend- und Transittourismus, der den Lechtalern im wesentlichen Lärm und Abgase beschert, hatte kritische Geister auf den Plan gerufen. Auch der anhaltende Rückgang der Landwirtschaft oder aber das autoritäre Verhalten einiger politischer Lokalmatadore werden zunehmend kritisch hinterfragt. Warnende Beispiele einer überzogenen Erschließung in anderen Tiroler Tälern in der Nachbarschaft gibt es genügend. Doch nach dem Bankrott verschiedener Berg- und Gletscherbahngesellschaften konnten die Landschaftszerstörungen dort nicht mehr rückgängig gemacht werden.

Die »Arbeitsgemeinschaft zur Erhaltung des Lebensraum Lechtal (ALL)« und ein Verein mit dem Ziel einer eigenständigen Regionalentwicklung im Lechtal wurden gegründet. Und deren Wirken war bislang recht erfolgreich.

Eine Vielzahl von Veranstaltungen wurde organisiert, eine kleine Zeitschrift und eine besonders gelungene Kalenderreihe »das alte Lechtal« herausgegeben. Vorträge, zahllose Gespräche, Einladungen an in- und ausländische Experten sowie eine große Werbekampagne für ein »Europäisches Naturdenkmal oberes Lechtal« blieben nicht ohne Konsequenzen. All dies, sowie ein Bündnis mit dem Alpenverein und verschiedenen Naturschutzverbänden unter Führung des WWF gegen die Ausbeutung eines der letzten intakten Täler Tirols, zeigte schließlich Wirkung. Die Ausbaupläne waren zumindest vorläufig gestoppt; vom Land Tirol wurde eine umfangreiche wissenschaftliche Studie in Auftrag gegeben, in der das Naturpotential des Lechtals erkundet werden soll.

Das wichtigste Ergebnis dieser zähen und langwierigen Arbeit ist wohl ein wenn auch langsamer Bewußtseinswandel der Lechtaler, vor allem auch in der jüngeren Generation, die nicht weiter einer fremdgesteuerten Wirtschafts-, Verkehrs- und Tourismusentwicklung resignativ gegenübersteht, sondern sich ideenreich auf die eigenen Kräfte und Möglichkeiten besinnt.

Dieses Engagement fordert auch ein selbstkritischeres Verhalten von uns Touristen, denn es sind ja nicht selten unsere eigenen Konsumansprüche, denen die Landschaft geopfert wird, die wir lieben. Sind Auto, Seilbahn, Komforthotel zur Erholung im Urlaub wirklich notwendig? Müssen die letzten stillen Täler unbedingt fürs Auto erschlossen werden? In welchem Verhältnis stehen Umweltbelastung und Erholungswert bei den langen Autofahrten zu kurzen Tagesausflügen ins Gebirge, und denken wir an die Beeinträchtigung der Lebensqualität der einheimischen Bevölkerung, zum Beispiel durch den Transittourismus? Die »sanften« Alternativen reichen vom Wander- oder Fahrradurlaub bis zum Erlebnis-»Urlaub auf dem Bauernhof«. Im Lechtal gibt es viele Möglichkeiten!

Wir Touristen dürfen nicht länger gleichgültig die Freizeitlandschaft Alpen konsumieren, sonst ist sie eines nicht allzu fernen Tages kaputt! Initiativen wie die der ALL brauchen eine breite Unterstützung, denn nur eine kritische Öffentlichkeit kann den gnadenlosen Erschließungswahn bremsen, und eine ausgewogene Entwicklung ist nur möglich, wenn diejenigen Menschen im Tal gehalten werden können, die das Tal auch erhalten.

Geschichte

Die ältesten Hinweise auf Menschen im Lechtal sind bronzezeitlichen Ursprungs. Die Funde, meist Waffenreste, sind spärlich und weit verstreut, doch schon damals wagten sich Menschen auch in die Hochregion, wie eine kleine im Parzinn gefundene Bronzefigur beweist. Allerdings gibt es bislang keine Hinweise auf Siedlungen aus dieser Zeit. Wahrscheinlich stammen diese Funde von bronzezeitlichen Bewohnern aus dem Inntal, die gelegentliche Streifzüge unternahmen. Von »hochalpinen Reisen« frühzeitlicher Alpenbewohner zeugt ja auch der sensationelle Fund (1991) des 5200 Jahre alten Gletschermanns vom Tissenjoch (bekanntgeworden als »Ötzi« vom Hauslabjoch) in den nahen Ötztaler Alpen.

Das enge Lechtal mit seinen Urwäldern und einem immer wieder seinen Lauf verändernden Wildfluß erwies sich noch lange Zeit als siedlungsfeindlich, während die Höhen schon sehr früh vom Inntal aus als Weidegebiete genutzt wurden.

Nachdem die Römer unter den Kaisern Claudius und Tiberius, wenige Jahre vor der Zeitenwende, Rätien (zu dem das heutige Tirol zählte) erobert hatten, legte Augustus im Jahr 46 n. Chr. die Hauptverbindungsstraße von Rom nach Augsburg, die »Via Claudia Augusta«, über den Reschen- und Fernpaß. Noch heute sind an letzterem Reste dieser alten Straßenanlage zu sehen (Tour 11). Vom Fernpaß verlief die Römerstraße dann übers Zwischentorental zum Reuttener Becken, wo sie bei Ehenbichl den Lech querte. Über Füssen führte sie dann, immer den Lech entlang, nach Augsburg.

An der Stelle, wo heute die Ruine Ehrenberg steht, weisen Münzfunde auf einen römischen Wachturm hin. Damals sind entlang der Via Claudia wahrscheinlich feste Siedlungen entstanden. Außerdem vermuten manche Historiker, daß sich die römische Provinzialbevölkerung vor den wiederholten Anstürmen der Alemannen aus dem Alpenvorland ins schützende Reuttener Becken zurückgezogen haben könnte.

Die Christianisierung, die im Frühmittelalter vom Kloster Füssen ausging, ist eng mit dem Namen des heiligen Magnus (740 n. Chr.) verbunden. Erste Pfarrei im Lechtal war Lechaschau, gegründet im 8. Jahrhundert. Im inneren Lechtal dagegen ist eine Besiedelung erst viel später nachweisbar (Elbigenalp wird urkundlich im 10. Jahrhundert erwähnt). Sie erfolgte vom Altsiedelgebiet der Bajuwaren im Inntal aus über die südlichen Lech-Seitentäler von Bschlabs, Gramais, Madau und Kaisers. Diese Hochtäler waren wohl schon vorher als Almen genutzt worden, bis dann im ausgehenden 12. Jahrhundert der zunehmende Bevölkerungsdruck den Impuls zur Gründung neuer Dauersiedlungen gab. Zur alten großen Marktgemeinde Imst gehörten einst umfangreiche Alm- und Weiderechte. Bis heute zählen einige Seitentäler (z. B. Madau) verwaltungs- und gerichtsmäßig noch zum Inntal. Die Besiedelung der Lech-Seitentäler zählt zur letzten Phase des mittelalterlichen Siedlungsausbaus in den Alpen und setzte sich noch bis ins 16. Jahrhundert fort.

Von Norden und von Westen übers Tannheimer Tal kommend, hatten die Alemannen ihren Siedlungsraum ins Lechtal ausgeweitet. Die Sprachgrenze der beiden Völker verläuft noch heute etwa bei Forchach quer zum Lechtal.

Dauersiedlungen über 1200 Meter (Anbaugrenze des Roggens) waren meist Schwaighöfe, die eine reine Grünlandwirtschaft zur Käseproduktion betrieben. Eine ähnliche Wirtschaftsform hatten auch die Walser. Ursprünglich vom Oberwallis kommend, besiedelten sie um 1300 vom Tannberg her, also von oben ins Lechtal vordringend, die obersten Seitentäler Bockbach, Krabach und Hochalpltal. Diese Talschlüsse waren sowohl von Süden (Rosannatal) als auch vom Lechtal im Nordosten schwer zugänglich gewesen.

Mit der beginnenden Klimaverschlechterung im ausgehenden Mittelalter, die an der Anbaugrenze besonders hart zu spüren war, ging die kaum abgeschlossene Besiedelung

In Holzgau zeugen stattliche Bürgerhäuser mit spätbarocken Lüftlmalereien von dem Reichtum, den vorübergehend ausgewanderte Lechtaler in die Heimat zurückbrachten.

der Seitentäler über in eine (bis in dieses Jahrhundert anhaltende) Bergflucht. In deren Verlauf wurden die Höhensiedlungen nach und nach wieder aufgegeben.

Durch Bevölkerungswachstum und immer stärkere Grundbesitzzersplitterung als Folge der Realteilung machte sich im Lechtal ab dem 17. Jahrhundert eine zunehmende Armut bemerkbar. Die nackte Not zwang immer wieder Menschen, ganz oder zeitweilig das heimatliche Tal zu verlassen. Das Schicksal der Ausgewanderten oder die Armutszüge der Schwabenkinder, die im Sommer zu Hunderten bei den wohlhabenden oberschwäbischen Bauern Verdienst und Brot suchten, beschreiben drastisch dieses traurige Kapitel – nicht nur im Lechtal.

Die Notwendigkeit aber, sich über die Landwirtschaft hinaus anderweitig sein Brot verdienen zu müssen, wirkte auch befruchtend auf Handwerk, Kunst und kulturelles Leben im Tal. Die Lechtaler Maurer, Stukkateure und Bauhandwerker, die alljährlich im Frühjahr auszogen, waren nördlich und südlich der Alpen angesehene und gesuchte Spezialisten. Die »Kraxentrager« (Hausierer) und Holzhändler kamen weit in die Welt hinaus, und manch einer kehrte reich zurück, um den Lebensabend wieder in der Heimat zu verbringen. Eine ganze Reihe alter, großzügiger Häuser (z. B. in Holzgau) künden heute vom Wohlstand ihrer einstigen Besitzer. All diese Menschen, an deren Spitze der Künstler Anton Falger, der »Vater des Lechtals«, zu nennen wäre, haben zur Entwicklung im Lechtal oft wichtige Beiträge geleistet. Dennoch blieb das innere Lechtal bis in dieses Jahrhundert Armutsregion.

Zurück zum einstigen Lebensnerv der Region, der Fernpaßstraße: Kaiser Franz Joseph II. ließ diese 1780–1782 ausbauen, und sein Töchterchen Marie Antoinette benutzte sie bald darauf zu ihrer Reise nach Paris – zur Hochzeit, die, wie wir wissen, wenige Jahre später aufs Schafott führte.

Als dann 1827 die Arlbergstraße angelegt wurde und den Ost-West-Handel aus dem Inntal übernahm, wurde es wieder stiller entlang der Fernpaßstraße. Nach dem Bau der Arlbergbahn 1884 geriet die Gegend um Reutte noch weiter ins Abseits und verödete immer mehr.

Erst der Anschluß an die Bahn über Pfronten, 1905, brachte wieder Leben ins Tal. Beginnender Fremdenverkehr und die Entwicklung kleiner Industrien sowie von Handel und Gewerbe haben Reutte in diesem Jahrhundert zu einem exponentiellen Wachstum verholfen.

Das innere Lechtal aber blieb noch bis in die fünfziger Jahre von der Welt weitgehend abgeschieden. Erst nach dem Zweiten Weltkrieg wurde die Straße ausgebaut, so daß sich das Pendlerwesen zu den Industrien Reuttes sowie ein allmählich wachsender Fremdenverkehr entwickeln konnten.

Schwabenkinder

Im 18. Jahrhundert hat die Bevölkerungsdichte im Lechtal wie auch in anderen inneralpinen Tälern einen Punkt erreicht, an dem der Boden und die Landwirtschaft die Bewohner nicht mehr ausreichend ernähren konnten. Die Seitentäler, hart an der Grenze der Ökumene, waren besiedelt, große Waldflächen auf fruchtbaren Böden waren gerodet worden, um zusätzliche Futterquellen fürs Vieh zu erschließen, und es war kein Raum mehr vorhanden, der eine weitere Expansion noch erlaubt hätte. Die natürliche Tragfähigkeit des Tals wurde überschritten.

Als Folge zeigte sich eine rapide Zunahme der Armut der ländlichen Bevölkerung. Der Grundbesitz wurde immer mehr zerstückelt, und die immer kleiner werdenden Höfe – oft wohnten schon zwei Familien im Haus – konnten nicht mehr genügend Ertrag erwirtschaften, um die Bewohner zu ernähren. Die Geldwirtschaft war zwar sicher schon bekannt, allein sie war in den abgelegenen Tälern nur wenig in Gebrauch, denn es gab nur wenig, was man verkaufen konnte. Das wenige war nötig, um Salz, Gerätschaften und Kleidung von außerhalb zu besorgen.

In anderen ähnlich kargen Teilen Europas führten solche Entwicklungen zu den großen Hungersnöten, zumal nach klimatisch ungünstigen Jahren – und in Folge davon zu den großen Auswanderungswellen in die Städte mit ihrer beginnenden Industrialisierung und dann im 19. Jahrhundert nach Amerika. In Tirol war dies ähnlich. Dort wurde noch ein anderes Ventil gefunden, um die Not zu lindern, die Wanderarbeit.

Ein bedrückendes und fast in Vergessenheit geratenes Kapitel der Geschichte des Lechtals beschreibt das Schicksal der Schwabenkinder. Mit dem ausgehenden 18. Jahrhundert kamen alljährlich immer mehr Kinder der ärmeren Bevölkerungsschichten aus dem Oberinntal, dem Pitztal, dem Kaunertal, ja selbst vom Vinschgau und dem Etschtal her und wanderten im Frühjahr sechs bis acht Tage lang über die oft noch verschneiten Pässe ins Schwabenland, um dort Arbeit und Brot zu suchen.

Bei den wohlhabenderen Bauern im Allgäu und in Oberschwaben, teilweise auch im bayerischen Oberland, herrschte »Leutemangel«, und die Kinder – die Jüngsten gerade sieben Jahre alt (!) – waren hochwillkommene Arbeitskräfte. Als Pferdeburschen und Rinderhirten, als Hütebuben für Schafe und Gänse, als Mägde oder Kindermädchen verdingten sich die kleinen Tiroler. Ihr Schicksal und die Umstände dieser Armutswanderung sind eine kurze Erinnerung wert.

In den Städten Ravensburg, Friedrichshafen, Kempten und Füssen entwickelten sich regelrechte Kindermärkte, auf denen die Buben und Mädchen sich bzw. ihre Arbeitskraft anboten, »für wenig Gelt und ein linnerns Kleitle«, wie in einem alten Bericht geschrieben steht. Von weither kamen die Bauern am Josephitag (19. März), um sich ihre Dienstboten zu wählen. Auf dem Markt muß es hoch her gegangen sein, denn die Kinder wußten mit der Zeit um ihren Wert und feilschten um ein Paar zusätzliche Schuhe oder um einige Kreuzer mehr, bis sie in den Arbeitsvertrag per Handschlag einwilligten. »Die Bauern fragten, ›bist du schon verkauft‹, und die Jungen umhüpften die Dienstgeber mit der Einladung ›kaufet mich, kaufet mich!‹« Immer wieder gab es auch böse Dienstherrn, doch die Kinder wußten sich gegen sie zu wehren. Die älteren unter ihnen kennzeichneten diejenigen Bauern, bei denen sie schlechte Erfahrungen gemacht hatten, mit einem Kreidestrich auf dem Rücken. Solch ein Bauer bekam immer wieder zu hören: »ih geah nitta, ih geah nitta«. Da half ihm auch kein Höllsakra nicht, er blieb für den Sommer ohne Dienstboten.

Spät im Herbst, Ende Oktober, sammelten sich die Schwabenkinder in Trupps und zogen dann wieder zurück in die meist schon verschneite Heimat, wenigstens gut genährt und stolz einige wenige Gulden in den Kinderhänden nach Hause tragend. Die Kreishauptmannschaft in Vorarlberg oder auch im Tirolischen sah sich genötigt, den Kinderzug zu tolerieren, »weil es ihren Eltern an Mitteln gebräche, ihnen genügend Unterhalt in der Heimat zu verschaffen, und folglich die Kinder an erforderlicher Kleidung, Noth und selbst Hunger leiden müßten... Es bleibt daher vielen Eltern nichts anderes übrig, als ihre Noth durch ein indirektes Mittel, nämlich durch die Fortschickung ihrer Kinder in das fruchtbare und wohlhabende Schwaben, zu steuern.« Und Anton Falger ergänzt in seiner »Chronik des Lechtals« anno 1845 lakonisch: »Wie arm sein wir, als Kinder schon müssen die Lechthaler das Ausland suchen, eigentlich ist das Ausland unser Vaterland, da es nur uns erhält.«

Insgesamt machten sich alljährlich 2000 bis 3000 Kinder, der »Noth« gehorchend, auf diese Reise. Aus Reutte wird von 600 Kindern berichtet, von denen ein guter Teil aus dem inneren Lechtal gekommen sein dürfte (detaillierte Erhebungen wurden nicht gemacht). Die politischen Ereignisse und die Entwicklung des sozialen Bewußtseins machten dann Ende des 19. Jahrhunderts auch vor dem Alpenraum nicht halt. Zunächst regte sich das Gewissen einiger honoriger Bürger, und 1891 wurde ein Verein gegründet, mit dem einzigen Ziel, ordnend und schützend für die Schwabenkinder tätig zu werden. Es wurde die Reise über die meist noch verschneiten Pässe, anstatt wie früher zu Fuß, nun mit Pferdekutschen, per Bahn (gerade war erst die Arlbergbahn gebaut worden) oder mit dem Schiff über den Bodensee organisiert.

Aber die wohl wichtigste Errungenschaft war, daß der engagierte Pfarrer und spätere Vorsitzende des Vereins, Alois Gaim, zunächst die Vertragsabschlüsse auf den »Kinder-Märkten« bestätigte. Er kümmerte sich auch – und das ist ihm hoch anzurechnen – im Sommer auf einer mehrwöchigen Reise per Fahrrad durch das Schwabenland um das Wohlergehen »seiner« Kinder und überprüfte die Einhaltung der Abmachungen. Dabei schreckte er auch vor Gerichtsprozessen nicht zurück, wenn sich ein Bauer um die Lohnzahlung drücken wollte. Gaim organisierte neue Arbeitsstellen, und bei Unglücksfällen setzte er die bescheidenen Rentenansprüche durch. Seine Aufzeichnungen dokumentieren indirekt aber auch, wie schutzlos die Kinder zuvor über ein Jahrhundert lang ihrem gnädigen oder ungnädigen Schicksal ausgeliefert waren.

Im Jahr 1908 beschäftigte die Wanderung und vor allem der Kindermarkt gar die hohe Politik. Sozialkritische, doch nicht immer fundierte Presseberichte aus dem fernen Amerika über den »Sklavenhandel in Oberschwaben« mobilisierten die deutschen Behörden und Diplomaten. Deren Anstrengungen bestanden im wesentlichen jedoch darin, Dementis über den Ozean zu schicken.

Schließlich ging mit Beginn des Ersten Weltkriegs dieser mehr als 100jährige Brauch des armen Volkes dem Ende entgegen. Ein kurzes Wiederaufleben in der Zwischenkriegszeit änderte daran nichts. Die Armut im Lechtal jedoch blieb noch bis in die fünfziger Jahre bestehen.

Wirtschaft und Landwirtschaft

Im Lechtal unterliegen seit alters die Regionen im Bereich der Fernpaßstraße und das abgeschiedene innere Lechtal sehr verschiedenen Bedingungen. Wenn auch bis zum Zweiten Weltkrieg im gesamten Bereich die Landwirtschaft dominierte, so waren entlang der Fernpaßstraße, die ja über fast zwei Jahrtausende eine der wichtigsten Handelsstraßen Europas war, immer Möglichkeiten des Zuverdienstes gegeben.

An dieser Verbindungsstrecke (Nürnberg – Augsburg – Venedig, bzw. Rheintal – Ulm – Kempten – Oberitalien) brachten Leistungen im Straßenbau, Fuhrdienste, Handwerk, Schutz, Unterkunft und Verpflegung für die Fuhrleute der ansässigen Bevölkerung Brot und Geld. Hinzu kam im 17. Jahrhundert der Ausbau des Gaichtpasses, über den der Salztransport von Hall im Inntal ins Allgäu und weiter in die Schweiz abgewickelt wurde. Reutte wurde ein wichtiger Umschlagplatz des Haller Salzes. Durch diesen Einfluß konnte sich eine gewisse wirtschaftliche Prosperität entwickeln, die man bis heute im Großraum Reutte spüren kann.

Dazu kam die Versorgung des wenn auch kleinen »Hinterlandes« Lechtal mit Saatgut und handwerklichen Produkten sowie der Vieh- und Käsemarkt und der Schafwollverkauf.

Eine Aufzählung des Gewerbes in Reutte aus dem 18. Jahrhundert vermittelt eine Vorstellung vom Treiben in dieser kleinen Stadt. Neben Schustern, Schneidern, Müllern und Bäckern fanden sich Huf- und Wagenschmiede, Schlosser, Nagelschmiede, Wagner, Schreiner, Kufner, Schellen-, Sensen- und Löffelschmiede, Seiler, Flor- und Bortenwirker, Wollzeugmacher, Bleicher, Säckler, Schrotgießer, Leinölschläger, Pechbrenner, Lautenmacher, Kappen-, Kamm- und Kranzlmacher.

Ein selten gewordenes Bild: Ein Bergbauer bei der Mahd im steilen Wiesenhang. Harte Arbeit, die früher überlebensnotwendig war – heute ist sie im gesamten Alpenraum Voraussetzung zum Erhalt einer stabilen Kulturlandschaft.

Ganz anders war die Entwicklung des »inneren Lechtals« oberhalb von Weißenbach. Hier war über lange Zeit die Landwirtschaft der nahezu ausschließliche Erwerbszweig. Die Flächen im Tal waren knapp, so daß von den oft abgelegenen Bergmähdern Zusatzfutter für die langen Winter benötigt wurde. In mühseliger und gefährlicher Arbeit mußten die steilen Hänge gemäht, geheut und – meist im Winter – das Heu ins Tal geschafft werden.

Zum Anbau von Getreide (und seit dem 18. Jh. der wesentlich ertragreicheren Kartoffel) wurden mittelsteile Südlagen gewählt, um die Sonneneinstrahlung optimal zu nutzen. Im Frühjahr bestreuten die Bauern den Schnee mit Asche, um das Abschmelzen zu beschleunigen. Der Dung mußte meist in Kraxen auf dem Rücken herbeigetragen und verteilt werden, und beim Pflügen im steileren Gelände ersetzten unter Umständen Frauen das Zugtier! Mühsam schleppte man die am Hangfuß sich sammelnde Erde in Körben hinauf zum oberen Ackerrand, um eine für die Aussaat ausreichend mächtige Krume zu erhalten. Das Korn war im Lechtal so kostbar, daß es nicht gesät, sondern gesteckt wurde. Und Kartoffeln mußten nach frühem Wintereinfall oft genug aus dem Schnee gegraben werden.

Dauersiedlungen in über 1200 Meter Höhe waren Vorstöße an die ökonomischen Grenzen, da hier die Anbaugrenze des Roggens, des wichtigsten Brotgetreides, erreicht war. Die ursprüngliche Bergbauernwirtschaft war ja auf Selbstversorgung angewiesen und insofern auch weitgehend autark und unabhängig. Höher gelegene Siedlungen waren meist sogenannte »Schwaigen«, die eine reine Milch- und Käsewirtschaft betrieben haben und dafür vom Grundherren mit Vieh ausgestattet und mit Getreide und Salz versorgt wurden.

Die bäuerliche Wirtschaft im Lechtal wurde im Lauf der Jahrhunderte immer mehr erschwert durch eine kaum vorstellbare Grundstückszersplitterung als Folge des Erbrechts der Realteilung. In Pfafflar beispielsweise teilten sich vor der Flurbereinigung im Jahr 1950 16 Höfe nicht weniger als 638 (!) Grundparzellen.

Soviel zu den Ursachen der sich im 18. und 19. Jahrhundert immer mehr verschärfenden Armut. Die Konsequenz war die saisonale oder totale Abwanderung von bis zu 30% der Bevölkerung. Die Geschicklichkeit vor allem der Bauhandwerker und der Hausierer, die durch ihre notgedrungene Wanderarbeit ganz Europa bereisten und teilweise zu Wohlstand kamen, wurde bereits oben erwähnt.

Die staatlichen und privaten Versuche, durch die Jahrhunderte wiederholt auch standortfremde Erwerbszweige anzusiedeln, zeigen ein verzweifeltes Bemühen, die Existenzmöglichkeiten der im Tal lebenden Menschen zu verbessern. Doch die meisten Manufakturgründungen – Tabakfabrik, Papierwerkstätten, Musselinfabrik, Fischbeinreißerei und Heimarbeit wie die Weißstickerei (Klöppeln), Zündholzherstellung oder in diesem Jahrhundert noch die Korbflechterei – zeigten, wenn überhaupt, einen zeitlich und räumlich sehr begrenzten Erfolg. Die aus ganz Tirol alljährlich zu Tausenden ins reiche oberschwäbische Alpenvorland wandernden »Schwabenkinder« schließlich, die dort als billige Arbeitskräfte »gehandelt« wurden, stehen am Höhepunkt und am Ende dieser bedrückenden Zeit.

Die Arbeitsmöglichkeiten in der Industrie (Textilwerk, Metallwerk Plansee, Gips- und Zementwerk bei Reutte, Musik-CD-Produktion in Höfen) sowie die besseren Verdienstmöglichkeiten im Tourismus haben heute die Armut aus dem Tal weitgehend verdrängt. Kehrseite der industriellen Entwicklung: Beim größten Arbeitgeber, dem Metallwerk Plansee, wurden bei der Produktion zeitweise Molybdänverbindungen frei; deshalb wurde vorübergehend davor gewarnt, Fleisch, Milch und Salate aus der Umgebung des Werkes zu verzehren.

Im ganzen Tal ist nun die Gefahr absehbar, daß eine Übererschließung durch E-Wirtschaft, Straßenbau und »harte Tourismuseinrichtungen« sowie der weitere Rückgang der Landwirtschaft die Harmonie dieser intakten Natur- und Kulturlandschaft (die ja die Basis des Fremdenverkehrs ist) vermindern. Die auffällige Schneise einer 110-KV-Leitung durchschneidet bereits das Lechtal, der überdimensionierte Straßenausbau Steeg – Warth hat die landschaftliche Schönheit dieses herrlichen Waldtals schwer beeinträchtigt, und weitere Ausbaumaßnahmen sind geplant (Krummbachtalbrücke). Fatal wäre die Verwirklichung der Pläne der E-Wirtschaft, 13 (!) Kraftwerksprojekte (vor allem Bachableitungen) in den Seitentälern zu installieren. Dies würde dem gesamten Lechtal irreparable Schäden zufügen.

So bleibt zu hoffen, daß eine selbstbestimmte Entwicklung mit Augenmaß und Verantwortungsbewußtsein, wie sie die »Arbeitsgemeinschaft Lebensraum Lechtal« (ALL) fordert, das Tal als lebenswerte Heimat und liebenswerte Urlaubsregion in seiner so selten gewordenen Schönheit erhält.

Persönlichkeiten aus dem Lechtal

Wohl zu den beeindruckendsten Persönlichkeiten im Lechtal zählt **Joseph Anton Falger**, ein erfolgreicher Künstler, Heimatforscher und Bergsteiger, dessen Liebe zum Lechtal und seinen Bewohnern einen großherzigen und klugen Menschen verrät.

Geboren 1791 in Elbigenalp, von einfacher Herkunft, aber mit einer kaum zu stillenden Lust am Zeichnen und Malen, zog er als junger Mann nach München zur Ausbildung an die »königliche Akademie der bildenden Künste«. Nach einigen Unterbrechungen, bedingt durch die Wirren der napoleonischen Kriege, perfektionierte er sein Können als Stecher von Landkarten am Katasteramt in München. Er wandte sich der noch jungen Technik der Lithographie zu, die er weiterentwickelte, und wurde gefragter Graveur und Lithograph.

Angebote aus Hamburg, London und St. Petersburg schlug er aus und ging für zwei Jahre an ein geographisches Institut nach Weimar. Hier lernte ihn Goethe kennen und schätzen. Viele Illustrationen der naturwissenschaftlichen Abhandlungen Goethes stammen aus der Hand Falgers.

Zurück in München am Katasteramt beschäftigten ihn neben der Produktion von Landkarten auch zahllose private Auftragsarbeiten. Quasi nebenbei, in der Sommerfrische, ehelichte er eine junge Lechtalerin und kehrte wenige Jahre später als vierzigjähriger wohlhabender Mann für immer ins Lechtal zurück – um seine zweite Karriere zu beginnen.

Er wurde zum leidenschaftlichen Sammler von allem Wissenswerten und Interessanten, was mit dem heimatlichen Tal zu tun hatte. Pflanzen, Tiere, Steine, Mineralien und altes bäuerliches Gerät sammelte er ebenso wie Märchen, Legenden und Erzählungen seiner Heimat. Er verfaßte eine »Chronik des Lechtals«, in der er Geschichte, Dialekt, Brauchtum und Sitten des Tals beschrieb, und gründete eine Zeichenschule, in der er kostenlos Unterricht erteilte.

Anna Knittel, das Vorbild der Geierwally, war wohl seine erfolgreichste Schülerin. Falger organisierte Faschingsumzüge, bestieg als erster – und seiner Zeit weit voraus – die Holzgauer Wetterspitze, malte »Totentänze« für verschiedene Lechtaler Gemeinden und pflegte Freundschaft mit der Königinmutter Maria von Bayern.

Ausgestattet mit einem Blick für die Sorgen und Nöte der Bauern, kümmerte er sich, daß ein Tier- und Wundarzt ins Tal kam.

Als er 1876 hochbetagt starb, vermachte er einen Teil seines Vermögens den Armen, den Schulen und anderen sozialen Einrichtungen im Tal. Als Erbin eines seiner Häuser setzte er Maria von Bayern ein. (Den sozialen Zweck, dem sie es zuführen sollte, erfüllte es dann als Wirtshaus.)

Zu Recht hat man diese faszinierende Persönlichkeit den »Vater des Lechtals« genannt. In Elbigenalp erinnert ein kleines Museum an Joseph Anton Falger.

Eine Generation vor Falger finden wir einen anderen Künstler, dessen zeichnerische Begabung schon als Knabe auffiel: **Joseph Anton Koch**, 1768 geboren, Hütebub aus Bach bei Elbigenalp, wurde vom Augsburger Bischof gefördert, der ihn zur Ausbildung in die »Hohe Carlsschule« nach Stuttgart schickte (deren autoritäre Zwänge später Schillers Freiheitsdrang beflügelten). Auch Koch brach, wie Schiller, von dort aus, schnitt seinen Zopf ab, sandte ihn trotzig seinen Schulmeistern und zog ins revolutionäre Frankreich, um sich dort den Jakobinern anzuschließen. Schließlich gelangte er über die Schweiz nach Rom, wo er sich als Maler niederließ.

Das ferne Gebirge rückte er in seinen Gemälden ins thematische Zentrum und wurde berühmt als Vater der heroischen Landschaft.

Der mäandrierende Lech bei der Mündung des Hornbachtals, gesehen von der Gehrenspitze. Wir überblicken hier einen der letzten naturnahen Wildflüsse Mitteleuropas.

Dabei betonte er besonders gerne die Naturgewalt des Wassers, vielleicht in Erinnerung an den Lech. So zeigt auch sein berühmtestes Gemälde mit dem Schmadribachfall in der Schweiz ein Wassermotiv. Koch starb 1839 in Rom.

Anna Knittel aus Elbigenalp-Obergiblen war eine Großnichte Kochs und nicht weniger begabt als ihr Onkel. Sie besuchte die Zeichenschule Falgers, zeigte Talent und wurde von Falger gefördert und zum Studium nach München geschickt. In Innsbruck avancierte sie zu einer gesuchten Portraitmalerin, schilderte in ihren Bildern aber auch Landschaften, Menschen und Natur des Lechtals. In weiteren Kreisen bekannt wurde sie aber als »Geierwally«, für die sie mit ihren jugendlichen Abenteuern Vorbild gestanden hatte (siehe auch Tour 23).

Als musikalisches Talent galt **Peter Singer** aus Häselgehr. Sieben Instrumente soll er als Kind bereits gespielt haben. Über das Gymnasium in Hall kam er nach Salzburg, wo er in den Franziskanerorden eintrat und später Komponist, Chorleiter und Organist wurde. Sein Orgelspiel haben Richard Wagner, Liszt, Meyerbeer und Spohr bewundert. Franz Liszt und Mozarts Sohn Karl zählten zu seinen Freunden.

Im Reigen der »Musensöhne« hat das Lechtal auch einen Dichter hervorgebracht:

Christian Schneller, 1831 in Holzgau geboren, studierte in Innsbruck Sprachwissenschaften und Naturgeschichte und wurde Lehrer, später sogar Schulinspektor für Tirol und Vorarlberg.

Neben verschiedenen Gedichtbänden verfaßte er auch eine »Landeskunde von Tirol« sowie eine Biographie von Anton Falger. Sein Interesse als Volkskundler dokumentieren seine »Welschtiroler Sagen« und die »Tiroler Namensforschung« sowie zahlreiche weitere Werke. Schneller starb 1908 als Ehrendoktor der Universität Innsbruck.

1 Säuling

Auf den »Wächter« des Lechtals

Charakter der Tour: Aussichtsreiche Tagestour, einige stahlseilgesicherte Steilstufen erfordern Trittsicherheit.
Höhendifferenz: Mit Umrundung des Pilgerschrofens 1400 Meter, bei direktem Auf- und Abstieg 1200 Meter.
Gesamtgehzeit: 7 Stunden.

Unter den Bergen des Lechtals nimmt der Säuling eine im wahrsten Sinne herausragende Stellung ein: Seine exponierte Lage über dem Lechtal läßt ihn als Wächter des Eingangs in dieses Alpental erscheinen. Wo der Lech die Alpen verläßt und die Reisenden in endlosen Blechkarawanen in die Alpen eindringen, markiert der Säuling klar den Alpenrand. Vom Gipfel aus kann man das Lechtal weit aufwärts verfolgen, und nach Norden läßt sich das Alpenvorland von der Schwäbischen Alb über den Pfaffenwinkel bis hinüber zum Oberland südlich von München überblicken.

Während auf der bayerischen Seite des Säulings die unter Kronprinz Maximilian (Hohenschwangau) und König Ludwig II. (Neuschwanstein) erbauten Schlösser Touristen aus aller Welt anziehen, ist es auf der Tiroler, der Lechtaler Seite ruhiger. Bis ins 17. Jahrhundert war das anders. Im Lettenbachtal herrschte nämlich noch der Eisenbergbau. Erstmals erwähnt wurden die Eisenerzadern im 12. Jahrhundert durch Kaiser Heinrich IV.; der Sage nach hat hier aber schon im 8. Jahrhundert der heilige Magnus geschürft.

Folgende Abbildung:
Das Gipfelkreuz am Säuling ist bei schönem Wetter meist gut besucht. Im Bild der Blick Richtung Westen auf die Tannheimer Berge; rechts erkennt man den Lech beim Verlassen der Alpen.

Das Säulinghaus der Naturfreunde ist eine ideal gelegene Brotzeitstation; zumindest bis dorthin können auch Bergfreunde wandern, die den stellenweise exponierten Gipfelaufstieg meiden wollen.

Wegverlauf

Vom Parkplatz bei *Pflach* folgt der Weg zunächst einige hundert Meter einem Teersträßchen, bis der Wegweiser zum Säuling nach rechts auf einen Wanderweg weist. Jetzt geht es überwiegend durch Wald stetig bergauf. Forststraßen und Wege werden teils überquert, teils abschnittweise benutzt. Wenn man dabei immer auf die Wegweiser achtet, ist nach knapp 2 Stunden das *Säulinghaus* erreicht. Wer die Tour so kurz wie möglich gestalten will, steigt hier der Masse der anderen Bergsteiger folgend direkt zum Säuling auf.

Freunde von Höhenwegen werden das Gipfelziel erst zur Hälfte umrunden, um es dann von hinten zu besteigen. Dazu zweigen wir gleich nach der Hütte vom Hauptweg links ab. Ein steiniger Weg führt nun ein längeres Stück bergab in den Wald. Auch dort verliert der Pfad noch etwas an Höhe, bevor er unter dem *Pilgerschrofen* wieder ansteigt.

Am Fuß seiner senkrechten, stellenweise sogar überhängenden Wände quert der Weg nach Nordosten. Dabei eröffnet sich ein reizvoller Blick auf Füssen und die vielen Seen in der Umgebung; sogar auf den so versteckt im Wald liegenden Alpsee kann man blicken. Nach Überquerung eines frischen Felssturzes erreichen wir einen Rücken, von dem aus es wieder richtig bergab geht.

Bei einer *Jagdhütte* treffen wir auf den Weg, der von Neuschwanstein heraufführt. Jetzt geht's nach rechts weiter und zur Abwechslung wieder bergauf; das bleibt so bis zum Gipfel. Zuvor halten wir uns bei einer Bank rechts und steigen gleich darauf über eine kleine Leiter. Damit beginnt ein steiler, stellenweise durchaus vorsichtig zu begehender Steig. In der grasig-schrofigen Nordostflanke des Säulings ist insbesondere auf Steinschlag zu achten – bitte auch selbst keine Steine lostreten!

Am *Säulingsattel* angekommen, laden weite Wiesen zu einem Mittagsschlaf ein. Wer gleich noch eine Viertelstunde dranhängt, kann auf dem Säuling bei freier Rundumsicht träumen – sofern sich auf dem Doppelgipfel noch ein stilles Plätzchen findet. Beim Rückweg halten wir uns am Sattel links, um uns an Stahlseilen zum Säulinghaus hinabzuhangeln. Dies sollte möglichst rücksichtsvoll geschehen, da sich dort an schönen Wochenenden viele ängstliche Bergfreunde ansammeln, die vor den »Schlüsselstellen« viel Zeit brauchen, um Konzentration zu sammeln. Nach dieser Tour hat man sich die Einkehr im *Säulinghaus* wirklich verdient. Von der Terrasse aus sieht man den Säuling noch dazu von seiner besten Seite: mit seinen senkrechten Westwänden aus leuchtend hellem Wettersteinkalk, der vor über 200 Millionen Jahren aus Korallen und anderen riffbildenden Lebewesen entstanden ist. Am Anstiegsweg geht's dann zurück zum Ausgangspunkt.

Touristische Informationen

Anfahrt: Von Norden über Füssen oder Pfronten, nicht auf die Schnellstraße Richtung Fernpaß, sondern auf der Landstraße Richtung Reutte; südlich des Ortskerns von Pflach auf schmalem Teersträßchen nach Osten, über die Bahngleise und zum Großparkplatz jenseits der Schnellstraße.
In Pflach Bahnhof an der Strecke Pfronten – Reutte; Haltestelle der Bundesbuslinie 5258 Füssen – Reutte.
Ausgangs- und Zielpunkt: Pflach, 850 m, bzw. Parkplatz, 900 m.

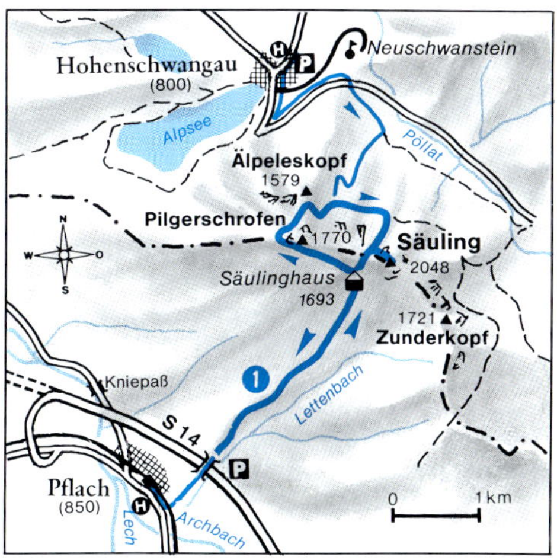

An der Steilstufe zwischen Säulingsattel und Säulinghaus geht es manchmal etwas eng zu.

Höchster Punkt: Säuling, 2048 m.
Reine Gehzeit: 7 Std. (bei direktem Gipfelanstieg 5½ Std.).
Sehenswürdigkeiten: In Pflach: Heilig-Drei-König-Kirche aus dem 17. Jh. mit gotischer Madonna aus dem 15. Jh.; Hüttenkapelle St. Ulrich und St. Afra aus dem Jahr 1515 mit wertvoller Ausstattung.
Einkehr/Unterkunft: Säulinghaus, 1693 m (Naturfreunde).
Varianten/Abstecher: Direkter Gipfelanstieg (wie Abstieg) 1½ Std. weniger; Aufstieg von Hohenschwangau, 800 m, verschiedene Varianten mit vergleichbarem Zeitaufwand, kürzere Anreise aus Richtung München/Augsburg.
Karten: Topographische Karte 1:50000, Füssen und Umgebung; Kompass Wanderkarte 1:50000, K 4 Füssen – Ausserfern.

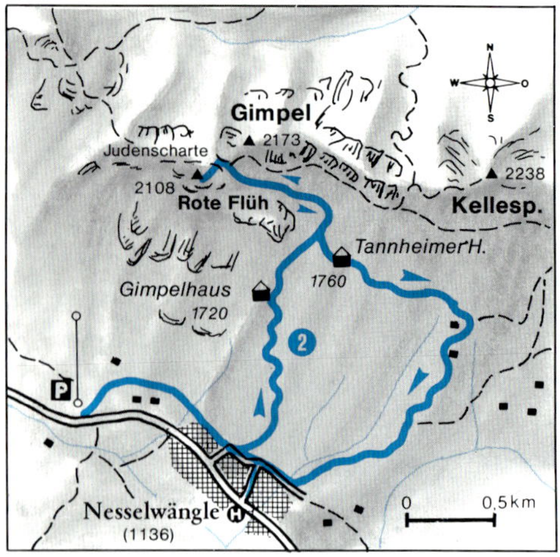

2 Rote Flüh

Im Reich der Kletterer

Charakter: Abwechslungsreiche Tour für trittsichere Bergsteiger.
Höhendifferenz: 1000 Meter.
Gesamtgehzeit: 5½ Stunden.

Bekannt sind die Tannheimer Berge vor allem als Kletterparadies – der feste Wettersteinkalk zieht die Felsartisten magisch an. Die meisten Bergsteiger kennen, zumindest aus Erzählungen, die berühmte Schlüsselstelle »Nur (Nun) Mut, Johann« am Gimpel-Westgrat. Die gegenüberliegende Rote Flüh mit ihrer senkrechten Südwand ist ein markantes Wahrzeichen über dem Tannheimer Tal. Vom Tal aus möchte man kaum glauben, wie (relativ) leicht sie von der Rückseite her zu besteigen ist.

Wegverlauf

Vom Großparkplatz in *Nesselwängle* geht es auf einem schmalen Sträßchen ein kurzes Stück auf den Berg zu. Bei der ersten Verzweigung rechts zum oberen Ortsrand von Nesselwängle, bis ein Schild zum Gimpelhaus nach links weist. Hierher kommt man auf direkterem, ausgeschildertem Weg auch von der Bushaltestelle beim Postamt. Nachdem aus dem Fahrweg ein schmaler Bergpfad geworden ist, geht es in vielen Kehren ziemlich direkt zu dem arg groß geratenen *Gimpelhaus.*

Bei der folgenden Wegverzweigung halten wir uns links und streben auf einem immer steiler werdenden Weg in die *Scharte* zwischen Gimpel und Roter Flüh. Der Gipfel der *Roten Flüh* ist von dort auf einem Felsensteig mit Drahtseil-Hilfe relativ unproblematisch zu erklimmen.

Bei der Gipfelbrotzeit können wir den Blick über das Tannheimer Tal schweifen lassen, aber auch den Kletterern am gegenüberliegenden Gimpel zuschauen. Auch unter uns, in der Südwand der Roten Flüh, tummeln sich fast immer Steilwandartisten. Sie können erwarten, daß wir keine losen Steine zum Flug über diese Wand veranlassen.

Am Anstiegsweg wandern wir zurück, bis (noch vor dem Gimpelhaus) der Weg zur *Tannheimer Hütte* nach links abzweigt. In dieser kleinen und gemütlichen Hütte läßt es

Gimpel (links) und Rote Flüh (rechts) sind die Wahrzeichen des Tannheimer Tals. Die sonnigen und daher meist schneefreien Südwände locken selbst im Winter Kletterer an, während eisige Kaltluft im Talgrund oft für bizarre Reifbildungen sorgt.

Die Tannheimer Berge im Abendlicht. Ganz links leuchtet unser Gipfelziel, die Rote Flüh, daneben der Gimpel; ganz rechts erhebt sich der höchste Berg der Gruppe, die Kellespitze.

sich gut einkehren. Weiter geht es Richtung Osten auf einem abwechslungsreichen Höhenweg. Ein kurzer, heikler Zwischenabstieg kann sich (nicht nur bei Nässe) etwas rutschig gestalten; ansonsten begeistert dieser Weg mit kleinen landschaftlichen Leckerbissen; so zum Beispiel mit einem Wasserfall vor überhängenden Felsen. Bei einer kleinen Almhütte wendet sich unser Weg nach rechts. Auf dem Weg ins Tal werden verschiedene Gesteinsschichten aus der Jurazeit mit entsprechend wechselnder Vegetation passiert. Auf den wasserstauenden Ton- und Mergelschichten ist der Weg stellenweise so »batzig«, daß jedem leicht ein (ungefährlicher) Ausrutscher passieren kann.

Touristische Informationen

Anfahrt: Von Reutte oder von Sonthofen mit dem Bus 4262 nach Nesselwängle (Haltestelle beim Postamt); mit dem Kfz von Weißenbach im Lechtal über den Gaichtpaß, von Hindelang über das Oberjoch oder von Pfronten durch das Engetal über Grän; Parken im Ort nur sehr beschränkt möglich, fairer gegenüber den Anwohnern am Großparkplatz westlich des Ortes.
Ausgangspunkt und Zielpunkt: Nesselwängle, 1136 m.
Höchster Punkt: Rote Flüh, 2108 m.
Reine Gehzeiten: Nesselwängle – Gimpelhaus – Rote Flüh 3 Std., Rote Flüh – Tannheimer Hütte – Nesselwängle 2½ Std.
Sehenswürdigkeiten: Pfarrkirche (1732) in Nesselwängle. Häufig wechselnde Gesteine (Jura und Trias) am Weg, botanische Vielfalt.
Einkehr/Unterkunft: Gimpelhaus, 1720 m (priv.); Tannheimer Hütte, 1760 m, einfach bewirtschaftete Alpenvereinshütte.
Variante/Gipfelabstecher: Gimpel, 2173 m, absolute Trittsicherheit erforderlich, knapp 2 Std. vom Gimpelhaus.
Karten: Topographische Karte 1:50000, Füssen und Umgebung; Kompass Wanderkarte 1:50000, K 4 Füssen – Ausserfern.

3 Gehrenspitze

Steile Felswände über Reutte

Charakter: Anspruchsvolle Bergtour mit Klettereinlagen (I–II), ausgesetzte Abschnitte verlangen Trittsicherheit und Schwindelfreiheit, praktisch wegloses Gelände am Gipfelaufbau; für unsichere Geher gefährlich! Grandiose Aussicht vom Gipfel.
Höhendifferenz: 1250 Meter.
Gesamtgehzeit: 7 Stunden.

Beim Namen »Gehrenspitze« werden viele Bergsteiger erst einmal an die Wetterstein-Südseite denken, wo ein bekannter Namensvetter über der Leutasch thront. Bevor Lokalnamen in ein einheitliches Deutsch gepreßt wurden, ließen sich die Berge noch besser unterscheiden; unser Tannheimer Berg hieß früher »Gehrn Spitz«, so wie es im 1774 veröffentlichten Atlas Tyroliensis der Tiroler Kartographen Peter Anich und Blasius Hueber festgehalten ist. In der Gegend der Gehrenspitze, vom Gipfel aus jenseits von Reutte gut zu sehen, findet sich übrigens noch ein Beispiel für eine weitere (der Tourismusbranche sicher nicht ungelegene) Namensänderung: Der »Unreine See« (nach Atlas Tyroliensis) nordöstlich von Reutte wurde zum Urisee – klingt doch besser, so ein bißchen nach Schweiz, oder? Und das nur durch das Weglassen von Buchstaben!

Dem Bergsteiger bietet die Gehrenspitze in den Tannheimer Bergen eindruckvolle Bergerlebnisse. Sie zählt zu den lohnendsten Gipfelzielen am Alpenrand überhaupt – zumindest für Bergsteiger, die schwindelfrei sind und auch auf allen vieren tritt- bzw. griffsi-

Vom Weiler Winkl, dem Ausgangspunkt unserer Tour, erkennt man noch wenig von den imposanten Felsbastionen der Gehrenspitze.

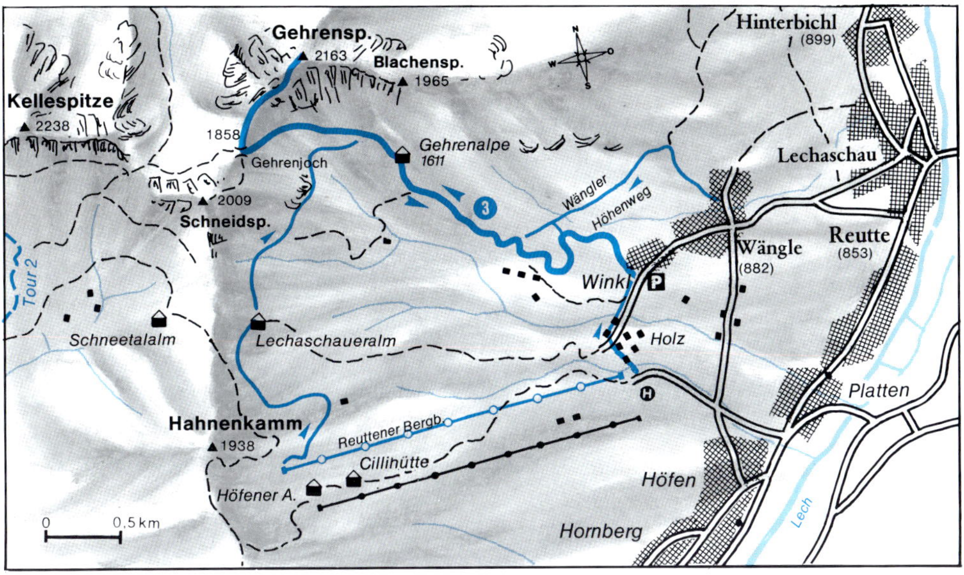

cher kraxeln können. Vom Forggensee oder vom Reuttener Talkessel aus gesehen, scheint sich die Gehrenspitze eher bescheiden hinter einigen Vorbergen zu verstecken. Der Gipfel überragt die Waldberge aber doch so deutlich, daß die Aussicht von ganz oben wirklich ihresgleichen sucht.

Wegverlauf

In *Winkl* markiert die Kapelle den Ausgangspunkt der Tour. Den Wegweisern zur Gehrenalpe folgend, verlassen wir das Dorf. Am Waldrand trennen wir uns vom Bach; ein schattiger Pfad führt nun steil hinauf zu einer Schotterstraße. Dieser »Alpenautobahn« folgen wir über einige Kehren. Wenn wir dann, die Gaichtspitze zur Linken, talein wandern, heißt es aufpassen: Der Wegweiser, der den Ansatz des Weges zur *Gehrenalpe* (nach rechts hinauf) markiert, kann bei angeregter Unterhaltung leicht übersehen werden.

Nach der verdienten Brotzeit auf der Alm

Selbst wenn an den Nordseiten der umliegenden Berge schon der erste Schnee liegt, kann der Westgrat der Gehrenspitze schneefrei sein. Aufmerksamkeit und Schwindelfreiheit erfordert dieser Anstieg trotzdem.

wandern wir weiter gegen Westen. Von hier schürt jeder Blick zur Gehrenspitze hinauf Zweifel, ob der Gipfel ohne Seil und Haken überhaupt erreichbar ist – so imposant wirkt die Südwand! Am *Gehrenjoch* öffnet sich der Blick auf die Kellespitze (Köllenspitze, 2238 m), der höchste Berg der Tannheimer Berge.

Wir wenden uns am Joch nach rechts. Der Weg wird bald zu einem anspruchsvollen, stellenweise ausgesetzten Steig. Ohne Sicherungen führt er über schrofige Rippen und grasige Mulden zu einer weithin sichtbaren Steilrinne links unterhalb des Gipfelstocks. Diese führt bis zum Grat hinauf. Dort angekommen, ist der Blick frei auf das Alpenvorland – welch ein Kontrast zum steilen Wettersteinkalk, in dem wir gerade herumturnen! Weiter geht es nach rechts über steile Schrofen zum Grat. Über diesen schwingen wir uns zum Gipfel hinauf. Dabei ist Vorsicht geboten, da der Grat zur Südwand hin stellenweise recht ausgesetzt ist. Nicht nur Bergsteiger selbst sollten einen unfreiwilligen »Abstieg« über die senkrechte Südwand vermeiden, auch Steine und Steinchen dürfen keineswegs der Schwerkraft überlassen werden; Kletterern in der Wand darunter könnte das übel mitspielen.

Am Gipfel der *Gehrenspitze* ist schließlich auch der Blick nach Osten, nach Reutte und über das Zwischentorental, wieder frei. Im Süden grüßen viele Gipfel der Lechtaler und Allgäuer Alpen, die auf den folgenden Seiten noch vorgestellt werden. Beim Abstieg macht es sich bezahlt, wenn man sich den oberen Teil der Aufstiegsroute genau gemerkt hat.

Touristische Informationen

Anfahrt: Von Reutte nach Wängle und weiter in den Ortsteil Winkl und zum Ausgangspunkt bei der Kapelle. Aus dem Bundesbus 4176, Reutte – Schattwald, bei der Haltestelle Höfen/Reuttener Bergbahn aussteigen; weiter zu Fuß nach Winkl oder mit der Reuttener Bergbahn hinauf und auf dem Alpenrosenweg zur Gehrenalpe queren.
Ausgangs- und Zielpunkt: Winkl, 1040 m.
Höchster Punkt: Gehrenspitze, 2163 m.
Reine Gehzeiten: Anstieg 4 Std., Abstieg 3 Std.
Sehenswürdigkeiten: In Wängle: Pfarrkirche St. Martin aus dem frühem 18. Jh. Wängle war früher Pfarrort des gesamten Reuttener Talkessels.
Einkehr/Unterkunft: Gehrenalpe, 1611 m.
Variante: Auffahrt mit der Reuttener Bergbahn und auf dem Alpenrosenweg zur Gehrenalpe.
Karten: Topographische Karte 1:50000, Füssen und Umgebung; Kompass Wanderkarte 1:50000, K 4 Füssen – Ausserfern.

4 Gaichtspitze

Aussichtsberg über dem Tannheimer Tal

Charakter: Einfache, gemütliche Tagestour, die auch für Kinder geeignet ist; nur im Abstieg etwas Trittsicherheit und Aufmerksamkeit erforderlich.
Da die gesamte Route auf der Südseite verläuft, ist sie schon bald im Frühjahr und bis in den Spätherbst hinein, ja sogar in schneearmen Wintern durchführbar.
Höhendifferenz: 920 Meter im Aufstieg, 1110 Meter im Abstieg.
Gesamtgehzeit: 4½ bis 5 Stunden.

Wohl jeder Lechtalbesucher hat die Gaichtspitze schon einmal gesehen, wenn auch unbewußt. Die meisten haben wahrscheinlich diesen Berg auch übersehen – allerdings zu Unrecht!

Noch zur Gruppe der Tannheimer Berge gehörig, aber doch etwas isoliert stehend, genießt man genau aus diesem Grunde geradezu atemberaubende Einblicke ins Herz der Tannheimer Berge, auf die senkrechten Plattenwände der Klettergipfel um Gimpel und Rote Flüh. Aber auch der Rundblick über den gesamten nördlichen Bereich unseres Tou-

Das Dörfchen Gaicht, ein von den Touristenströmen unentdecktes Idyll am Eingang des Tannheimer Tals.

rengebiets ist bemerkenswert. Und das alles mit einem gemütlichen Aufstieg von nicht einmal 3 Stunden.

Doch wo ist die Gaichtspitze überhaupt zu finden? Vom Reuttener Becken aus gesehen schließt die Gaichtspitze als steile graue Felsenmauer die Kette des »Hahnenkamms« im Süden ab und grenzt das Reuttener Becken gegen das obere Lechtal ab. Wer dagegen etwa von Stanzach nordwärts blickt, dem zeigt die Gaichtspitze ein ganz anderes Gesicht. Ihre Südseite ist dunkel bewaldet und nur der Gipfelhang zeigt sich waldfrei. Fährt man aber die Gaichtpaßstraße hinauf, die durch Begradigung mit modernen Spannbetonbrükken soviel von ihrer dereinst abenteuerlichen Wegführung eingebüßt hat, so ist die Gaichtspitze kaum zu sehen; zu nah schon sind wir hier dem »Wächter des Tannheimer Tals« auf den Leib gerückt.

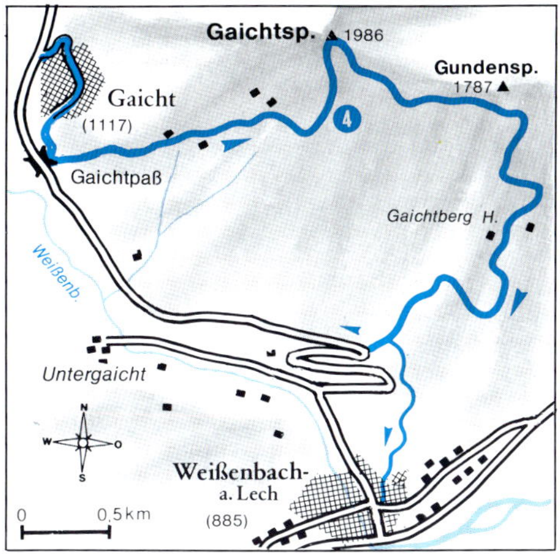

Wegverlauf

Unseren Weg beginnen wir direkt am *Gaichtpaß* (1080 m), vor dem Brücklein (Bushaltestelle und Parkmöglichkeit) an der Abzweigung zum wenig oberhalb liegenden Dörfchen *Gaicht*, das von den zahlreichen Besuchern des Tannheimer Tals kaum wahrgenommen wird. In einigen Minuten sind wir zum Ort hinaufgelaufen. Etwa ein Dutzend schöne, meist alte, mit Schindeln beschlagene Bauernhäuser zeigen in ihrer Bauweise, anders als die Lechtaler Höfe, deutliche Allgäuer Einflüsse. Eng drängen sich die Höfe auf der kleinen Verebnung, einem späteiszeitlichen Talbodenrest, der sich auf der anderen Seite der scharf eingekerbten Gaichtschlucht fortsetzt.

Nach der Kapelle, an einem mit dunklem Holz verkleideten Haus, führt ein Feldweg entlang eines Gatters in 5 Minuten zu einem *Marterl* (hierher auch direkt, aber steil von der Gaichtpaßstraße).

Nun zieht ein Weg links durch Wiesen steil hinauf bis an den Waldrand. Dann weniger steil und immer rechtshaltend geht es weiter im Wald, der wiederholt von Lichtungen aufgelockert ist. Obwohl die Markierungen spärlich sind, ist der Weg gut zu finden. Der Boden ist vom Hangzugwasser ziemlich feucht. Davon wird auch die Vegetation beeinflußt. Duftende Minze, Sterndolden und andere Hochstauden säumen den Weg. In einem kleinen Hangflachmoor kann man im Moos versteckt das insektenvertilgende Fettkraut finden.

Allmählich brennt die Sonne ins Genick, aber der nun dichter werdende Bergwald bietet Schutz und Schatten. Nach knapp zwei Stunden Aufstieg gelangen wir zu einer kleinen Schulter, wo der Wald zu Ende ist und den Blick auf den nahen Gipfel freigibt. Die letzten Meter zur *Gaichtspitze,* durch bunte Urwiesen, vorbei an einigen Latschenkiefern, sind schnell geschafft und am Gipfelkreuz ist – abgesehen von der verdienten Brotzeit – noch einiges geboten.

Zuallererst ziehen natürlich die berühmten Südwände der Tannheimer den Blick auf sich. Es gibt kaum eine bessere Aussichtskanzel als unseren Gipfel, und mit einem guten Fernglas kann man am Wochenende die Kletterer in den Wänden erspähen. Erinnerungen werden wach... Wie oft haben wir dort drüben unseren Mut erprobt (und manchmal unser Mütchen gekühlt). Darunter liegt ausgebreitet die Ferienlandschaft des Tannheimer Tals mit dem sattblauen Vilsalpsee, der vielleicht für den Nachmittag noch Badefreuden verspricht. Im Hintergrund die nördlichen Kämme der Allgäuer Berge: Hochvogel und Urbeleskarspitze überragen alle anderen. Im Norden sind, fast greifbar nah, die berühmten Skihänge des Hahnenkamms, dann das Reuttener Becken und jenseits davon der Säuling mit seiner prallen Westwand. Weit im Osten wächst aus blauem Dunst die Riesenmauer des Wettersteins mit der Zugspitze empor; im Süden schließlich breiten sich die Lechtaler Alpen mit ihren unzähligen Gipfeln aus. Und zu unseren Füßen, tief unten, erkennt man deutlich das gleißende Band des Lechs inmitten der bedrohten Wildflußlandschaften – in ihrer Art die letzten in den Nördlichen Kalkalpen! Ein spektakulärer Anblick.

Beim *Abstieg* können wir entweder einfach die Wiesen des Gipfelhangs in östlicher Richtung auf schmalem Steig abwärts queren oder, schöner, wir halten uns dicht unterhalb des Latschensaums am Gipfelgrat, bis wir etwa 100 Meter weiter östlich einen Durchschlupf hinauf zum Grat finden, an dem wir nochmals aussichtsreich entlangwandeln können, bis schließlich ein Steilabfall im Osten uns endgültig zum Abstieg durch eine auffallende Latschengasse zwingt. Nun gilt es, die von diesem Abbruch in die Südflanke herabziehenden Schuttreißen und Steilrinnen zu queren: Zuerst im Wald kurz und steil hinab passieren wir anschließend, linkshaltend, einige Felstürmchen. Dann führt uns nach einem Geröllfeld der Weg in steilem Gelände, Latschenfelder querend, leicht auf und ab. Zwei etwas ausgesetzte Steilrinnen (Kinder sichern!) müssen noch traversiert werden, bis der Weg wieder einfacher wird. Wir tauchen in den Wald ein und wenden uns wenig später an einer kleinen Lichtung, bei einigen Karren (das sind tief eingefurchte Erosionsrillen im Kalk), scharf rechts, um nun in allgemein südlicher Richtung abzusteigen. Immer im Fichtenbergwald (dem weiter unten zunehmend Lärchen und Buchen beigemischt sind) durch kleine Tobel und ein steiles Kerbtälchen hinab erreichen wir nach einer guten Stunde an der östlichsten Kehre die *Gaichtpaßstraße*. Wer zurück zum Benzinesel nach Gaicht muß, wird schnell eine Mitfahrgelegenheit finden. Ansonsten steigen wir bequem in einer Viertelstunde durch Wiesen zum vor uns liegenden *Weißenbach* hinunter.

Touristische Informationen

Anfahrt: In Weißenbach biegt man aus dem Lechtal Richtung Tannheimer Tal ab und erreicht nach 4 Kilometer den Gaichtpaß (Bus-

Die Gaichtspitze von Süden aus dem herbstlichen Lechtal. Der Aufstieg führt über die kleine Schulter links unter dem Gipfel. Rechts sind Latschengasse und Schuttreiße zu erkennen, die im Abstieg passiert werden.

haltestelle »Gaicht« der Linien 4176 und 4262); über den Oberjochpaß auch aus dem Allgäu erreichbar. Parkmöglichkeit direkt an der Abzweigung nach Gaicht. Nicht ins Dörfchen Gaicht fahren, da es hier kaum Platz zum Parken gibt!
Ausgangspunkt: Gaichtpaß, 1080 m.
Höchster Punkt: Gaichtspitze, 1986 m.
Zielpunkt: Weißenbach, 885 m.
Reine Gehzeiten: Aufstieg Gaichtpaß – Gipfel 3 Std., Abstieg nach Weißenbach 1½ bis 2 Std.
Sehenswürdigkeiten: Schöne Höfe in Gaicht; gute Sicht auf die Wildflußlandschaften im Lechtal bei Forchach.
Einkehr/Unterkunft: Unterwegs keine; Gasthöfe in Gaicht und Weißenbach.
Karten: Topographische Karte 1:50000, Füssen und Umgebung; Kompass Wanderkarte 1:50000, K 4 Füssen – Ausserfern.

5 Kohlbergspitze

Sonniger Anstieg von Bichlbach

Charakter: Schöne Bergwanderung für die Übergangsjahreszeiten; mit optimalem Eisenbahnanschluß.
Höhendifferenz: 1130 Meter.
Gesamtgehzeit: $6^1/_4$ Stunden.

Die Kohlbergspitze hat zwei Namen (sie wird auch Zingerstein genannt) und zwei so unterschiedliche Gesichter, daß man sie kaum demselben Berg zuordnen würde: Wer von Reutte kommend beim Gasthof Seespitz den Plansee erreicht, erblickt im Süden eine imposante Felsbastion mit ruinenhaft verwitterten, teilweise senkrechten Wänden. Diese kulminieren in der gleichen Kohlbergspitze, die sich nach Süden, zum Zwischentorental hin, mit einem relativ ungegliederten grünen Südhang zeigt. Dieser Hang bedeutet für den Ort Bichlbach Lawinengefahr; daher bekam die Kohlbergspitze zu ihrem großen Gipfelkreuz noch ein weiteres Merkmal aufgesetzt: ein Feld mit riesigen Lawinenverbauungen, die höchsten fast direkt am Gipfel.

Der Weg auf die Kohlbergspitze ist nicht gerade spektakulär. Da er zudem voll der Sonne ausgesetzt ist, könnte man geneigt sein, ihn als Verlegenheitstour zu sehen. Im Hochsommer ist er auch wirklich nicht zu empfehlen. Im Frühjahr und Herbst dagegen, wenn in den Nordhängen noch oder schon Winter herrscht, bietet die Kohlbergspitze die Möglichkeit, trockenen Fußes in ringsum verschneite Höhen vorzudringen. Bei Inversionswetterlagen im November ist der Gipfelhang der Kohlbergspitze einer der wärmsten Plätze weit und breit! Dieser Berg hat einen Bahnhof unmittelbar an seinem Fuß. Damit ist die umweltfreundliche Anreise per Bahn hier besonders attraktiv!

Wegverlauf

Direkt beim Bahnhof von *Bichlbach* überschreitet man die Gleise, folgt diesen ca. 100 Meter nach links, um dann nach rechts über den Bach zu gehen. Unmittelbar nach der Brücke verzweigen sich die Wege. Wir gehen geradeaus auf einem kleinen Pfad, der gleich steil bergan führt. Kurz nach dem großen Mast einer Stromleitung lassen wir die Abzweigung zum Kohlberg-Rundgang links liegen.

Im lichten Wald gewinnt der Weg nun schnell an Höhe. Ein Pfad, der flach nach links abzweigt führt zu einer Hütte; ihm folgen wir nicht. Dies ist vor allem beim Abstieg zu beachten (wobei der »falsche Abzweiger« dann natürlich nach rechts geht). Bald treffen wir auf das Ende einer Forststraße (»Parkplatz« für Radler). Dort halten wir uns links. In einem flachen, latschenbestandenen Tälchen treffen wir auf einen hangparallelen Weg. Diesem folgen wir nach links. Nach einer Querung durch ein Latschenfeld strebt der Pfad bald über die weite Wiese des Südosthangs direkt zum weithin sichtbaren Gipfelkreuz der *Kohlbergspitze*.

An schönen Wochenenden starten hier oft Gleitschirmflieger; es ist schon toll anzusehen, wie die bunten Schirme lautlos durch die Luft gleiten. Im Norden schimmern tief unten Heiterwanger See und Plansee. Über der Nordwand kann man entlang des Grates ein Stück nach Osten wandern und dabei einen riesigen absturzbereiten Felsblock bewundern; spätestens »beim Zahn« ist jedoch

Die sonnige und geräumige Gipfelwiese an der Kohlbergspitze lädt zu genußvoller Rast ein; aus dem Hintergrund grüßt die Zugspitze.

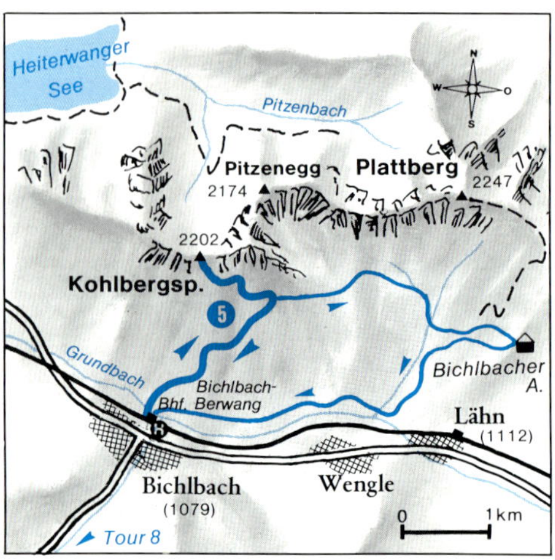

Wer vom Gipfel der Kohlbergspitze am Kamm entlang ein Stück nach Osten geht, kann diesen imposanten, absturzbereiten Felszahn hoch über dem Plansee bewundern (wenn er noch steht – schau'n Sie mal nach).

Schluß. Vor der dortigen Steilstufe kann man nach rechts direkt durch die Latschen (weglos, schwierig zu finden und mühsam) zum Anstiegsweg absteigen; besser geht man aber ein Stück zurück und quert über die Gipfelwiese zum Aufstiegsweg.

Touristische Informationen

Anfahrt: Über Garmisch-Partenkirchen (bzw. den Fernpaß) und Lermoos oder über Reutte nach Bichlbach; vom Ortskern zum Bahnhof, dort parken. Mit der Bahn von Garmisch-Partenkirchen oder von Reutte nach Bichlbach; von Innsbruck oder Reutte auch mit dem Bundesbus 4176.

Ausgangs- und Zielpunkt: Bahnhof Bichlbach, 1079 m.

Höchster Punkt: Kohlbergspitze, 2202 m.

Reine Gehzeiten: Aufstieg 3½ Std., Abstieg 2¾ Std.

Sehenswürdigkeiten: In Bichlbach: Pfarrkirche St. Lorenz (1733) mit Hochaltar aus der Klosterkirche Ettal, Zunftkirche St. Joseph (1710). Vom Gipfelkamm Tiefblick in wild zerrissene Wände aus Hauptdolomit; bei gutem Wetter Gleitschirmflieger.

Einkehr: Keine, reichlich Getränke mitnehmen!

Variante: Querung nach Osten zur Bichlbacher Alpe (nicht am Grat! Steig in der Latschenzone).

Karten: Alpenvereinskarte 1:25000, Nr. 4/1 Wetterstein- und Mieminger Gebirge, westliches Blatt; Topographische Karte 1:50000, Füssen und Umgebung; Kompass Wanderkarte 1:50000, K 4 Füssen – Ausserfern oder K 25 Ehrwald – Lermoos – Mieminger Kette.

6 Thaneller

Leichte Bergwanderung von Berwang

Charakter: Einfache Tour auf aussichtsreichen Gipfel.
Höhendifferenz: 1020 Meter.
Gesamtgehzeit: 6¼ Stunden.

So frei wie der Thaneller stehen nur wenige Berge in der Landschaft. Allseits ist er von verhältnismäßig tief eingeschnittenen Tälern umgeben: im Nordwesten das Lechtal, im Nordosten das Zwischentorental, im Südosten die Berwanger Talwasserscheide und im Südwesten das Rotlechtal. Seiner freien Lage entsprechend, ist auch die Rundumsicht vom Gipfel ganz hervorragend. Vom Tal aus macht er insbesondere von Norden, von Reutte oder vom Plansee aus, eine gute Figur: Die schroffen Flanken über Thanellerkar und Schneeloch erinnern an deutlich höhere Berge. Der Anblick der Nordseite läßt nicht erahnen, welch einfacher Anstieg von Süden her zu dem weithin sichtbaren Gipfelkreuz führt.

Wegverlauf

Vom Parkplatz bei *Berwang* gehen wir zunächst an einem Kiesabbau rechts vorbei; so stoßen wir auf den querenden Weg, der vom Ortskern Berwang hierher führt. Diesem folgen wir nach links, um gleich darauf wieder rechts abzuzweigen (Wegweiser). Ein angenehm schattiger Pfad führt nun in etlichen Serpentinen zum sogenannten *Kampeleplatz,* eine latschenumsäumte Wiese, wie geschaffen für das zweite Frühstück. Dort wendet sich der Weg nach rechts und vereinigt sich dabei mit jenem, der von Rinnen heraufführt. Jetzt geht es auf und nahe dem Südkamm weiter. Schatten gibt es keinen mehr;

Der Weg von Berwang auf den Thaneller ist bei trockenen Verhältnissen auch für Kinder leicht zu begehen. Das größte Problem kann der Durst werden, wenn man nicht genug zum Trinken dabei hat.

dementsprechend steigt an sonnigen Tagen der Durst. Der Name Thaneller soll zwar aus dem lateinischen »Fontanella« für »kleinen Brunnen« abgeleitet sein (das bezog sich wohl auf ein Brünnlein am Fuße des Berges), der Plattenkalk hier oben bietet aber keine Quellen. Ein reichlicher Wasservorrat im Rucksack ist daher viel wert.

Am Gipfel des *Thanellers* angelangt, schürt der Blick auf die verlockend schimmernden Seen »zu unseren Füßen« (Heiterwanger See und Plansee) zusätzlich sommerliche Gelüste auf Wasser. Dazwischen liegen allerdings neben fast 1400 Höhenmetern auch die schaurigen Felsabstürze der Nordflanke. Durch diese führt aus dem nordwestlich gelegenen Thanellerkar ein anspruchsvoller Klettersteig herauf. Erfahrene Klettersteig-Artisten, die ihn gehen wollen, starten bei den Skiliften westlich von Heiterwang und können den Thaneller damit überschreiten. Autofahrer müssen dann entweder den sehr langen Weg über die Heiterwanger Hochalm zu ihrem Gefährt zurückgehen oder in Berwang den »Finger auf die Straße halten«. Wer den gemütlicheren Weg von Berwang heraufgekommen ist, sollte auf jeden Fall am Anstiegsweg wieder zurückkehren.

Der Thaneller, ein beliebter Aussichtsberg über dem Reuttener Talbecken. Bei gutem Wetter reicht die Aussicht bis weit in das Alpenvorland.

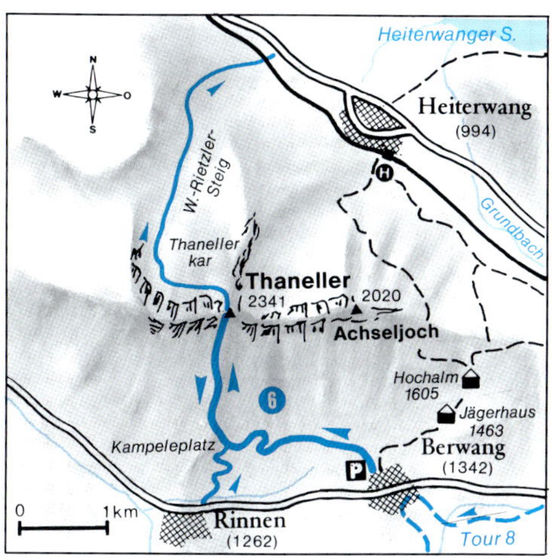

Touristische Informationen

Anfahrt: Über Lermoos oder Reutte nach Bichlbach (Bahnlinie Reutte – Garmisch-Partenkirchen, Bundesbuslinie 4176 Innsbruck – Reutte), weiter mit dem Bundesbus 4250 Ts oder mit Pkw auf guter Straße nach Berwang hinauf, Parken westlich des Ortes beim Skilift (rechts der Straße).
Ausgangs- und Zielpunkt: Berwang, Liftstation, 1320 m.
Höchster Punkt: Thaneller, 2341 m.
Reine Gehzeiten: Aufstieg 3½ Std., Abstieg 2¾ Std.
Sehenswürdigkeiten: In Berwang: Pfarrkirche St. Jakob (15. Jh.). Rundumsicht vom Gipfel mit imposanten Tiefblicken nach Norden.
Einkehr: Keine, also reichlich Getränke mitnehmen, da Aufstieg der Sonne ausgesetzt ist!
Aufstiegsvariante: Von Rinnen zum Kampeleplatz, weiter auf beschriebenem Anstieg; anspruchsvoller Klettersteig zum Gipfel aus dem nordwestlichen Thanellerkar (3½ Std.).
Karten: Topographische Karte 1:50 000, Füssen und Umgebung; Kompass Wanderkarte 1:50 000, K 4 Füssen – Ausserfern oder K 25 Ehrwald – Lermoos – Mieminger Kette.

7 Abendspitze und Galtjoch

Tour der Almen

Charakter: Almwanderung mit Gipfelabstecher und Einkehrmöglichkeiten.
Höhendifferenz: 1200 Meter.
Gesamtgehzeit: 7 Stunden.

Ein schönes und vielseitiges Tourengebiet ist die Liegfeistgruppe in der Umgebung der *Reuttener Hütte*. Schon beim Aufstieg hat man die Auswahl zwischen verschiedenen Wegen. Sie führen von Rinnen in knapp zwei Stunden zu zwei Almen und dem blitzsauberen und gemütlichen Hütterl der Sektion Reutte, das jedoch nicht bewirtschaftet ist (Schlüssel ist bei der ÖAV-Sektion Reutte erhältlich). Die Abendspitze und das Galtjoch bieten kleine gemütliche Wanderungen, die ideal für ganz kleine Gipfelstürmer (oder auch für geruhsamere Bergfreunde) geeignet sind.

Man kann von der Hütte aber auch den *Reuttener Höhenweg,* einen richtigen Klettersteig, angehen, der vom Galtjoch immer am Grat entlang über die Steinkarspitze und dann über einige ausgesetzte, mit Eisenleitern und Drahtseilen entschärfte Grattürme zur *Knittelkarspitze* (von Kelmen Tour 14) führt.

Das Galtjoch ist in erster Linie als Skitour bekannt – als eine der wenigen Touren in den Lechtaler Alpen, bei der sich die Lawinengefahr in Grenzen hält. Im Sommer bietet das Galtjoch nichts Spektakuläres. Dafür

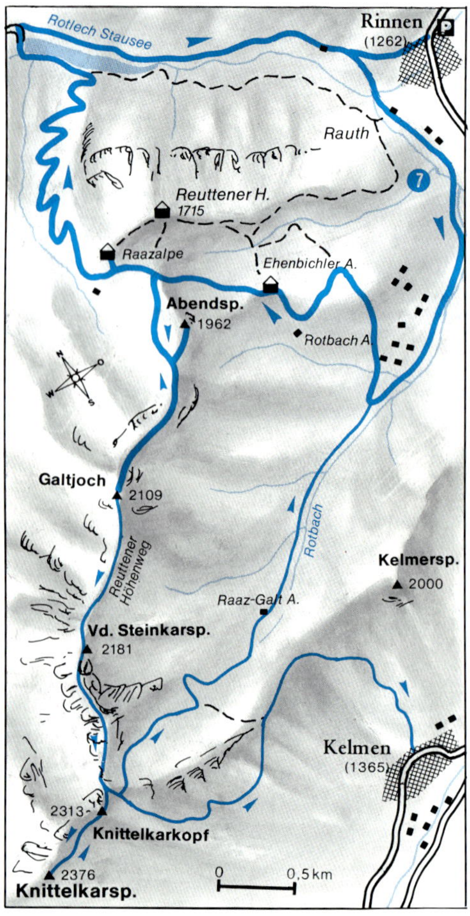

Zwischen Thaneller und Galtjoch wird der Rotlech zu diesem See aufgestaut; der Rückweg von der Raazalpe führt über die Staumauer und zum Schluß talaufwärts nach Rinnen zurück. Im Hintergrund ist der Hönig zu sehen, einer der klassischen Steilgrasberge in diesem Gebiet.

kann man ohne alpinistische Schwierigkeiten auf einen Zweitausender steigen und eine schöne Aussicht genießen. Wer auf den Gipfelabstecher verzichtet, kann einen gemütlichen Almspaziergang machen, bei dem man überwiegend auf bequemen Fahrwegen unterwegs ist.

Wegverlauf

Am Dorfbrunnen von *Rinnen* vorbei führt ein steiles Teersträßchen bergab. Eine Hofzufahrt lassen wir links liegen und folgen dem befestigten Sträßchen nach rechts hinunter; nach einer Kehre endet dieses bei einer Häusergruppe im Talgrund des *Rotlechs.*

Von hier könnte man jenseits des Bachs auf steilem Weg direkt zu den Almen aufsteigen. Wenn jedoch ein eher gemütlicher Almspaziergang angesagt ist, folgt man dem unbefestigten Fahrweg, der weiter am Rotlech aufwärts führt. Der Weg überquert bald den Rotlech und gewinnt dann im Tal des Rotbachs stetig an Höhe. Mit einer Spitzkehre (die auf einem Pfad abgekürzt werden kann) wird der Talgrund verlassen. Bei den *Rotbach-Almhütten* lassen wir auch den Fahrweg hinter uns und folgen den Wegweisern zur *Ehenbichler Alpe.*

Diese Einkehr erreichen wir nun über einen schattigen Waldweg. Danach geht es wieder auf ein Kiessträßchen. Bevor es zur *Raazalpe* nahe der Reuttener Hütte weitergeht, zweigt links der Pfad zum *Galtjoch* ab (Wegweiser); er führt »Gipfelstürmer« um die Abendspitze herum auf das Stiegelejoch und schließlich über den Nordostrücken zum Kreuz am höchsten Punkt.

Am *Rückweg* kann man noch einen Abstecher auf die *Abendspitze* einstreuen, weil sie von unten gar so imposant ausgeschaut hat. Zurück am Fahrweg, bietet sich die *Raazalpe*

Das Rotbachtal mit den bekanntesten Gipfeln der östlichen Liegfeistgruppe: ganz rechts die Abendspitze, daneben das Galtjoch und links im Hintergrund die Knittelkarspitze.

an, den Durst zu löschen. Für den Abstieg wählen wir das schmale, unbefestigte Erschließungssträßchen der Almen. So kommen wir in den Genuß einiger reizvoller Tiefblicke ins Lechtal und auf den kleinen Rotlech-Stausee. Nach Überschreitung seiner Staumauer halten wir uns rechts und gelangen so auf einem weiteren Fahrweg zurück nach *Rinnen*.

Touristische Informationen

Anfahrt: Von Bichlbach im Zwischentorental (Bahnhof der Strecke Garmisch-Partenkirchen – Reutte) mit dem Bus 4250 Ts von Reutte, Richtung Brand, Haltestelle Rinnen; Autos stellt man am besten auf den Parkplatz links vor dem Ortseingang von Rinnen ab.

Ausgangs- und Zielpunkte: Rinnen, 1262 m, tiefster Punkt: Rotlechtal, 1100 m.
Höchster Punkt: Galtjoch, 2109 m, bzw. Abendspitze, 1962 m.
Reine Gehzeit: 7 Std. (ohne Gipfel 4½ Std.).
Sehenswürdigkeit: Kapelle in Rinnen (17. Jh.).
Einkehr: Ehenbichler Alpe, Raazalpe, 1736 m.
Variante: Reuttener Höhenweg vom Galtjoch zur Knittelkarspitze, anspruchsvoll, nur für wirklich bergerfahrene Alpinisten, teilw. gesichert, vom Galtjoch ca. 4 Std., Abstiegsmöglichkeiten für Alpin-Pfadfinder in das Rotbachtal oder nach Kelmen.
Karten: Kompass Wanderkarte 1:50000, K 4 Füssen – Ausserfern oder K 24 Lechtaler Alpen – Hornbachkette.

8 Roter Stein

Von Berwang mit Abstieg übers Bichlbächler Jöchle

Charakter: Abwechslungsreiche Rundtour, für trittsichere und ausdauernde Bergsteiger keine Schwierigkeiten.
Höhendifferenz: 1250 Meter.
Gesamtgehzeit: 8 bis 9 Stunden.

Der Rote Stein ist zwar 25 Meter höher als der berühmte Thaneller gegenüber, erfährt aber weniger Besuch. Vielleicht liegt das daran, daß sich der Rote Stein den Blicken aus den Haupttälern wirkungsvoller entzieht. Das schmälert aber nicht die Fernsicht von seinem Gipfel: Vom Alpenvorland bis in die Zentralalpen reicht der Blick bei gutem Wetter. Diese Superaussicht läßt sich zu alledem auch noch in eine ausgewachsene Rundtour einbinden, die jedem Geschmack etwas bieten kann – eine gesunde Kondition vorausgesetzt.

Wegverlauf

Vom Großparkplatz in *Berwang* geht es zunächst entlang der Hauptstraße ein kurzes Stück bergauf in den Ort hinein. Bei einem Fotogeschäft links ab und gleich darauf wieder rechts. So gelangen wir zu den Häusern von *Gröben*. Dort endet die Teerdecke (sehr begrenzte Parkmöglichkeit, bitte ersparen Sie den Anwohnern Ihre Blechkutsche). Im Tal des *Älpelesbachs* wird der Weg zunehmend schmaler. Die Durchquerung einiger Gräben im glitschigen Mergelgestein erfordert sogar einen vorsichtigen Tritt (vor allem nach Regenfällen). Auf einer Talstufe, dem *Älpele*, lädt eine Bank zur Rast ein. Die folgende Abzweigung zum Hönig bleibt rechts liegen.

Unser Weg führt geradeaus weiter, bis er sich, zunehmend steiler werdend, nach links

Beim Abstieg vom Roten Stein kommen wir an Bichlbächle vorbei, einem der schönsten Bergweiler der Lechtaler Alpen. Wegen der Lücken im Schutzwald kann dieser Ort nur noch durch aufwendige künstliche Verbauungen vor Lawinen geschützt werden.

Der Blick vom Roten Stein nach Osten zeigt zwei sehr unterschiedliche Berggestalten: im Vordergrund die schrofige Gartnerwand aus brüchigem Hauptdolomit, im Hintergrund den wuchtigen Zugspitzstock aus festem Wettersteinkalk.

wendet. Sobald die Schulter des *Roten Steins* erreicht ist, ergibt sich ein großartiger Einblick in das wilde Nordkar unseres Berges.

Vom Gipfel hat man dann (entsprechendes Wetter vorausgesetzt) eine Aussicht, die von den eisgepanzerten Zentralalpen im Südosten bis weit ins schwäbische Alpenvorland im Nordwesten reicht. Für den Abstieg wählen wir den Steig, der über den südlichen Nebengipfel Richtung Kälbertal hinabführt. Der erste Abschnitt ist recht steil, dank einiger Sicherungen für trittsichere Geher aber kein ernstes Problem. Bald nachdem die felsigen Partien überwunden sind und der Weg nach links umgebogen ist, zweigen abermals nach links Steigspuren ab, die den Hang queren; diesen gehen wir nicht nach. Statt dessen schlendern wir auf dem breiteren Weg weiter bergab, an einem späteiszeitlichen Moränenwall vorbei. Bei der folgenden Weggabelung nun links. Es folgt dann eine Querung, bevor der Weg schließlich nach Norden über das *Bichlbächler Jöchle* (1943 m) führt.

Die breite, trogförmige Ausgestaltung dieses Jochs zeigt, daß bei den eiszeitlichen Gletscherhochständen (letztmals vor ca. 18000 Jahren) ein Teil des Fernpaßeisstroms hier nach Norden »übergeflossen« ist. Wo damals jenseits des Jochs ein Eisbruch war, führen heute viele Kehren hinunter ins Tal des *Stockachbachs*. Von rechts grüßt der schmucke Weiler Bichlbächle. Er kann nur noch durch aufwendige Verbauungen vor Lawinen geschützt werden, da der restliche Schutzwald viel zu schwach ist. Ein kleines Teersträßchen trifft am *Grundbach* auf die Zufahrtsstraße nach Berwang.

Wen schon die Blasen plagen, kann per Bus oder Anhalter zum Auto in Berwang zurückkehren. Wer ohne Auto angereist ist, fährt von hier gleich nach Bichlbach zurück. Ansonsten hält man sich vor der Kreuzung und der Brücke links. So kann man den Tag auf einem gemütlichen Weg entlang des Baches ausklingen lassen. Bei den Häusern im »Tal« halten wir uns rechts und spazieren schließlich auf einem kleinem Zufahrtssträßchen wieder nach *Berwang* hinauf.

Touristische Informationen

Anfahrt: Über Reutte oder Biberwier nach Bichlbach, dort nach Süden abzweigen und hinauf nach Berwang, am nördlichen Ortsende großer Parkplatz; Eisenbahn-Strecke Garmisch-Partenkirchen – Reutte, Bahnhof Bichlbach; von dort (Postamt) Busverbindung (4250 Reutte – Brand) nach Berwang.
Ausgangs- und Zielpunkt: Berwang, Parkplatz, 1300 m; tiefster Punkt und gegebenenfalls Zielpunkt: Mündung Stockachbach, 1140 m.
Höchster Punkt: Roter Stein, 2366 m.
Reine Gehzeit: 8 bis 9 Std. (bei Rückfahrt ab Mündung des Stockachtales eine knappe Stunde weniger).
Sehenswürdigkeiten: Pfarrkirche in Berwang (15. Jh.), Antoniuskapelle in Bichlbächle (1735).
Einkehr: Erst gegen Ende der Tour in Stockach; reichlich Getränke mitnehmen!
Varianten für Bergsteiger, die nicht zum Auto zurück müssen: Abstieg durch das einsame Kälbertal zum Fernpaß oder Querung über das Östliche Kreuzjoch zur (nicht bewirtschafteten!) Loreahütte; in beiden Fällen sind Pfadfinderqualitäten von Vorteil (vgl. Tour 10); Rückkehr jeweils mit Fernpaß-Postbus.
Karten: Alpenvereinskarte 1:25 000, Nr. 4/1 Wetterstein- und Mieminger Gebirge, westliches Blatt; Kompass Wanderkarte 1:50 000, K 4 Füssen – Ausserfern oder K 25 Ehrwald – Lermoos – Mieminger Kette.

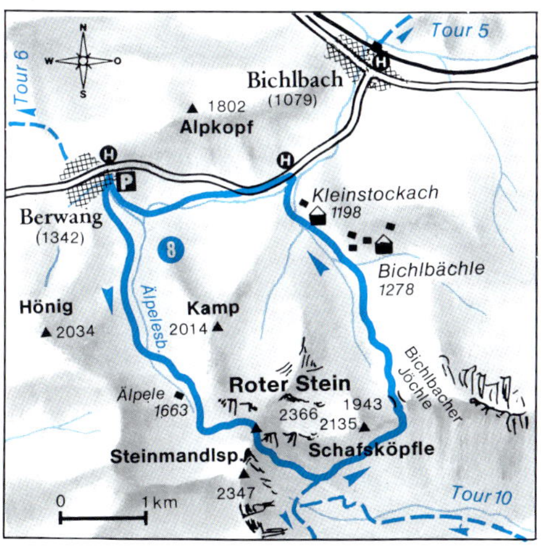

9 Grubigstein und Gartnerwand

Mit oder ohne Lift – das ist hier die Frage

Charakter: Zwischen Seilbahnausflug und ausgewachsener Tagestour beliebig variierbar, daher gut geeignet für Ausflüge von Familien oder Gruppen mit unterschiedlicher Kondition; die Hütten sind ideale Treffpunkte, an denen sich Seilbahnfahrer und Wanderer treffen können.
Höhendifferenz: Max. 1350 Meter.
Gesamtgehzeit: 9 Stunden (mit Gartnerwand, ohne Lift).

Wer aus dem bayerischen Oberland über Garmisch-Partenkirchen und Grießen nach Tirol fährt, erblickt aus dem weiten Talkessel des Lermooser Beckens erstmals die Ausläufer der Lechtaler Alpen: Als nordöstlicher Sporn dieser Gebirgsgruppe thront die Gartnerwand mit ihrem Eckpfeiler Grubigstein über dem Tal. Ein Sessellift reicht fast an den Gipfel des Grubigsteins heran. Trotzdem herrscht dort oben selten Massenbetrieb. Wer den Lift verschmäht und statt dessen durch das Gartnertal aufsteigt, kann sogar viel Ruhe finden.

Wegverlauf

Vom Parkplatz in *Gries-Untergarten,* bei der Brücke, spazieren wir zunächst auf einem Teersträßchen nach Untergarten. Durch den Weiler geradewegs hindurch folgen wir dem Wegweiser ins Gartnertal. Die wuchtige Gartnerwand vor und über uns, passieren wir die Hütten der *Gartneralpe.* Aus einem Bachbett geht es nach rechts heraus. Letztendlich führt unser Weg aber dann doch nach links hinauf. Zunehmend steiler werdend, erklimmt der Steig knapp oberhalb der (vom Anstiegsweg nicht sichtbaren) *Wolfratshauser Hütte* einen Bergrücken. Dort halten wir uns nach rechts und queren auf einem felsigen Steig eine Geländemulde. Durch Latschenfelder führt der Weg dann zum *Grubigsteinhaus.* Um ganz auf den *Grubigstein* hinaufzukommen, nimmt man den Steig, der hin-

Beim Aufstieg zum Grubigstein reicht der Blick über den weiten Lermooser Talkessel hinüber zum wuchtigen Zugspitzstock.

ter der Hütte ansetzt, dann zunächst nach Süden quert und schließlich nach rechts hinaufführt.

Auf und nahe dem Grat können trittsichere Bergsteiger noch zum höchsten Punkt der *Gartnerwand* hinübergehen. Dort sollte man auf gar keinen Fall der Versuchung erliegen, gleich weiterzuturnen und jenseits zum Sommerbergjöchle abzusteigen (heikle Kletterei, stellenweise im III. Grad und äußerst brüchig!).

Also zurück zum *Grubigsteinhaus*. Wer will (oder besser: nicht mehr will), kann nun knieschonend mit dem Sessellift nach Lermoos fahren und die Tour mit einem Dorfspaziergang zum Ausgangspunkt beenden. Wer den Sessellift verschmäht und lieber zu Fuß geht, hält sich zunächst an den Anstiegsweg; statt wieder ins Gartnertal zu gehen, kann man an der *Wolfratshauser Hütte* vorbei über das Gelände des Skigebiets absteigen. Skipisten benutzend und kreuzend, kann man so auf verschiedenen (ausgeschilderten) Wegen ins Tal gelangen.

Um möglichst direkt zum Ausgangspunkt zu kommen, folgt man am besten der Markierung 8. Wer sich von den Skipisten verleiten hat lassen, zur Mittelstation zu gehen, wendet sich dort nach links, geht bei der folgenden Kehre geradeaus, bis der Weg Nr. 8 nach rechts hinunterführt. In Talnähe, nahe einer Stromleitung, führt ein Spazierweg nach links; dieser endet direkt an der Brücke bei *Untergarten*.

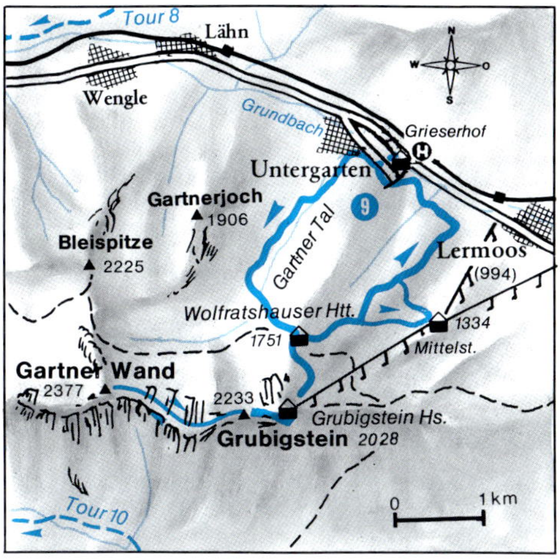

10 Östliches Kreuzjoch

Zum Abbruchgebiet des Fernpaß-bergsturzes

Charakter: Außergewöhnlich einsame Tour für trittsichere und ausdauernde Bergsteiger mit Pfadfinder-Qualitäten.
Höhendifferenz: 1100 Meter im Aufstieg, 1300 Meter im Abstieg.
Gesamtgehzeit: 8 Stunden.

Wer über den Fernpaß reist, nimmt den Paß sicher als Hindernis war, das den Vorwärtsdrang hemmt. Aber wer weiß schon, daß dieses Hindernis ein riesiger Bergsturz ist, der vor mehreren tausend Jahren aus der Loreagruppe der Lechtaler Alpen herniedergebrochen ist und seine Gesteinsmassen zwischen Biberwier und Nassereith verteilt hat. Der hier vorgeschlagene Höhenweg führt dorthin, wo der Bergsturz losgebrochen ist.

So hektisch der Betrieb am Paß auch sein mag, diese Wanderung bietet einen überraschenden Kontrast: Einsamkeit und Stille prägen den größten Teil des Weges. Das wird auch nach der Veröffentlichung dieses Buches so bleiben, da keine bewirtschaftete Hütte die Massen zur Einkehr lockt (dies soll keine Aufforderung sein, die vorhandenen Hütten künftig zu bewirtschaften).

Wegverlauf

An der *Paßhöhe* nehmen wir zunächst die alte Fernpaß Straße nach Süden. Knapp 100 Meter nach der Kapelle zu den 14 Nothelfern folgen wir dem Wegweiser ins *Kälbertal* nach rechts. Ein schöner Wanderweg führt nun etwa höhenlinienparallel durch einen lichten Föhrenwald. Bald wird der Lärm von der Straße vom Rauschen des Kälberbachs übertönt. An einer Weggabelung geht es kurz nach rechts hinauf. Der Markierung 612 folgend wird ein tief eingeschnittener Abschnitt des Kälberbachs umgangen. Nach einem kurzen Zwischenabstieg erreichen wir die herrliche Wiese des *Vorderen Pirchbodens.*

Am Ende dieser idealen »Frühstückswiese« (mit taufreiem Felsen als Brotzeittisch) leitet

Touristische Informationen

Anfahrt: Von Reutte oder Garmisch-Partenkirchen mit Pkw oder Zug nach Lermoos (Bahnhof), bei der Kapelle im westlichen Vorort (Haltestelle »Gasthaus Gries« der Bundesbus-Linie 4176 Innsbruck – Reutte) von der alten Landstraße Richtung Untergarten abzweigen, gleich darauf bei der Fernstraßenbrücke Parkmöglichkeit.
Ausgangs- und Zielpunkte: Lermoos bzw. Gries/Untergarten, 1020 m.
Höchster Punkt: Grubigstein, 2233 m, oder Gartnerwand, 2377 m.
Reine Gehzeit: Ohne Liftunterstützung 7½ Std. (+ 1½ Std. für die Gartnerwand).
Sehenswürdigkeiten: In Lermoos: Pfarrkirche St. Katharina (erb. 1751–1753), Rokokoausstattung aus dem 18 Jh.; in Untergarten: Marienkapelle von 1666. Vom Gipfel Ausblick auf Zugspitzmassiv, Mieminger Gruppe und die Bergsturzlandschaft am Fernpaß.
Einkehr/Unterkunft: Wolfratshauser Hütte, 1751 m, bewirtschaftete Alpenvereinshütte; Grubigsteinhaus, 2028 m (priv.).
Varianten: Abstecher zur Gartnerwand; von der Wolfratshauser Hütte verschiedene Abstiegsmöglichkeiten.
Karten: Alpenvereinskarte 1:25000, Nr. 4/1 Wetterstein- und Mieminger Gebirge, westliches Blatt; Kompass Wanderkarte 1:50000, K 4 Füssen – Ausserfern oder K 5 Wettersteingebirge oder K 25 Ehrwald – Lermoos – Mieminger Kette.

ein Fahrweg weiter durch das Tal. Nach dem Ende des Fahrwegs folgen wir einem spärlich ausgetretenen Pfad. Bald ist die Stelle erreicht, wo eine Lawine Bäume und Äste kreuz und quer über die Wegspuren gelegt hat. Wer den wenigen Markierungen und den Trittspuren aufmerksam folgt, wird in das Bachbett geleitet. Nach einem kurzen Abstecher auf das andere Ufer müssen wir auf jeden Fall wieder zurück auf die orographisch rechte (also in Anstiegsrichtung linke) Seite des Bachs, um den wieder breiteren Weg zu erreichen. Erst nach einigen 100 Metern führt dieser Weg auf die orographisch linke Bach- und Talseite. Durch ein Latschenfeld überwinden wir, weit nach rechts (Norden) ausholend, eine Talstufe. Oberhalb dieser Stufe quert der Weg an den beiden Hütten der *Galtbergalm* vorbei nach Süden. Gleich nach der zweiten (neueren) Hütte gibt es rechts des Weges eine hervorragende Quelle, ideal zum Auffüllen der Wasservorräte!

Wo sich die Pfadspuren mit dem Weg vom Roten Stein vereinigen, halten wir uns links. Der Weg führt nun an einem verlandeten, ehemaligen See vorbei und erklimmt dann eine weitere Steilstufe. Nach einer steinigen Querung verliert der Steig auf der grasigen Nordostseite unseres Gipfelziels etwas an Höhe. Bald darauf heißt es aufpassen, denn die Steigspuren werden immer spärlicher und die Markierungen leiten unvermittelt von der Querung zu einem direkten Anstieg über den Wiesenhang über. Fast weglos geht es so bis auf den Gipfel des *Östlichen Kreuzjochs*.

Oben angelangt zeigt sich die andere Seite dieses Bergs: die felsige, zerklüftete Südostseite. Dort ist die Ausbruchsnische des Bergsturzes oder zumindest für den jüngsten von möglicherweise mehreren Bergstürzen. Diese Naturkatastrophe hat sich geologisch gesehen (!) erst kürzlich ereignet, sie ist auf je-

In der einsamen Berglandschaft zu Füßen des Loreakopfes läßt sich gut die »Seele baumeln«.

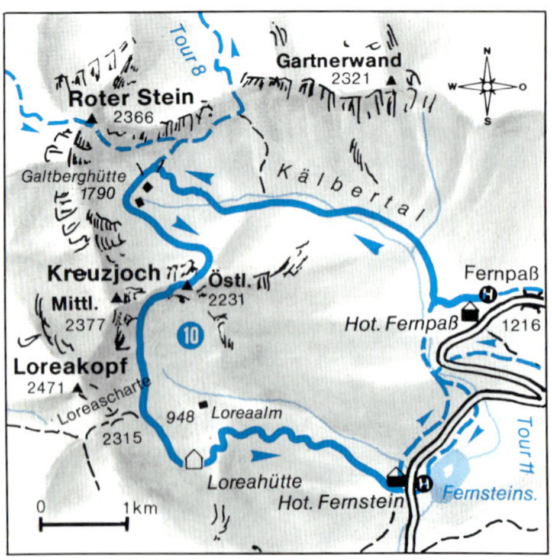

den Fall jünger als die Hochphase der letzten Eiszeit (vor ca. 20000 bis 17000 Jahren). Die Datierung eines begrabenen Baumes an der Mündung des Kälbertals gibt einen vorläufigen Anhaltspunkt für ein Mindestalter von etwa 3000 Jahren. Es kommt dem tatsächlichen Zeitpunkt wohl näher; dafür spricht auch die Formfrische im Anbruchgebiet am Östlichen Kreuzjoch. Dies ist bei der Fortsetzung unserer Tour gleich nach dem Gipfel deutlich zu sehen.

Der Steig führt über einen (markierten und an einer Stelle gesicherten) Felsgrat zwischen der stark verwitterten, im Lauf der ganzen Nacheiszeit mit Humuspolstern durchwachsenen Rückwand eines Kars auf der rechten Seite und der relativ frisch erscheinenden Ausbruchsnische links, die noch weitgehend frei von reifer Bodenbildung ist. An einigen Stellen ist die zerrüttete Gesteinsschicht zu erkennen, auf der die darüberliegenden Gesteinspakete ihren Halt verloren haben. Auch die Schicht, auf der die ungeheuren Massen abgeglitten sind, präsentiert sich in Form von abschüssigen Platten recht deutlich.

Mit dem Ende der felsigen Partien führt der

Am Östlichen Kreuzjoch führt der Weg über einen Felsgrat – für trittsichere Bergsteiger eine anregende Kraxelei ohne größere Schwierigkeiten.

Steig nach links hinunter. Den Markierungen folgend wandern wir jetzt in mehrmaligem Auf und Ab im weiten Bogen unter dem Tagweidkopf und dem etwas zurückversetzten Loreakopf vorbei zur *Loreahütte*. Bewirtschaftet ist sie nicht, aber einen Brunnen mit gutem Wasser hat sie. Zum Abschluß der Tour geht es über viele Serpentinen ohne Unterbrechung über mehr als 1000 Höhenmeter bergab. Wohl dem, der Stöcke dabei hat, um die Knie zu entlasten!

Im Tal angekommen, gehen wir auf einer Fahrstraße nach links und kommen so zum Hotel Fernstein unter der sehenswerten Burg, nahe am romantischen *Fernsteinsee*. Von dort gelangt man per Postbus zur Paßhöhe. Sechs Minuten später, bei der folgenden Haltestelle, ist man am Ausgangspunkt auf der Paßhöhe.

Touristische Informationen

Anfahrt: Auf die Fernpaßhöhe mit dem Bundesbus 4176 Innsbruck – Reutte; für Autofahrer großer Parkplatz.

Ausgangspunkt: Hotel Fernpaß, 1212 m.

Höchster Punkt: Östliches Kreuzjoch, 2231 m.

Zielpunkt: Hotel Fernstein, 948 m; problemlose Rückfahrt vom Fernsteinsee zur Paßhöhe mit Bus. Abfahrt: 16.45 (werktags), 18.29 und 21.00 Uhr (auch an Sonn- und Feiertagen, Stand 9/92).

Reine Gehzeit: 8 Std.

Sehenswürdigkeiten: Kapelle zu den 14 Nothelfern mit Altar aus dem 17 Jh. Für erdgeschichtlich Interessierte besonders eindrucksvoll die Ausbruchsnische des Fernpaßbergsturzes und der Überblick über das Ablagerungsgebiet zwischen Biberwier und Nassereith.

Einkehr: Keine; gutes Quellwasser knapp oberhalb der zweiten Galtberghütte, Brunnen bei der Loreahütte.

Karten: Alpenvereinskarte 1:25000, Nr. 4/1 Wetterstein- und Mieminger Gebirge, westliches Blatt; Kompass Wanderkarte 1:50000, K 25 Ehrwald – Lermoos – Mieminger Kette, oder K 4 Füssen – Ausserfern.

11 Fernpaß

Auf alten Wegen über den Fernpaß

Charakter: Leichte Wanderung über die Höhen einer geschichtsträchtigen Paßlandschaft. Ideale Ausweichtour bei Schlechtwetter.
Höhendifferenz: 520 Meter.
Gesamtgehzeit: 4½ Stunden.

Der Fernpaß ist mit einer Scheitelhöhe von nur 1216 Metern ein relativ niedriger Alpenpaß und wurde daher schon früh für den alpenüberschreitenden Verkehr genutzt. Große Bedeutung hatte der Fernpaß in der Römerzeit. Die römischen Legionäre und Kaufleute in Augusta Vindelicum (Augsburg) wollten ja nicht auf den gewohnten Rotwein verzichten. Trotz der geringen Höhe war der Straßenbau nicht ganz leicht – schließlich ist diese Paßlandschaft in der heutigen Form durch einen geologisch jungen (nacheiszeitlichen) Bergsturz entstanden (siehe auch Tour 10), der zu einem chaotischen Wirrwarr von Felstrümmern und dazwischen eingelagerten Hohlformen geführt hat, die durch landschaftlich reizvolle Seen gefüllt sind. Die Schwierigkeiten bei der Erhaltung der Straßen führten dazu, daß mehrmals neue Trassen angelegt wurden. Mindestens drei Straßen lassen sich unterscheiden: Die Römerstraße, die mittelalterliche Straße und die moderne jetzige Straße.

Wegverlauf

Am hinteren Ende des Parkplatzes bei *Biberwier* folgen wir der Wegweisung »Lärchenweg, Römerweg«. So spazieren wir knapp östlich der modernen Straße zum Weißensee. Dieser erfreut selbst im Hochsommer mit erfrischenden Temperaturen. Wer durch den See schwimmt, kann sich auf die Suche nach den vielen »Fast-Inseln« machen, auf denen man stehen kann (etwas glitschig), die aber doch nicht ganz aus dem Wasser ragen. Weiter geht man mit einem Fahrweg auf der Trasse der *Römerstraße*.

Nach einem kurzen, aber steilen Gefälle dringt von rechts Autolärm herauf. Damit ist klar, daß wir uns an der folgenden Weggabelung links halten müssen – auf der Römertrasse ist kein Verkehr mehr! Sobald wir auf eine Kiesstraße treffen, verfolgen wir diese nach rechts – die *Paßhöhe* ist damit überwunden, an einer ganz anderen Stelle, als mit dem Auto gewohnt.

Bald erlaubt eine Lichtung einen Blick auf die Loreagruppe in den Lechtaler Alpen. Wenn man genauer hinschaut, sieht man, daß dem vorgelagerten Östlichen Kreuzjoch

Die »Wagengleise« auf der alten Fernpaßstraße entstanden im Lauf der Jahrhunderte durch die eisenbewehrten Wagenräder der Fuhrwerke; die quer verlaufenden Stufen haben sich mit der Zeit durch die Hufe der sich abstemmenden Pferde gebildet. Heutzutage bieten berggängige Fahrräder die Möglichkeit, die Alpen wieder muskelbetrieben auf solch alten Trassen zu überqueren.

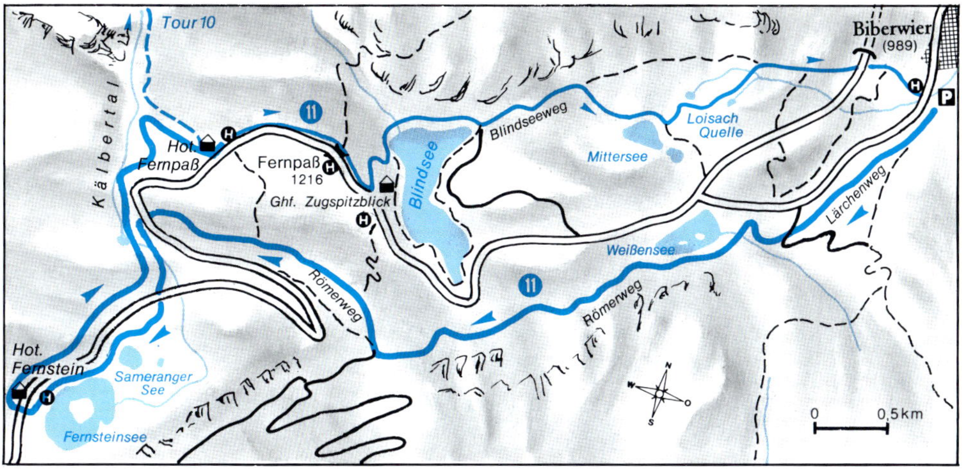

ein Teil fehlt: Eine riesige, die ganze Bergform prägende Nische zeigt, wo die Felsmassen des Fernpaßbergsturzes herausgebrochen und abgerutscht sind. Das muß ein gigantisches Ereignis gewesen sein!

An der Autostraße werden unsere Gedanken wieder in die Gegenwart zurückgeholt: Bei der Überquerung dieser »Rennstrecke« ist große Vorsicht geboten. Jenseits der Straße, etwas nach rechts versetzt, führt unser Weg weiter. Gleich darauf, vor einem »Brükkerl«, zweigen wir scharf nach links ab. Ein Stück weiter wird der Weg plötzlich schmal und führt steil bergab. Ein Blick nach rechts zeigt warum. Wir mußten die ehemalige Trasse verlassen, weil von der alten Brücke nur noch Reste vorhanden sind. Immerhin: Ansätze eines Viaduktbogens sind noch zu erkennen. Wir überqueren den Bach auf einer kleinen Holzbrücke und folgen nun dem Steig, der am Bach entlang talab führt. An einem kleinem E-Häuschen rechts vorbei gelangen wir auf einem steinigen Weg wieder zur Autostraße. Nach ihrer Überquerung halten wir uns auf dem gegenüberliegenden Parkplatz kurz links, um dann auf einem Fahrweg nach rechts hinunterzuspazieren. An den folgenden Weggabelungen wiederum rechtshaltend passieren wir den *Samerangersee* und gleich darauf den *Fernsteinsee*. Gerade bei letzterem lohnt sich eine Ehrenrunde um den See; auch eine schwimmende Runde im See ist nicht zu verachten.

Weiter führt der Weg unter der Fernpaßstraße hindurch. Bald darauf wenden wir uns scharf nach rechts, so daß wir auf der mittelalterlichen Wagentrasse über ein Viadukt hinweg die (zum Hotel ausgebaute) ehemalige Ruine *Fernstein* erreichen. Zwei Tore vermitteln den Weg durch dieses im 13. Jahrhundert als Straßensperre gebaute Gemäuer. Bald wird die alte Straße zu einem steilen Hohlweg. Dort treffen wir auf sogenannte »Wagengleise«; das sind Spurrillen, die durch die eisenbeschlagenen Wagenräder mit der Zeit im Gestein entstanden sind. Die Treppen dazwischen gehen auf die Pferdehufe zurück: Durch die Tritte der Pferde wurden die Treppen mit der Zeit ähnlich wie Viehgangeln herausgebildet. An einer steilen Flanke ist die alte Trasse inzwischen abgerutscht; dank einer neu errichteten Steiganlage können wir jedoch weitergehen. Nach einer Linksbiegung wandern wir, jetzt auf einem Schottersträßchen, durch eine Verebnung und schließlich an der Mündung des Kälbertals vorbei hinauf zur heutigen *Paßhöhe*.

Der Postbus sorgt für die komfortable Rückkehr zur Haltestelle am südlichen Ortsrand von Biberwier. Wer noch zu Fuß gehen will (und kann), muß ein Stück entlang der

Das heutige »Schloßhotel Fernstein« geht zurück auf eine im 13. Jahrhundert errichtete Straßensperre. Unsere Wanderung führt durch das Portal des Schloßhotels auf die alte Straße zum Paß.

Straße ertragen, kann dann vom »Zugspitzblick« dem Wegweiser folgend auf einem Pfad zum *Blindsee* absteigen (weitere Bademöglichkeit) und schließlich am *Mittersee* vorbei zum Ausgangspunkt zurückkehren.

Touristische Informationen

Anfahrt: Von Garmisch oder von Reutte nach Biberwier. Parkplatz direkt an der Fernpaßstraße knapp südlich von Biberwier beim großen Schild »Sommerrodelbahn« (etwas oberhalb der Talstation des Lifts); wer aus dem Inntal kommt, stellt sein Auto besser am Fernsteinsee ab und beginnt die Tour dort. Der Bundesbus 4176 Innsbruck – Reutte erschließt mit seinen Haltestellen Fernstein, Paßhöhe und Biberwier dieses Wandergebiet ideal.
Ausgangs- und Zielpunkt: Biberwier, südlicher Ortsrand, 1020 m.
Höchster Punkt: Östliche Fernpaßhöhen (Römerpaß), ca. 1250 m, tiefster Punkt: Fernsteinsee, 934 m, Zielpunkt: westliche Fernpaßhöhe (heutiger Paß), 1216 m.
An der Paßhöhe fährt der Bus in Richtung Biberwier um 13.59, 16.50 (werktags), 18.35 und 21.05 Uhr ab (auch an Sonn- und Feiertagen, Stand 9/92).
Reine Gehzeit: 4½ Std.
Sehenswürdigkeiten: Bergsturzlandschaft, zwischen Biberwier und Nassereith, an den Ausläufern isolierte und unregelmäßig angeordnete Hügel aus Bergsturzmaterial (wiss. Name mit romanischem Ursprung: Toma), türkisgrüne Seen, ehemalige Burg Fernstein (13. Jh.), Reste alter Straßentrassen, teils mit Wagenspuren und Pferdehuf-Treppen im Gestein. Nothelferkapelle (18. Jh.) nahe der Paßhöhe. In Biberwier: Pfarrkirche St. Joseph, in heutiger Form von 1830; Rochuskapelle (Pestkapelle, Anf. 17. Jh.).
Einkehr/Unterkunft: Hotel Fernstein, Hotel Fernpaßhöhe.
Variante: Rückkehr zu Fuß über Blindsee und Mittersee (+ 1½ Std.), Bademöglichkeiten (recht frisch, aber lohnend).
Karten: Alpenvereinskarte 1:25000, Nr. 4/1 Wetterstein- und Mieminger Gebirge, westliches Blatt; Kompass Wanderkarte 1:50000, K 4 Füssen – Ausserfern, oder K 5 Wettersteingebirge.

12 Über den Dirstentritt

Auf stillen Wegen ins Quellgebiet des Rotlechs

Charakter: Abwechslungreiche Rundtour mit aussichtsreichem Höhenweg, ohne alpine Schwierigkeiten.
Höhendifferenz: 1000 Meter (ohne Gipfelvariante).
Gesamtgehzeit: 7 bzw. 8 Stunden.

An der Heiterwand zwischen Fernpaß und Imst ging einst der Bergbau um. Blei und Zink hat man hier bis ins 20. Jahrhundert abgebaut. Jetzt ist es wieder still auf den Höhen um Nassereith. Wenn man weit genug oben ist, hört man nicht einmal mehr die Autoplage am Fernpaß. Die vorgeschlagene Wanderung ist eine ausgewachsene Tagestour und bietet trotzdem keinen Gipfel (außer man legt noch einen der kräftezehrenden Abstecher drauf). Für viele sicher ein Grund, sich ein anderes Ziel zu suchen; der stille Genießer kommt hier aber sicher auf seine Rechnung.

Wegverlauf

Vom Sportplatz in *Nassereith* zunächst auf dem Teersträßchen ein Stück Richtung Süden zurück. Bald nach der Brücke, bei den Wegweisern, den Markierungen 12 und 13 folgen und rechts in einen lichten Föhrenwald. So kommen wir in das tief eingeschnittene, einsame *Gafleintal*. Bei der Weggabelung nahe der *Kreuzhütte* halten wir uns links. Auf einen steilen Abschnitt im schattigen Wald folgt ein erholsamer Pfad zur Kapelle *Sinnesbrunn*. Wie der Name vermuten läßt, gibt es dort einen Brunnen, und auch die Sinne lassen sich mit seinem Wasser hervorragend wieder auffrischen.

Nach der verdienten Pause halten wir uns zunächst in die Himmelsrichtung, aus der wir gekommen sind, folgen dann aber dem Wegweiser Richtung Sinnesjoch nach links, jetzt auf einem steinigen Weg. Bald darauf zweigt unser Weg nach rechts ab und führt über Wiesen an der *Kälberhütte* vorbei. Über

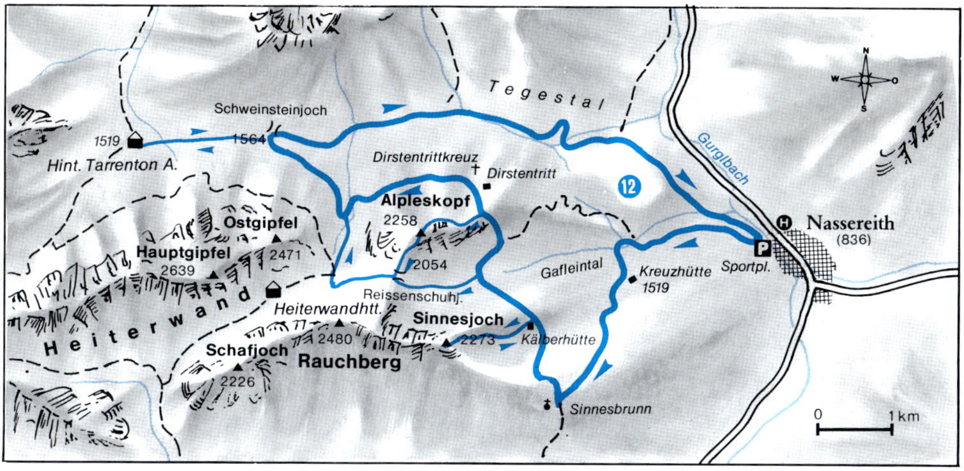

den Nordostrücken des Sinnesjochs queren wir dann in das schaurige *Abergkar*. Nach der Bachkerbe unter dem *Reissenschuhjoch* führt ein ehemaliger Bergwerksweg nach rechts durch die jenseitige Flanke wieder bergauf. An Abraumhalden vorbei gelangt man zu den Wiesen beim *Dirstentritt* und dem Dirstentrittkreuz.

Ursprüngliche Berglandschaft ist das Kennzeichen der östlichen Ausläufer des Heiterwand-Massivs zwischen Gaflein- und Tegestal.

Wer auf diesem Aussichtsbalkon keine Pause macht, ist selber schuld: Wetterstein und Mieminger Gruppe grüßen mit ihren steilen Kalkfluchten, während die Zentralalpen ihre kalte Gletscherschulter zeigen. Im Kontrast dazu liegt in der Tiefe die herrlich chaotische Fernpaß-Bergsturzlandschaft mit ihren kleinen, glitzernden Seen. Auf bequemem Weg wandern wir sodann hoch über dem Tegestal leicht bergab zum *Reissenschuhbach* hinunter. Jenseits des Bachs setzt nach rechts wieder ein Fahrweg (bzw. dessen Reste) an. Auf Wegspuren wird eine Wiese überquert.

Am *Schweinsteinjoch* kann man gleich nach rechts im Tegestal zurück nach Nassereith gehen. Wer noch Zeit und Lust hat, dem sei ein Abstecher in den abgelegenen Talkessel der *Tarrentonalm* empfohlen. Dort, nahe dem Ursprung des Rotlechs, wird wohl jeder Betrachter von den Nordwänden der Heiterwand beeindruckt sein. Der in den Lechtaler Alpen sonst so seltene Wettersteinkalk hat wegen seiner Festigkeit dieses gigantische Naturbauwerk ermöglicht.

Touristische Informationen

Anfahrt: Von Norden über den Fernpaß, von Innsbruck über das Mieminger Plateau, von Süden über Imst; Haltestelle Nassereith der Bundesbuslinie 4176 Innsbruck – Reutte.
Ausgangs- und Zielpunkt: Nassereith-Sportplatz, 880 m.
Höchster Punkt: Dirstentritt, 1840 m.
Reine Gehzeit: 7 Std. (8 Std. mit Abstecher zur Tarrentonalm).
Sehenswürdigkeiten: Spuren des Bleiberg-baus; Heimatmuseum in Nassereith, Pfarrkirche Hl. Dreikönige (frühes 15. Jh., Turm von 1698 erhalten, 1847 Neubau im klassizist. Stil).
Einkehr: Quellwasser von Sinnesbrunn, Tarrentonalm, 1519 m.
Gipfelabstecher: Sinnesjoch, 2273 m, +2½ Std. für Auf- und Abstieg
Gipfelvariante: Überschreitung des Alpleskopfes, 2258 m, +1½ Std.
Karten: Alpenvereinskarte 1:25000, Nr. 4/1 Wetterstein- und Mieminger Gebirge, westliches Blatt; Kompass Wanderkarte 1:50000, K 35 Imst – Telfs – Kühtai.

13 Hochvogel

Von Hinterhornbach über den Bäumenheimer Weg

Charakter: Anspruchsvolle und lange Tages-Bergtour mit Klettereinlagen (Schwierigkeitsgrad I), Trittsicherheit und Schwindelfreiheit sind Voraussetzung; im Kalten Winkel je nach Jahreszeit und Verhältnissen gefährlicher Hartschnee oder Eis möglich.
Höhendifferenz: 1500 Meter, für Rundtour 1700 Meter.
Gesamtgehzeit: 8 bzw. 10 Stunden.

Der Hochvogel überragt seine unmittelbaren Nachbarn so deutlich und steht mit seinem schroffen Gipfelaufbau so majestätisch in der Landschaft, daß er noch höher erscheint, als er tatsächlich ist. Wegen seiner markanten Form ist er auch aus großer Entfernung als Hochvogel zu identifizieren. Vielleicht ist auch das ein Grund dafür, daß in so vielen Bergfreunden der Wunsch wächst, den Hochvogel zu besteigen; bei halbwegs gutem Wetter wird man daher sicher nicht allein am Gipfel sein.

Wegverlauf

Direkt an der Wirtsterrasse des Gasthofs Adler in *Hinterhornbach* beginnt der Weg, und zwar genau so, wie man es sich wünscht, wenn man 1½ Höhenkilometer vor sich hat: richtig steil, ganz ohne flachen »Hatscher«. Im weiteren Verlauf trifft der Weg mehrmals auf Kiesstraßen: Beim ersten Mal folgen wir der Straße 10 Meter nach links bis zur Fortsetzung des schmalen Steigleins, die zweite Straße wird direkt überquert, bei der dritten

Das abgelegene Bergdorf Hinterhornbach auf der Lechtaler Seite der Allgäuer Alpen hat viel von seiner Ursprünglichkeit bewahrt. Vom Ausgangspunkt beim Gasthof Adler sind es volle 1500 Höhenmeter auf den Hochvogel; zeitiger Aufbruch ist daher ratsam.

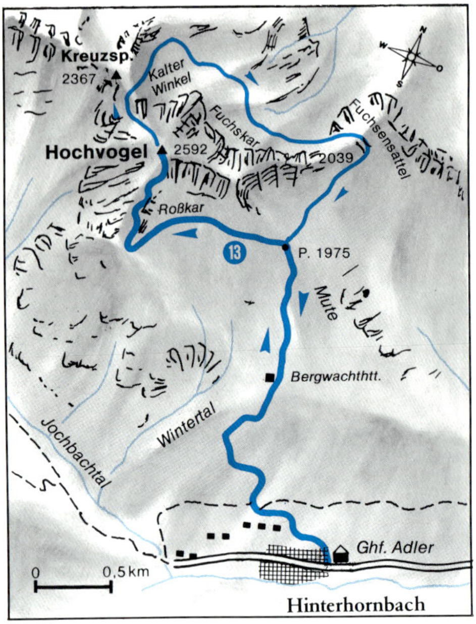

schließlich biegen wir wieder nach links auf die Kiesstraße ein, müssen ihr diesmal aber rund 150 Meter folgen, bis ein Schild den Weg in den Wald weist. Nach einer letzten Straßenquerung wird bald die *Onkel-Toni-Bergwachthütte* passiert.

Durch Latschen leitet der Weg dann über den Gratausläufer der *Mute* zu einer größeren, flachen Wiese, die nicht umsonst ein beliebter Brotzeitplatz ist. Gleich danach teilt sich der Weg. Wir wenden uns nach links und queren die Schuttreiße unter der eindrucksvollen Südwand des Hochvogels nach Westen, bis einige Kehren zu den Felsen hinaufführen. Erste Kraxelstellen sind leicht zu bewältigen und bringen schnellen Höhengewinn. Der gut markierte und stellenweise gesicherte *Bäumenheimer Weg* folgt nun einer breiten Rinne rechts des Südgrats. Die weitgehend waagerecht lagernden Schichten aus Hauptdolomit bieten oft richtige Treppen.

Am Gipfelaufbau wird's dann ausgesprochen steil: Zwei kaminartige, nicht gesicherte Passagen im ersten Schwierigkeitsgrad sind der Schlüssel zum Gipfelglück. Und das kann wirklich überwältigend sein. Bei guter Sicht reicht der Blick zu den Hohen Tauern im Osten und zum Schwarzwald im Westen.

Beim *Abstieg* können wir dem Weg folgen, der über die Nordwestflanke zu dem berühmten Felsband »Die Schnur« hinabführt.

Der Bäumenheimer Weg am Hochvogel führt wegen der oft nahezu waagrechten Bankung des Hauptdolomits stellenweise über solche Bänder – leicht zu begehen, aber etwas ausgesetzt.

Die Hochvogel-Südostwand, gesehen von der Bergwachthütte. Die Anstiegsroute quert zunächst unter der Südwand nach links und führt dann meist nahe des Südwestgrates auf den Gipfel.

Vor der Kreuzspitze wendet sich unser Weg nach rechts hinunter in den *»Kalten Winkel«*. Dort lag noch im letzten Jahrhundert ein Gletscher. Das bezeugen schriftliche, fotografische und kartographische Quellen sowie die kaum bewachsenen Endmoränen im Kar. Gefrorener Firn oder apere Eisreste können diese Stelle (je nach Jahres- und Tageszeit) auch heute noch sehr heikel machen (vorher informieren, bei gefährlichen Verhältnissen am Bäumenheimer Weg zurückgehen!).

Im weiteren Verlauf nun nicht wie die Mehrheit der Bergsteiger Richtung Luitpoldhaus gehen, sondern nach rechts abbiegen. Unter den Nordabstürzen des Hochvogels führt ein Steig durch das Fuchsenkar zum *Fuchsensattel*. Nach einer weiteren Querung schließt sich der Kreis: Am Rücken der Mute erreichen wir die Anstiegsroute.

Touristische Informationen

Anfahrt: Von Vorderhornbach im Lechtal (Haltestelle der Bundesbuslinie 4268) nach Hinterhornbach (Taxi), Parken beim Gasthof Adler (knappe Stellflächen); Anfahrt mit Bergradl auf Kiesstraße fast bis zur Bergwachthütte möglich (vorbehaltlich eventuell neuer Reglementierungen).

Ausgangs- und Zielpunkt: Hinterhornbach, 1100 m.

Höchster Punkt: Hochvogel, 2592 m.

Reine Gehzeiten: 10 Std. (ganze Runde über Kalten Winkel und Fuchsensattel) oder 8 Std. (4½ Auf- und 3½ Std. Abstieg über Bäumenheimer Weg).

Sehenswürdigkeiten: Alte Bauernhöfe in Hinterhornbach, der zweithöchsten Gemeinde Österreichs. Großartige Aussicht vom Gipfel, Gletscherrest im Kalten Winkel.

Einkehr/Unterkunft: Am Weg keine (Brunnen bei der Bergwachthütte); am Ausgangspunkt Gasthof Adler.

Hinweis: Vor der Runde durchs Fuchsenkar über Firn-/Eisverhältnisse im Kalten Winkel informieren!

Karten: Alpenvereinskarte 1:25000, Nr. 2/2 Allgäuer – Lechtaler Alpen, Ostblatt; Topographische Karte 1:25000 (mit Wanderwegen), Nr. 8628 Hochvogel, oder Kompass Wanderkarte 1:50000, K 24 Lechtaler Alpen – Hornbachkette.

14 Über die Knittelkarspitze

Einsamer Höhenweg von Kelmen nach Stanzach

Charakter: Anspruchsvolle Tagestour, die neben sicherem Wetter gute Kondition, Trittsicherheit und vor allem Orientierungsvermögen, auch in weglosem Gelände, erfordert. Nur für erfahrene und selbständige Bergsteiger! Landschaftlich sehr schön und ziemlich einsam.
Höhendifferenz: 1350 Meter im Aufstieg, 1780 Meter im Abstieg.
Gesamtgehzeit: 7 bis 8 Stunden.

Dieser Höhenweg – es sei vorneweg gesagt – hat eine Ausnahmestellung unter den hier vorgeschlagenen Routen. Denn wir bewegen uns kaum auf bezeichneten oder angelegten und gesicherten Wegen, sondern – bestenfalls – auf Jägersteigen und Gemspfaden oder auch in weglosem Gelände. Dieser Weg ist nichts für Anfänger, sondern bleibt erfahrenen Wanderern und Bergsteigern vorbehalten. Orientierungssinn, Trittsicherheit und ein Hauch von Abenteuerlust sind ebenso Voraussetzungen wie gutes und stabiles Wetter.

Wir haben diesen Weg dennoch aufgenommen, weil jenen, die die Voraussetzungen erfüllen, die Berge abseits der ausgetretenen Pfade ein besonderes Erlebnis schenken können.

Entdeckt habe ich diesen »Weg«, als ich eines Tages, es war bereits November, aus dem Hornbachtal, dem wohl schönsten Seitental des Lechtals, heimwärts fuhr. Drüben, jenseits überm Lechtal, fiel mein Blick auf eine Gipfelkette in der Liegfeistgruppe, die mich so anzog, daß ich noch am gleichen Abend in einem Bauernhof im Dörfchen Kelmen Quartier suchte. Welch krasser Kontrast zwischen dem tief eingeschnittenen und von mächtigen Felsgipfeln beherrschten Hornbachtal und der idyllischen Landschaft um Kelmen, das inmitten saftiger Wiesen in einer freundlichen Talweitung wie auf einem Sonnenbalkon gelegen ist! Nichts Drohendes haben hier die Berge.

Die Landwirtschaft ist hier noch weitgehend intakt, sind doch die Wiesenflächen ausgedehnt und die Almgebiete großzügig und nicht weit entfernt. Einige Bauern haben im Sommer ihr Vieh drüben im nahen Berwang, wo die Landwirtschaft infolge des Tourismus weitestgehend aufgegeben wurde und wo die Wiesen und Weiden aber dennoch Mahd und Pflege brauchen, damit nicht Lawinen und Erosion ihre zerstörerischen Wirkungen entfalten können.

Während der Fahrt auf dem schmalen Sträßchen von Stanzach nach Kelmen ist Gelegenheit, die Gipfelkette, die von der Knittelkarspitze gegen Westen zieht, ausgiebig zu studieren. Man erkennt, daß der Weg zwar keine Kletterei erfordern wird, aber die Wegführung ist, vor allem an der Umgehung der Mitterkarspitze, nicht einfach.

Wegverlauf

Früh am Morgen, am besten mit dem Sonnenaufgang, brechen wir auf und verlassen *Kelmen* (1365 m) am oberen Ortsrand, wo rechts des Feuerwehrhauses (Wegweiser) ein Steig über die Wiesen zum Waldrand hinaufführt. Im Wald setzt sich der Weg in kleinen steilen Kehren fort. Er zieht den Hang gerade hinauf, vorbei an einigen umgestürzten Fichten, die an den stürmischen Winter 1989/90 erinnern. Nach einer halben Stunde, wenn der Blick auf die rechter Hand gelegenen steilen Grashänge der Kelmer Spitze frei wird, wenden wir uns nach links und erreichen bald das aussichtsreiche *Kelmer Jöchl* (1852 m). Jetzt sieht man auch über die grünen, mit Latschen durchsetzten Böden der Galtalp nordwärts hinüber zum Gipfelkreuz des Galtjochs (Startpunkt des ebenfalls anspruchsvollen »Reuttener Höhenwegs«). Wir queren ohne Höhenverlust in die Südostflanke der Steinkarspitze.

Wer hier der Vegetation ein wenig Aufmerksamkeit schenkt, kann zwei unterschiedliche Arten von Alpenrosen entdek-

Zu Füßen der Knittelkarspitze, nahe dem Ausgangspunkt Kelmen, liegt der schmucke Ort Namlos – bekannt vor allem durch das Namloser Erdbeben vom 8. Oktober 1930.

ken: Neben der für die Kalkalpen typischen, rosarot blühenden, an den Blättern »bewimperten Alpenrose« gedeiht hier auch eine Art, deren längliche Blätter an der Unterseite rostrot gefärbt sind und die (normalerweise) eigentlich im Kristallin der Zentralalpen beheimatet ist. Diese »rostigblättrige Alpenrose« findet hier auf dem bodensauren Rohhumus, der sich in Karstmulden unter Latschengebüsch angesammelt hat, ähnliche Wachstumsbedingungen wie auf den sauren Böden der Zentralalpen und lebt deshalb in nächster Nachbarschaft ihrer sonst so weit entfernten »Schwester«. Und die beiden haben auch ein Kind gezeugt, einen Bastard, »Rhododendron intermedia« genannt, der hier ebenfalls zu finden ist. Er ist an seinen sparsam bewimperten Blättern, die an der Unterseite schmutzig rot gefärbt sind, kenntlich.

Wir steigen nun weiter, zunächst in den sonnigen Südosthängen der *Steinkarspitze* hinauf, um dann bald in die felsige Nordflanke des Knittelkarkopfes zu wechseln, wo wir im steilen Schrofengelände uns immer entlang der roten Markierungen halten, bis wir auf den von rechts auf einem Felsband herabziehenden »Reuttener Höhenweg« treffen. Der senkrechte Felsriegel, der nun vor uns den Weg versperrt, kann links über eine kleine Rampe einfach überlistet werden, und schon stehen wir auf dem Gratrücken, der uns hinauf zum Gipfel des *Knittelkarkopfs* und über eine Scharte weiter auf die *Knittelkarspitze* (2376 m) führt.

Gleich vis-à-vis des Gipfels baut sich mächtig die Pyramide der Namloser Wetterspitze auf, daneben die dunkle Mauer der Heiterwand, der längsten Felswand in den Nördlichen Kalkalpen. Die Gipfel und Kämme der Loreagruppe im Nordosten betrachten wir schon fast aus der Vogelperspektive, und dahinter tauchen die großen Felsgipfel der Mieminger Gruppe und des Wettersteingebirges auf.

Wenn nun die Kondition gut ist und das Wetter sicher, kann man den *Weiterweg* wagen. Vom Gipfel geht es in der Südwestflanke über Geröll steil hinab, bis wir problemlos nach rechts auf den ebenen Grat queren können, um ihn bald wieder zu verlassen und über die grasige Südflanke zu einem Schartel und gleich weiter, immer schräg rechts querend, zum nächsten Grateinschnitt abzusteigen. Dann geht es steil, doch für den Geübten unschwierig, hinauf, und wir überschreiten zunächst die *Dürrekopfspitze* (2157 m, nomen est omen). Die sich anschließende Scharte, das *Hochkarjoch* (2037 m, ein heute kaum mehr genutzter alpiner Übergang von Namlos ins Rotlech- und Lechtal), vermittelt uns den Weiterweg zum nächsten Gipfel, der *Neualpspitze* (2143 m). Beide Gipfel können auch in der Südflanke auf Steigspuren umgangen werden.

Unterhalb des sich anschließenden, stark zerscharteten Gratabschnitts wird nun in der Südseite ein schon vom letzten Gipfel sichtbarer bequemer Steig durchs Latschengewirr

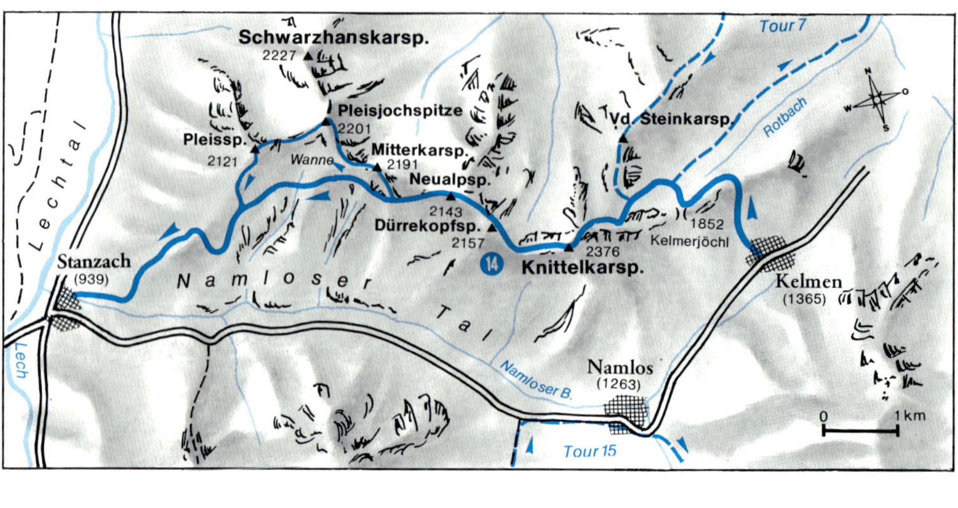

Dieses Bild läßt die Einsamkeit des von der Knittelkarspitze zur Schwarzhanskarspitze ziehenden Grates ahnen. Absolute Trittsicherheit im steilen Schrofengelände ist bei dieser Tour unverzichtbar.

verfolgt, bis zu einer Schuttreiße, die vom Grat herabzieht. Wir verlassen nun den bequemen Pfad, um uns nicht in den immer steiler werdenden Südschluchten der *Mitterkarspitze* zu verirren. Vor einigen Gratrippen steigen wir weglos steil rechts hinauf auf eine kleine südlich vorgesetzte Schulter und queren dann – immer in der Südseite – westwärts zu einem Schartel und weiter zu einem auffallenden Felsfinger. Von diesem müssen wir noch einige Meter gerade hinaufsteigen, bis wir auf ein schmales Steiglein treffen, dem wir nun sorgsam folgen werden. Es führt uns dem anspruchsvollsten Teil unseres heutigen Weges entgegen: zuerst in weitem Bogen auf- und dann abwärtsquerend durch die Südost- und Südflanke der *Mitterkarspitze* und über einige unangenehm zu traversierende Erosionsrinnen auf einen breiten latschenbedeckten Sporn in der Südflanke. Von hier geht es in steilen Kehren südwestwärts hinab, zunehmend steiler und ausgesetzt, bis wir die aus der »Wanne« herabziehende Schlucht genau an der Stelle überqueren können, wo jenseits – schon lange gut sichtbar – ein Jägersteig durch den bewaldeten Südhang der *Pleisspitze* zieht.

Dieser letzte Wegabschnitt ist ziemlich anspruchsvoll, erfordert guten Orientierungssinn und absolute Trittsicherheit. Ist die Sicht durch Wolken oder Nebel behindert, ist er nicht zu finden! In so einem Fall muß frühzeitig umgekehrt werden!

Der nun folgende *Abstieg* dagegen ist leicht. Wir wandern eben und bequem auf dem Jägersteig, vorbei an Spirken (aufrechten Latschenkiefern), bis wir nach etwa 15 Minuten auf den von der Pleisspitze kommenden markierten Weg treffen. Er führt bald an der *Pleishütte* vorbei, einem unbewirtschafteten Jägerhüttchen, zuerst südwärts hinunter, immer im Wald, später dann nach Westen zum Lechtal gewendet, mit schönen Tiefblicken auf die Wildflußlandschaft zwischen Forchach und Stanzach.

Der Anblick einer brutal in den Hang geschlagenen Forststraße über *Stanzach* ist dann ein etwas zweifelhafter Genuß, der aber unsere Freude über die gelungene Hochtour und die Erlebnisse dieses herrlichen Tages kaum mehr trüben kann.

Touristische Informationen

Anfahrt: Von Stanzach im Lechtal ins Namloser Tal abbiegen und auf dem kleinen Sträßchen bis Kelmen fahren. Nur beschränkte Parkmöglichkeiten in der Ortschaft! Besser vom Zielort Stanzach mit Taxi oder per Anhalter nach Kelmen fahren.
Ausgangspunkt: Kelmen, 1365 m.
Höchster Punkt: Knittelkarspitze, 2376 m.
Zielpunkt: Stanzach, 939 m.
Reine Gehzeiten: Kelmen – Knittelkarspitze 2½ bis 3 Std.; Knittelkarspitze – Neualpspitze 1½ bis 2 Std.; Neualpspitze – Pleisspitze 2 bis 2½ Std.; Pleisspitze – Stanzach 1½ Std. Insgeamt 7–8 Std.
Sehenswürdigkeiten: Reiche Flora vor allem im Frühsommer! Spirken (aufrechte Latschen) an der Pleisspitze.
Ein Besuch der Wildflußlandschaften des Lechs zwischen Stanzach und Forchach (die zu den letzten der Nördlichen Kalkalpen zählen) ist lohnend. Informationen im Rathaus in Stanzach.
Einkehr/Unterkunft: Unterwegs keine! In Kelmen im Gasthof oder bei Bauern.
Varianten: Einfacher zu finden, doch deutlich anspruchsvoller (Kletterei I und II) und etwas länger ist die Überschreitung des Kamms von der Mitterkarscharte aus über die Erhebungen der Mitterkarspitze (2191 m), Rauhekopfspitze (2150 m), Rauher Kopf (2160 m) bis zur Pleisjochspitze (2201 m), von der man dann zum Pleisjoch absteigen kann.
Von der Knittelkarspitze kann auch über die Galtalpe ins Rotbachtal nach Rinnen oder übers Galtjoch (2109 m) zur unbewirtschafteten Reuttener Hütte (1715 m) und von dort nach Rinnen abgestiegen werden.
Der Aufstieg zur Knittelkarspitze ist von der Reuttener Hütte auch über den »Reuttener Höhenweg« (teilweise Klettersteig) möglich; die Gesamtüberschreitung würde dann jedoch sehr lang werden!
Karten: Kompass Wanderkarte 1:50000, K 24 Lechtaler Alpen – Hornbachkette, oder K 4 Füssen – Ausserfern.

15 Namloser Wetterspitze

Große Runde in der Fallerscheingruppe

Charakter: Lange Tagesrundtour mit aussichtsreichem Gipfel, ohne alpinistische Schwierigkeiten.
Höhendifferenz: 1330 Meter.
Gesamtgehzeit: 8 Stunden.

Am 8. Oktober 1930 wurden die Lechtaler Alpen von einem Erdbeben erschüttert. Nach der Lage des Epizentrums ging es als »Namloser Beben« in die Geschichte ein. Von den Schäden, die damals entstanden sind, ist heute in Namlos nichts mehr zu sehen. Die Namloser Wetterspitze mit ihrem gespaltenen Gipfel und ihrer wild zerklüfteten Hauptdolomit-Nordwand läßt jedoch erahnen, welch gewaltige Naturkräfte hier die Landschaft gestalten. So imposant und beeindruckend der Berg von Norden gesehen auch wirkt, der Gipfelanstieg über den Südrücken bietet einem ausdauernden Bergwanderer keine Probleme.

Die Namloser Wetterspitze von Süden. Der Anstieg erfolgt entlang des Kamms in der linken Bildhälfte.

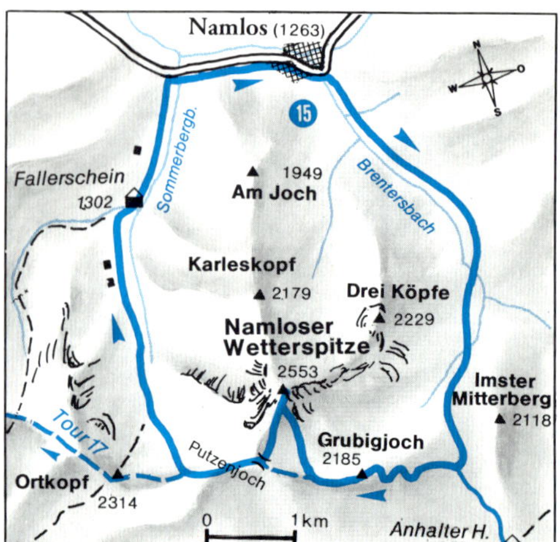

Das Gipfelkreuz auf der Namloser Wetterspitze steht wenige Meter vor dem Abbruch in die schaurige Nordwand, die der ruinenhaft verwitterte Hauptdolomit bildet.

Wegverlauf

Die Tour beginnt am östlichen Ortsende von *Namlos*. Auf einem Fahrweg spazieren wir den Brentersbach entlang talein. Dem Wegweiser »Anhalter Hütte« folgend geht es auf einem Holzsteg über ein Wehr hinweg. Ein schmaler Bergpfad führt nun zunächst weiter am Bach und schließlich auf die Sattelregion »*Staffalle*«. Dort halten wir uns bei einer spitzwinkeligen Weggabelung rechts; ebenso bei der gleich darauf folgenden Verzweigung. Über eine Steilstufe geht es jetzt auf das *Grubigjoch*. Damit sind wir jetzt auf einem kurzen Abschnitt des Anhalter Höhenwegs unterwegs (Tour 17). Dieser quert jedoch im weiteren Verlauf über die Südhänge der Wetterspitze hinweg, während wir den schmalen Pfad nehmen, der nach rechts ansteigend der Kammlinie folgt. Erst knapp unter dem Gipfel wendet sich der Pfad von diesem Kamm ab und leitet über die Südflanke zum höchsten Punkt der *Namloser Wetterspitze*.

Dieser sonnenexponierte Anstieg weckt an warmen Sommertagen einen gehörigen Durst – wohl dem, der reichlich Vorräte in der Wasserflasche hat. Beim Abstieg wählen wir den Weg, der Richtung Südwesten zum *Putzenjoch* hinabführt. Dort rechts hinab, dann kreuzt der Weg seit Stunden den ersten Bach – die Erlösung für durstige Kehlen! Durch das Sommerbergtal schlendern wir nun hinaus nach *Fallerschein*.

Diese »Alm«, die vom Gipfel schon dadurch auffiel, daß dort ungewöhnlich viele Hütten stehen, ist eine wahrlich kuriose (oder bedenkliche) »Sehenswürdigkeit«: Eine Anhäufung von alten und neuen Holzhäusern, davor deutsche Vorgarten-Idylle mit jeweils mindestens zwei Autos hinter den Jägerzäunen. Diese Wochenendwohnsitz-Siedlung ist eine Karikatur ihrer selbst. Hier kann man sich vorstellen, welch ungeheuere Zersiedelung der Berglandschaften bevorsteht, wenn der Ausverkauf der Almen Schule macht.

Weiter geht es auf der Zufahrtsstraße, die an Wochenenden oft recht belebt ist. Der Hauptstraße im Tal folgt man nach rechts hinauf und kommt so, entlang des imponierend tief eingeschnittenen Namloser Bachs, zurück zum Ausgangspunkt. Leider ist die Straße ein etwas öder Abschluß dieser Tour auf einen großen, lohnenden Berg.

Touristische Informationen

Anfahrt: Aus dem Zwischentorental von Bichlbach über Berwang und Kelmen oder von Stanzach im Lechtal; Parken an der alten Dorfstraße im östlichen Ortsteil.
Ausgangs- und Zielpunkt: Namlos, 1263 m.
Höchster Punkt: Wetterspitze, 2553 m.
Reine Gehzeit: 8 Std.
Sehenswürdigkeiten: Zerklüftete Nordwand der Wetterspitze; Blick auf die wuchtige Heiterwand aus hellem Wettersteinkalk; »verkaufte« Almsiedlung Fallerschein.
Einkehr: Fallerschein.
Variante: Abstecher zur Anhalter Hütte (bewirtschaftete Alpenvereinshütte), 1/2 Std., einfach, Übernachtung möglich.
Karte: Kompass Wanderkarte 1:50000, K 24 Lechtaler Alpen – Hornbachkette.

16 Maldongrat und Falschkogel

Kompakte Gipfelziele über dem Hahntennjoch

Charakter: Dank hochgelegenem Ausgangspunkt kurze, aber lohnende Touren; der Maldongrat verlangt mehrmals den Gebrauch der Hände (Schwierigkeitsgrad I bis II), Trittsicherheit und ein Mindestmaß an Schwindelfreiheit.
Höhendifferenz: Maldongrat 650 Meter, Falschkogel 450 Meter, Kombination beider Gipfel 840 Meter.
Gesamtgehzeit: Maldongrat 4 1/4 Stunden, Falschkogel 2 3/4 Stunden, Kombination 5 1/4 Stunden.

Das Hahntennjoch ist die einzige Straßenverbindung zwischen Lech- und Inntal, die die Lechtaler Alpen durchschneidet. Während es früher ein schmales und berüchtigtes Sträßchen für den lokalen Verkehr der Talbewoh-

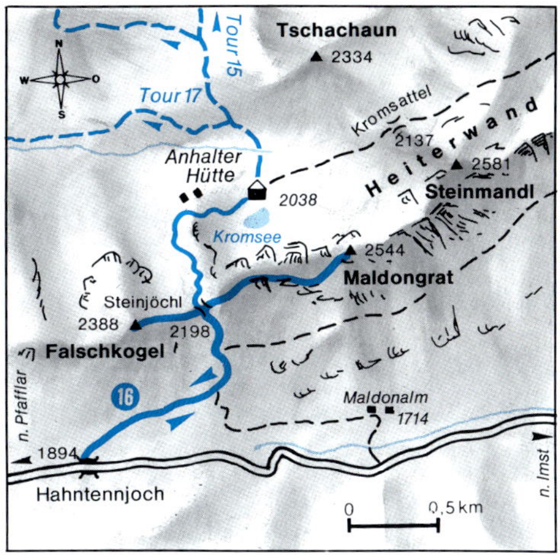

ner war, ist sie heute weitgehend so ausgebaut, daß sich kaum mehr jemand vor der Befahrung scheut. Das einst so stille Bschlaber Tal liegt damit heute an einer Durchgangsstraße. An Wochenenden herrscht da schon ein recht unangenehmer Verkehr; insbesondere bei Motorradfahrern ist die Hahntennjochstraße mittlerweile »total in«. Die »wilden« unter den Motor-Bikern und die im Gebirge Unsicheren unter den Autofahrern ergeben eine gefährliche Melange auf dieser Straße. Es empfiehlt sich also, auf der Hahntennjochstraße hinter jeder Kurve mit einem Fahrzeug auf der Straßenmitte zu rechnen.

Als Bergsteiger hat man gemischte Gefühle, wenn man mit Motorkraft auf 1900 Meter fährt, um einen Gipfel von nur gut 2500 Meter zu erklimmen. Dafür reizen Maldongrat und Falschkogel für eine Halbtagestour mit einem ungewöhnlich hochalpinen Flair. Schließlich bilden sie den westlichsten Abschnitt der Heiterwand, des wuchtigsten Wettersteinkalk-Massives in den Lechtaler Alpen.

Wegverlauf

Vom Parkplatz an der Paßhöhe des *Hahntennjochs* geht es zunächst einige Meter bergab. Der Weg quert anschließend durch Latschenfelder nach rechts (Osten), um dann über freie Matten auf das *Steinjöchl* zu führen. Dort stellt sich die Frage: Entweder nach links in einer halben Stunde auf den Falsch-

Der Aufstieg zum Maldongrat führt durch Rinnen und schrofige, teils brüchige Felspartien. Trittsicherheit und Erfahrung mit solchem Gelände sind daher Voraussetzung.

kogel oder nach rechts in gut einer Stunde auf den Maldongrat. Der Pfad auf den *Falschkogel* über die steile Flanke ist unschwierig, erfordert aber Trittsicherheit.

Die Besteigung des höheren *Maldongrats* ist zweifellos die interessantere, aber auch die anspruchsvollere Alternative: Vom Joch weg wandern wir zunächst auf einem spärlich ausgetrampelten Pfad über eine Bergwiese zum Grat. Dort eröffnet sich ein imposanter Tiefblick zur Anhalter Hütte. Der Steig wird zunehmend steinig und quert bald einige Felsrinnen (stellenweise ausgesetzt). Die Markierungen leiten schließlich durch eine solche Rinne gerade hinauf. Wegen des losen Gesteins in dieser Rinne empfiehlt es sich, »immer an der Wand lang« zu kraxeln. Die Rinne wird nicht bis zu ihrem oberen Ende begangen; vorher quert man wiederum leicht ausgesetzt nach rechts heraus (auf Markierungen achten). Deutliche Steigspuren führen schließlich durch eine weitere Rinne und über ein kurzes Gratstück auf den aussichtsreichen *Gipfel*. Beim Abstieg unbedingt an die bekannte Route halten und Steinschlag vermeiden!

Am Steinjöchl verzweigen sich die Wege. Jenseits vom Joch führt der Weg zur Anhalter Hütte hinunter, nach Osten geht es auf den Maldongrat und nach Westen auf den hier abgebildeten Falschkogel; der Anstieg führt über den relativ flachen Rücken links oben im Bild.

Touristische Informationen

Anfahrt: Von Elmen im Lechtal oder von Imst zur Paßhöhe der Hahntennjochstraße, dort parken.
Ausgangs- und Zielpunkt: Hahntennjoch, 1894 m.
Höchster Punkt: Maldongrat, 2544 m, Falschkogel, 2388 m (dazwischen Steinjöchl, 2198 m).
Reine Gehzeiten: Paßhöhe – Steinjöchl knapp 1 Std., Steinjöchl – Maldongrat und zurück 2½ Std., Steinjöchl – Falschkogel und zurück 1 Std., Steinjöchl – Paßhöhe ¾ Std.
Sehenswürdigkeiten: In Pfafflar, auf der Lechtaler Seite des Hahntennjochs, stehen Holzhäuser aus dem frühen 13. Jh., die ältesten ihrer Art in Tirol.
Einkehr/Unterkunft: Direkt am Weg keine, Anhalter Hütte, 2038 m, bewirtschaftete Alpenvereinshütte, ½ Std. jenseits des Steinjöchls.
Varianten: Abstecher zur Anhalter Hütte (bei 2 Tagen), Verbindung mit Anhalter Höhenweg (Tour 17).
Karte: Kompass Wanderkarte 1:50000, K 24 Lechtaler Alpen – Hornbachkette.

17 Anhalter Höhenweg

Schönster Höhenweg in den Seitenkämmen

Charakter: Zweitagetour. Großzügige Überschreitung, die aussichtsreich immer am Kamm entlangführt.Obwohl kaum gehtechnische Schwierigkeiten zu bewältigen sind, ist absolute Trittsicherheit unabdingbar. Wegen der steilen Grashänge ist die Tour nach Regenfällen nicht ungefährlich! Bei Mitnahme der Namloser Wetterspitze ziemlich lang.
Höhendifferenz: 1350 Meter im Aufstieg, 2350 Meter im Abstieg.
Gesamtgehzeit: 9 bis 10½ Stunden.

Dort, wo der Lechtaler Hauptkamm in der gewaltigen Mauer der Heiterwand zu Ende geht, zweigt nach Nordwesten ein Seitenkamm ab, der in der Namloser Wetterspitze kulminiert und mit den eigenartigen Grasbergen der Kreuzspitzen abrupt abbricht. Er trägt einen der schönsten Höhenwege aller Seiten-

Der Ortkopf, gesehen von der Holzgauer Wetterspitze. Im Hintergrund erkennt man, schon jenseits des Lechtales gelegen, den Allgäuer Hauptkamm.

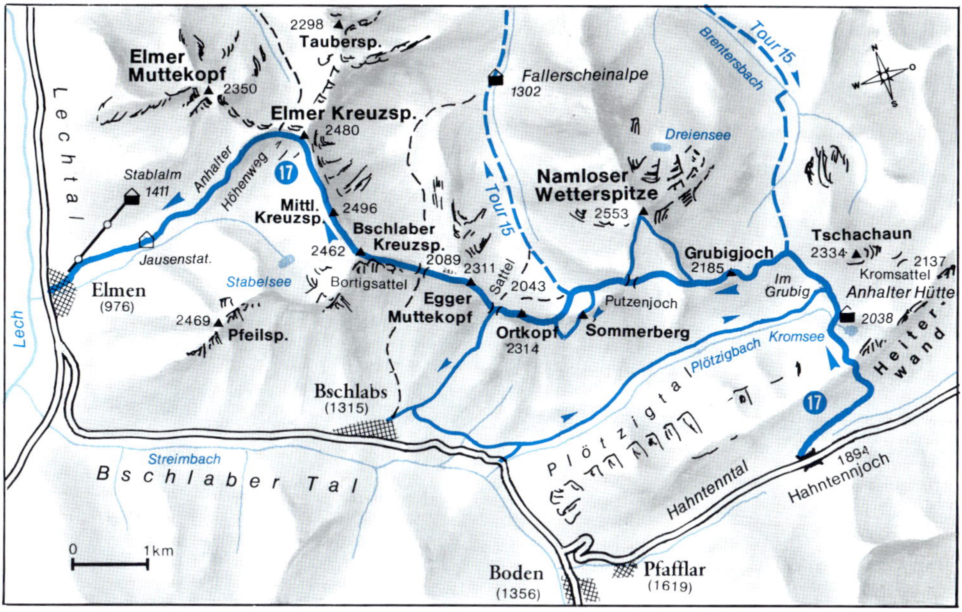

kämme, den Anhalter Höhenweg. Wer in anderen Gebirgsgruppen den Eindruck gewonnen hat, daß Grasberge langweilig sind, wird hier die gegenteilige Erfahrung machen. Lang ist dieser Weg, doch Langeweile kommt an keiner Stelle auf!

Obwohl die 2500-Meter-Grenze nicht überschritten wird (Ausnahme Namloser Wetterspitze), hat der Anhalter Höhenweg mit 1350 Meter Gesamtaufstieg, 12 Kilometer Kammlänge und insgesamt ca. 2350 Meter im Abstieg fast westalpine Dimensionen (dabei ist die Wetterspitze noch nicht mitgezählt!). Ausdauer ist somit Voraussetzung.

Doch verraten diese Zahlen nur wenig vom Charakter unseres Weges: Durch mehrere kleinere Gipfel in überschaubare Etappen gegliedert, bewegen wir uns über weite Strecken entlang der höchsten Kammlinie, die sich stellenweise zum schwindelerregend schmalen und ausgesetzten Grat verjüngt. Jähe Tiefblicke können garantiert werden.

Obwohl die Tour von den technischen Schwierigkeiten her als einfach eingestuft werden muß, sind Trittsicherheit und Schwindelfreiheit gefordert. Ein Fehltritt im steilen Gras könnte mit einer lebensgefährlichen Rutschpartie enden. Schließlich ist es wichtig, die alpinen Gefahren richtig einschätzen zu können – Nässe und Gewitter können diesen Weg lebensgefährlich machen.

Wegverlauf

Ausgangspunkt für den Anhalter Höhenweg ist die kleine gemütliche *Anhalter Hütte* (2038 m), die man am schnellsten vom *Hahntennjoch* (1894 m) übers *Steinjöchl* (2198 m) auf einem vielbegangenen Weg in 1½ Stunden erreicht.

Eine andere, nicht weniger schöne Möglichkeit des Zustiegs zur Anhalter Hütte bietet das stille *Plötzigtal* (3 Std.), das in der ersten großen Straßenkehre nach Bschlabs abzweigt. Beiden Wegen gemeinsam ist eine Blumenfülle, die ihresgleichen sucht! Sie setzt sich in der Umgebung der Anhalter Hütte fort. Wer dort ein wenig Zeit hat, kann den *Tschachaun* (2334 m, gleich hinter der Hütte) besteigen oder hinüber zum Kromsattel und auf die *Geireköpfe* (2303 m) wandern, wo noch diverse Raritäten zu finden sind.

Zum *Anhalter Höhenweg* sollte man früh aufbrechen, nicht nur wegen der Länge des Weges, sondern um im Sommer eventuellen nachmittäglichen Gewittern nicht mehr am Grat zu begegnen.

Von der Hütte gehen wir in nördliche Richtung leicht fallend hinunter zum *Imster Grubigjöchl* (1831 m). Von dort zwischen Latschen und Alpenrosensträuchern westwärts steil hinauf zum grasigen Rücken des *Grubigjochs* (2185 m, 1¼ Std. von der Hütte), der zum Gipfelaufbau der Namloser Wetterspitze (2553 m) leitet. Nun hat man die Wahl, entweder rechts auf einem etwas eintönigen Schuttrücken in einer Stunde hinauf zu deren Gipfel mit sehr gutem Einblick in die nördlichen Lechtaler Berge (siehe Tour 15) und anschließend über den Südwestgrat steil hinunter zum *Putzenjoch* zu steigen, oder man geht in 20 Minuten vom Grubigjoch auf schmalem Weg durch bunte Wiesen direkt dorthin. Der südlich des sumpfigen Jochs liegende Grashügel des Sommerbergs (2185 m) kann einfach überschritten (30 Min.) und noch einfacher und schneller bis zum *Kreuzjoch* (2044 m) nordwestlich umgangen werden. Dort treffen wir auch auf den vom Weiler Egg heraufführenden Anstieg.

Der nun vor uns liegende klotzige *Ortkopf* (2314 m) ist dagegen viel schöner zu über-

Die Anhalter Hütte am Fuß der Wettersteinkalk-Bastion der Heiterwand, links der Tschachaun, ein blumenreicher Grasberg.

schreiten, auch wenn in den Karten noch immer die wenig empfehlenswerte Umgehung in der schrofigen Nordflanke eingezeichnet ist. Der Aufstieg über mit Latschen durchsetzte Grashänge ist steil, doch unschwierig, und als Markierung hat man in den Wiesen gut sichtbare Alurohre gesetzt, so daß die Orientierung problemlos ist.

Beim Abstieg vom Ortkopf hält man sich zunächst südlich des Westgrats, bis man unter einer kleinen Felsstufe wieder rechts zum Grat zurückkehren kann und bald das Sattele (2043 m) erreicht (1 ½ Std. vom Putzenjoch).

Die nun folgenden steilen Wiesenhänge des *Egger Muttekopfs* (2311 m) sind ein mit Blüten übersäter Traum: blau behauchte Berganemonen, narzissenblütige Windröschen, gelbes Läusekraut und Trollblumen wiegen sich im Wind, punktierter Enzian, Allermannsharnisch und der karminrot leuchtende Alpensüßklee setzen farbige Akzente. An felsigeren Stellen findet man die blühenden Polster von stengellosem Leimkraut und Schweizer Mannsschild, Gratlinse und Alpentragant mit zart violett geäderten Blüten.

Der Abstieg über den Westgrat – eine kurze steile Stelle ist gut gesichert – führt uns in die Doppelscharte des *Bortig* (2089 m, 1 bis 1 ½ Std.) mit schönem Blick hinab zum Weiler Egg (evtl. Notabstieg). Der Name Bortig ist rätoromanischen Ursprungs von porta, das heißt Tor oder Pforte. Hier beginnt unser letzter größerer Aufstieg auf die Gratschneide der drei Kreuzspitzen. Die erste, die *Bschlaber Kreuzspitze* (2462 m), erreichen wir nach einer knappen Stunde. Vom Gipfel öffnet sich ein herrlicher Blick ins Lechtal von Vorderhornbach fast bis hinauf nach Steeg. Beeindruckend ist auch der links unter uns liegende, trichterähnliche Kessel mit dem kleinen Stablsee im Grund.

Der scharf ausgeprägte Grat biegt nun nach Norden. Vor uns liegt die *Mittlere Kreuzspitze,* die mit 2496 Meter als höchster Punkt den Grat nur wenig überragt. In leichtem Auf und Ab haben wir sie schnell erreicht und folgen dem Grat weiter bis zur *Elmer Kreuzspitze* (2480 m, 30 bis 45 Min. von der Bschlaber Kreuzspitze), wo die nun 300 bis 400 Meter steil abfallenden Wände endlich den Blick nach Norden ungehindert freigeben.

Das Ende des eigentlichen Höhenwegs ist damit erreicht, doch der vor uns liegende Abstieg fordert noch einiges an Energie. Zuerst am Nordwestgrat steil absteigend, erreichen wir einen flachen Sattel und queren dann in steilen Grashängen westwärts auf eine balkonähnliche Felsstufe im Hang. Über den dahinter südwestwärts hinabziehenden, ausgeprägten Rücken führen uns schier endlose Kehren (an einer Quelle vorbei) hinunter in den *Stablwald.* Vor dem verlockenden Direktabstieg nach dem Gipfel durch supersteile Wiesen wird gewarnt. Wir haben das getestet und empfehlen es nicht zur Nachahmung. Auf der rechten Talseite einige Meter über dem Bach steigt man schließlich in weniger steilem Gelände durch aufgelockerten Jungwald hinunter zur Jausenstation an der *Stablalp* (1411 m, 1½ bis 2 Std.), um dort den Knieschnackler zu bekämpfen und letzte Kräfte zu sammeln für den Abstieg nach *Elmen* (976 m, ½ Std.).

Touristische Informationen

Anfahrt: In Stanzach Abzweigung ins Bschlaber Tal; Richtung Imst zum Hahntennjoch; dort ausreichend Parkmöglichkeiten. Am geschicktesten parkt man in Elmen und fährt per Anhalter oder Taxi die relativ vielbefahrene Straße zum Hahntennjoch. Auf diese Weise spart man sich die umständliche Pkw-Rückholaktion am Ende der Tour. Leider existiert (noch) keine Buslinie über das Hahntennjoch.
Ausgangspunkt: Hahntennjoch, 1894 m, bzw. Bschlabs – Zwieslen (1400 m), wenn man durchs Plötzigtal aufsteigt.
Höchster Punkt: Mittlere Kreuzspitze, 2496 m, bzw. Namloser Wetterspitze, 2553 m.
Zielpunkt: Elmen, 976 m.
Reine Gehzeiten: *1. Tag:* Hahntennjoch – Anhalter Hütte 1½ bis 2 Std. (durchs Plötzigtal 3 Std.); *2. Tag:* Anhalter Hütte – Elmen 7½ bis 8½ Std. (bei Mitnahme der Wetterspitze 1 bis 1½ Std. mehr).
Sehenswürdigkeiten: Außerordentlich reiche Flora entlang des gesamten Wegs, schöne Zirbenwälder unterhalb des Hahntennjochs. In den Weilern oberhalb Bschlabs stehen die ältesten Höfe des Lechtals, die teilweise noch ohne Verwendung der Säge gebaut wurden! In Elmen befindet sich in der Totenkapelle der sehenswerte Bilderzyklus »Totentänze« von Joseph Anton Falger.
Einkehr/Unterkunft: Anhalter Hütte, 2038 m, bewirtschaftete Alpenvereinshütte.
Varianten/Abstecher/Gipfel: Aufstieg zur Anhalter Hütte durchs stille Plötzigtal oder von Norden, von Namlos, durchs Brennhüttental möglich. Vom Weiler Egg (Bschlabs) kann direkt zum Anhalter Höhenweg aufgestiegen werden, entweder zum Kreuzjoch oder zur Bortigscharte (bei letzterem versäumt man jedoch die Hälfte des Höhenwegs). Die Besteigung der Namloser Wetterspitze (2553 m, siehe Tour 15) ist sehr lohnend (vom Grubigjoch über den schuttigen Südostrücken; Abstieg direkt zum Putzenjoch), doch erreicht die Tour dann beinahe westalpine Dimensionen.
Karte: Kompass Wanderkarte 1:50000, K 24 Lechtaler Alpen – Hornbachkette.

18 Im Muttekopfgebiet

Variationen mit Seilbahn-»Aufstieg«

Charakter: Genußvolle Rundtour, die etwas Trittsicherheit verlangt; durch Gipfelabstecher erweiterbar (Muttekopf leicht, Platteinspitze anspruchsvoll).
Höhendifferenz: Rundtour 250 Meter im Aufstieg, 800 Meter im Abstieg, Muttekopf +800 Meter, Variante Platteinspitze +500 Meter.
Gesamtgehzeit: 3 Stunden für die Rundtour, mit Gipfelabstecher 6 bzw. 7 Stunden.

Ausgangspunkt für diese Tour ist die Bezirkshauptstadt Imst mit ca. 6500 Einwohnern. Sie liegt am Südostrand der Lechtaler Alpen, an einem wichtigen Verkehrsknotenpunkt zwischen dem Inntal und dem Fernpaß. Auch die Hahntennjochstraße, die vom Lechtal herüberführt, endet hier. Bekannt wurde das schmucke Städtchen für das erste der mittlerweile über 200 SOS-Kinderdörfer. Hermann Gmeiner, der Initiator dieser Idee, liegt in

Der Muttekopf mit seinen schräggestellten Gesteinsschichten zählt zu den markantesten Berggestalten der Lechtaler Alpen. Im Vordergrund die Platteinwiesen, wie sie zum Mittagsschlaf einladen.

Die Muttekopfhütte vor der imposanten Kulisse der Hinteren Platteinspitze.

Imst begraben. Auch für das Imster Schemenlaufen, den bedeutendsten Tiroler Fasnachtsumzug, ist der Ort bekannt.

Die vorgeschlagene Runde ist relativ kurz, aber abwechslungs- und aussichtsreich, also eine richtige Genießertour, zumal es nicht an Einkehrmöglichkeiten mangelt und die größten Aufstiegsmühen der Sessellift abnimmt. Wer sich mehr fordern will, kann mit dem Muttekopf oder der Vorderen Platteinspitze attraktive Gipfel in die Tour einstreuen.

Wegverlauf

Mit der zweiten Sektion der *Hochimster Sessellifte* schweben wir auf gut 2000 Meter hinauf. Von der Bergstation geht es einige Meter bergab. Noch über dem *Drischlhaus* zweigt nach links der *Rudolf-Schock-Weg* zur Muttekopfhütte ab. Er führt durch eine abweisende, brüchige Flanke. Stellenweise fordert der Weg ein Mindestmaß an Trittsicherheit und etwas Schwindelfreiheit. Bald ist die *Muttekopfhütte* (1934 m) erreicht. Wenn wir es nach einer halben Stunde Abwärtsgehen auch nicht verdient haben, eine gemütliche Brotzeit auf der Hüttenterrasse ist es doch wert, der Versuchung nachzugeben.

Den klassischen Hüttenberg, den *Muttekopf* (2774 m), kann man von hier über die Muttekopfscharte ohne alpinistische Schwierigkeiten in gut 2 Stunden besteigen.

Wer eine gemütlichere, aber kaum minder lohnende Runde drehen will, geht von der Hütte weg zunächst ein Stück nach unten. An einem Bachbett läßt man die Abzweigung ins Tal rechts liegen und folgt statt dessen dem Weg, der eine Schuttreiße schräg ansteigend quert. Als besondere Würze folgen nun einige Gräben. Sie werden stellenweise auf allen vieren und mit Hilfe einiger Eisensicherungen durchquert. Knapp 10 Meter unter einem Christuskreuz gabelt sich der *Plattigsteig*. Linker Hand breiten sich nun die Plat-

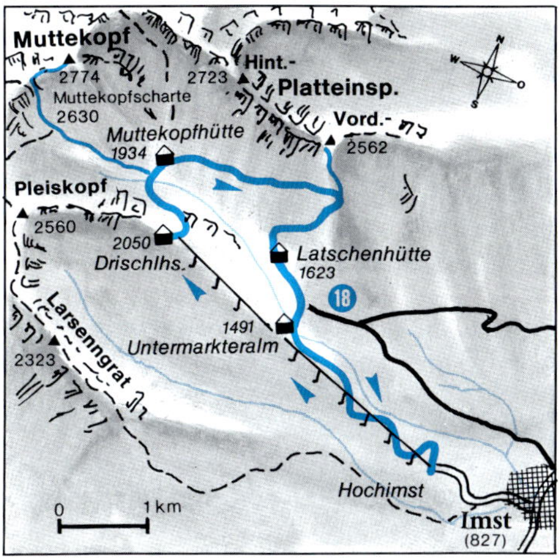

teinwiesen auf einer weiten Geländeterrasse mit großartiger Aussicht aus – ideal für ein Picknick oder einen Mittagsschlaf.

Wer sportlichere Ambitionen hat und schwindelfrei ist, kann über die Platteinwiesen hinweg mittels eines Klettersteigs auf die *Vordere Platteinspitze* (2562 m) kraxeln. Vom Kreuz bei den Platteinwiesen gehen wir, den Ort Imst vor Augen, zunächst gerade hinunter. Der Weg führt dann durch Latschen nach rechts herum. Nach einer Bachüberquerung geht es dann direkt zur *Latschenhütte* (1623 m) hinter. Dort an der Wirtshausterrasse vorbei (oder auch nach einer Einkehr) zum *Malchbach*. Über diesen hinweg kommt man durch eine wildromantische Bergsturzlandschaft. Nach einem großen, haushohen Felsen mit weit überhängendem Dach treffen wir auf eine Lärche, die mit der Zahl 27 gekennzeichnet ist; dort nehmen wir den linken Weg. Bei einer Brücke (die links liegen bleibt), wenden wir uns nach rechts. Wenige Meter bergauf stoßen wir auf eine Skipiste. Ein Fahrweg führt schließlich zur *Untermarkter Alm* (1491 m). Wer den Sessellift verschmäht, kann auf breitem Weg zu Fuß nach Hochimst schlendern.

Touristische Informationen

Anfahrt: Über den Fernpaß oder über das Hahntennjoch oder durch das Inntal nach Imst und weiter nach Hochimst, parken an der Liftstation; mit dem Bus vom Bahnhof Imst/Pitztal; mit berggängigem Fahrrad zur Untermarkter Alm oder über die Obermarkter Alm zur Latschenhütte (vorbehaltlich eventuell neuer Reglementierungen).
Ausgangspunkt: Bergstation der Hochimster Sessellifte, 2040 m.
Höchster Punkt der Rundtour: Platteinwiesen, ca. 2080 m (Gipfel: Muttekopf, 2774 m, Vordere Platteinspitze, 2562 m).
Zielpunkt: Untermarkter Alm, 1491 m, bzw. Hochimst, 1050 m.
Reine Gehzeiten: 3 Std. für die Rundtour (Abstecher auf Muttekopf +4 Std., Vordere Platteinspitze + 3 Std. (jeweils für Auf- und Abstieg).
Sehenswürdigkeiten: Markante Schichtung der kreidezeitlichen Gosau-Ablagerungen am Muttekopf, in Imst: Pfarrkirche Maria Himmelfahrt (1305/1493), Kalvarienbergkapelle (1352), Imster Schemenlaufen (Fasnacht).
Einkehr: Drischlhaus, 2050 m, Muttekopfhütte, 1934 m, bewirtschaftete Alpenvereinshütte, Latschenhütte, 1623 m, Untermarkter Alm, 1491 m.
Abstecher/Gipfel: Muttekopf, Vordere Platteinspitze.
Karte: Kompass Wanderkarte 1:50000, K 24 Lechtaler Alpen – Hornbachkette.

19 Rund um das Parzinnmassiv

Große »Tour de Gufel«

Charakter: Großartige Drei-Tage-Rundtour für ausdauernde und trittsichere Bergsteiger; Abstecher auf die Kogelseespitze leicht.
Höhendifferenz: 1900 Meter.
Gesamtgehzeit: 13 Stunden ab Alfuzhütte, ohne Gipfelabstecher.

Das Parzinnmassiv ist eines der bedeutendsten Klettergebiete in den Lechtaler Alpen – steile Wände und relativ fester Fels (bei dem hier verbreiteten Hauptdolomit ist das nicht selbstverständlich) haben eine magische Anziehungskraft auf die Freunde steiler Felsen.

Die landschaftlichen Schönheiten kann man aber als Wanderer (fast) genauso genießen. Auf dem vorgeschlagenen Höhenweg lernt man dieses Gebiet von allen Seiten kennen und kann mit der Kogelseespitze auch einen hohen Gipfel bequem besteigen.

Wegverlauf

Vom Parkplatz bei der *Alfuzhütte* führt der Weg zunächst über den Silberbach und gleich darauf über den Starkenbach. An der *Vorderstarkalpe* (1509 m) vorbei wandern wir talein. Bei der *Hinterstarkalpe* nehmen wir den Weg, der nach rechts (Norden) hinaufführt. Über einen Latschenhang mit viel Nachmittagssonne wird schließlich die *Steinseehütte* (2061 m) erreicht. Als Ziel für den Abendspaziergang bietet sich der etwas höher gelegene *Steinsee* an.

Am nächsten Tag folgen wir zunächst der Wegweisung zum Württemberger Haus. Zuerst wird der Latschenhang nordwestlich der Hütte gequert. An späteiszeitlichen Morä-

nenwällen vorbei geht es dann unter der wuchtigen Steinkarspitze entlang zur Scharte neben dem *Mittelkopf.* Von dort bietet sich ein eindrucksvoller Blick zurück ins weite Steinkar, überragt vom Bergwerkskopf, einer der markantesten Berggestalten weit und breit. Nach einer etwas ausgesetzten Stelle quert der Weg die Südhänge des Gufelkopfs. Dort heißt es dann aufpassen, um die Abzweigung nicht zu verpassen, die nach rechts hinauf zum *Gufelgrasjoch* (2382 m, Übergang nach Gramais) führt.

Von diesem Joch führt der Steig in ein romantisches, blumenreiches Kar, die *Vordere Gufel,* hinab. Wenn wir jetzt alle Abzweigungen links liegen lassen und immer den rechten Weg gehen (links und rechts sind hier wörtlich gemeint), kommen wir um den Vorderen Gufelkopf herum in die *Hintere Gufel;* dabei quert der Steig eine ziemlich steile Flanke; Kinder und »Nicht-ganz-Schwindelfreie« könnten hier etwas Beistand vertragen. Nachdem wir herrliche wollgrasbestandene Sumpfwiesen passiert haben, trennt uns nur noch eine Steilstufe vom grandios gelegenen, von der Parzinnspitze imponierend überragten *Gufelsee* – als Rastplatz und zum Kühlen heißgelaufener Füße be-

Steine, Wolken und Gipfelketten komponieren manchmal einzigartige Stimmungen. Der Blick reicht hier über Starkenbach- und Inntal hinweg auf die Ötztaler Alpen.

stens geeignet. In dem eiskalten See zu schwimmen, wird allerdings nur sehr abgehärteten Naturen Vergnügen bereiten.

Vom 100 Meter höher gelegenen *Gufelseejöchl* sollte man den Abstecher zur *Kogelseespitze* (2647 m, vgl. Tour 21) nicht versäumen; wegen seiner Aussicht ist dieser Gipfel auf jeden Fall lohnend, und jetzt am Nachmittag ist er auch nicht mehr so überlaufen. Man sollte aber, wenn man Gipfelambitionen hat, zu dieser Tageszeit verstärkt auf Gewitter achten (vor allem im Juli und August). Zurück am Joch wandern wir am *Parzinnsee* vorbei zur *Hanauer Hütte* (1922 m), dem Lager für die nächste Nacht.

Der *Rückweg* zur Steinseehütte führt an der Dremelspitze vorbei. Dafür gibt es zwei

Wer auf der Hanauer Hütte früh aufsteht, kann bei gutem Wetter zuschauen, wie die stolzen Zinnen und Pfeiler der Parzinnspitze ins erste, rötliche Morgenlicht getaucht werden.

Möglichkeiten: Entweder durch den schaurigen Felskessel zwischen Dremel- und Hanauer Spitze und über die *Östliche Dremelscharte* oder über die *Westliche Dremelscharte* (2434 m). Die letztgenannte Variante ist etwas leichter und damit stärker frequentiert. Die Westliche Dremelscharte ist auch Ausgangspunkt für die Klettertour auf die Dremelspitze (siehe Tour 20). Jenseits der Dremelspitze funkelt mit dem *Steinsee* eine weitere Perle der Lechtaler Alpen. Knapp

Durch die Scharte am Mittelkopf reicht der Blick zum Bergwerkskopf. Wegen der markanten Form seines Gipfels kann man ihn leicht identifizieren; seine Steilheit bewahrt ihn aber auch vor zu vielen Besuchern.

Zu den weiten, blumenübersäten Karböden im Parzinn bilden die umliegenden Dolomitwände einen reizvollen Kontrast: links die Schneekarlespitze, rechts die Parzinnspitze.

darunter schließt sich an der *Steinseehütte* wieder der Kreis. Übrigens: Haben Sie mitgezählt, wie oft Lokalitäten mit dem Namen Gufel passiert werden? Können Sie Gufelgrasjoch und Gufelseejöchl unterscheiden oder sind alle Gufel-Klarheiten beseitigt?

Touristische Informationen

Anfahrt: Im Inntal von Landeck oder Imst nach Starkenbach (Bahnhof Schönwies) bei Wanderung vom Talgrund aus; möglich ist auch die Anfahrt bis zur Alfuzhütte auf steilem, unbefestigtem Fahrweg, der westlich der Autobahnausfahrt Lötz/Zams bei einem Zementwerk ansetzt.
Ausgangs- und Zielpunkt: Starkenbach, 771 m, oder Alfuzhütte, 1261 m.
Höchster Punkt der Rundtour: Westliche Dremelscharte, 2434 m; Gipfelabstecher: Kogelseespitze, 2647 m (evtl. Dremelspitze 2733 m).
Reine Gehzeiten: *1. Tag:* Starkenbach – Alfuzhütte 2 Std., Alfuzhütte – Steinseehütte 2½ Std.;
2. Tag: Steinseehütte – Gufeljöcher – Hanauer Hütte 6 Std. (Abstecher Kogelseespitze und zurück 1½ Std.);
3. Tag: Hanauer Hütte – Steinseehütte 2½ Std., Steinseehütte – Alfuzhütte 2 Std., Alfuzhütte – Starkenbach 1½ Std.
Sehenswürdigkeiten: In Schönwies: Pfarrkirche St. Michael (1681) mit gut erhaltenen Deckenfresken. In den Hochlagen Moränenwälle späteiszeitlicher Gletscherausdehnungen, typische Karseen in leuchtenden Türkistönen.
Einkehr/Unterkunft: Alfuzhütte (priv.), Steinseehütte, 2061 m, bewirtschaftete Alpenvereinshütte; Hanauer Hütte, 1922 m, bewirtschaftete Alpenvereinshütte.
Variante: Die Rundtour kann natürlich auch von Boden oder von Gramais her angegangen werden. Für eine Dreitagetour von Boden aus bietet es sich an, die Runde umgekehrt zu gehen: *1. Tag:* Anfahrt nach Boden und Aufstieg zur Hanauer Hütte, *2. Tag:* über die Gufeljöcher zur Steinseehütte, *3. Tag:* über eines der Dremeljöcher zur Hanauer Hütte und zurück nach Boden.
Karte: Kompass Wanderkarte 1:50000, K 24 Lechtaler Alpen – Hornbachkette.

Von der Hanauer Hütte aus gesehen erscheint die Dremelspitze als fast ebenförmige Pyramide; wohl auch deshalb ist sie zu einem Symbol für die Lechtaler Alpen geworden. Unsere Umrundung führt zuerst über das Joch rechts im Bild; dort setzt auch die Kletterführe auf den Gipfel an.

20 Zur Dremelspitze

Pyramide der Lechtaler Alpen

Charakter: Gipfelumrundung, ausgewachsene Tagestour für trittsichere Bergsteiger. Die Besteigung der Dremelspitze (besser nach Hüttenübernachtung) ist mit längerer Kletterei im II. Schwierigkeitsgrad verbunden und erfordert entsprechende Erfahrung sowie absolute Schwindelfreiheit.
Höhendifferenz: 1380 Meter.
Gesamtgehzeit: 8½ Stunden.

Wenn man von der Hahntennjochstraße, zwischen Bschlabs und Boden, in das Angerletal hinaufschaut, sieht man eine ebenförmige, majestätisch aufragende Pyramide – die Dremelspitze. Auch aus der Nähe betrachtet begeistert die Dremelspitze mit ihren Zinnen und Schluchten; Kletterern bietet sie darüber hinaus auch noch einen griffigen Dolomit. Kurz, die Dremelspitze zählt in jeder Hinsicht zu den schönsten Bergen der Lechtaler Alpen.

Die Umrundung dieses Berges führt in eines der großartigsten Gebiete der Lechtaler Alpen. Der Anstieg auf den Gipfel ist dagegen der schwierigste in diesem Buch vorgestellte. Erstmals bestiegen wurde die Dremelspitze 1896 von Otto Ampferer und W. Hammer, die später zu den bedeutendsten Alpengeologen wurden. Vielleicht war es die Dremelspitze, die ihr Interesse geweckt hat?

Wegverlauf

Ein Fahrweg führt von *Boden* über den Fundeisbach hinweg. Nach einem kurzen steilen Abschnitt folgt ein »Talhatscher« zum Materiallift, der angesichts der Kulisse aber gar nicht langweilig ist. Ein schmaler Weg überwindet dann die Steilstufe zur *Hanauer Hütte*. Nun liegt der weite, von stolzen Felsmassiven überragte Kessel des Parzinnbodens vor uns. Besonders auffallend ein steiler Zahn links neben der Parzinnspitze: Der Spiehlerturm, benannt nach dem Memminger Anton Spiehler, der Ende des letzten Jahrhunderts die Lechtaler Alpen kannte wie kein anderer und in seinen Veröffentlichungen viel Wissen über dieses Gebirge zusammengetragen hat.

Die *Dremelspitze* wird über die Scharten östlich und westlich des Gipfels umrundet, wobei die östliche Scharte anspruchsvoller ist. Die Kletterroute auf den Gipfel setzt am Westlichen (Vorderen) Dremeljoch an. Wer Gipfelambitionen hat, geht sinnvollerweise zuerst dorthin (auf markiertem Steig). Unmittelbar vor dem Joch zeigen rote Farbkleckse, wo die Führe auf die Dremelspitze beginnt. Sie ist für ein waches Auge ausreichend markiert. Das darf aber nicht darüber hinwegtäuschen, daß der II. Schwierigkeitsgrad (der Schwierigkeitsbewertung für Kletterer) zu bewältigen ist. Wer wirklich schwindelfrei ist und stellenweise fast senkrechtes Klettergelände sicher beherrscht, wird große Freude an dieser Tour haben. In derartigem Gelände ist die Besteigung ungeübten Bergwanderern dringend abzuraten. Sie sollten auch bedenken, daß sich der Abstieg bedeutend schwieriger gestaltet als der Aufstieg.

Der Weg zum Gipfel führt zunächst durch eine Rinne auf ein südseitiges Band. Den Steinsee »unter den Füßen« (etliche hundert Höhenmeter liegen aber schon dazwischen) steigt man dann durch eine Folge von Kaminen und Rinnen durch die Südwestflanke. Über einige knifflige Steilstufen führen die Markierungen schließlich auf den Gipfel. Beim Abstieg sind diese Markierungen besonders wichtig, denn manche verlockende Rinne neben dem bezeichneten Verlauf der Route endet in senkrechten Wänden.

Zur *Umrundung der Dremelspitze* geht man von der *Westlichen Dremelscharte* durch eine schrofige, stellenweise gesicherte Rinne mit viel losem Gestein (Steinschlaggefahr!) Richtung Steinsee hinunter. Auf den grünen Matten angekommen, zweigen wir links ab. Am herrlich gelegenen *Steinsee* (2222 m) vorbei, folgen wir dem Weg zur Östlichen (Hinteren) Dremelscharte hinauf. Genau den Markierungen und Pfadspuren

Beim Abstieg durch die Vordere Dremelscharte geht es durch eine brüchige Rinne mit viel losem Gestein Richtung Steinsee hinunter.

folgend steigen wir nun vorsichtig über das anspruchsvolle Joch. Auf der anderen Seite umgibt uns eine schier unheimliche Szenerie, die praktisch nur von einer Farbe beherrscht wird: Grau. Ringsum lauter Hauptdolomitwände mit steil stehender, orgelpfeifenartiger Schichtung und riesigen Schutthalden darunter (typisch für dieses Gestein). Über eine solche Halde führt der Pfad am Fuß der Dremelspitze zu einem Bergsturz; in der Hohlform dahinter sammelt sich zeitweise Wasser an (das Schlenkerseelein). Über Matten und Geröll geht es schließlich zurück zur *Hanauer Hütte* (1922 m).

Nach der verdienten Brotzeit kann man wieder durch das Angerletal absteigen; oder auf der Hanauer Hütte übernachten – schließlich lockt ein weiterer Berg im Reich des Parzinn, der auch weniger schwindelfreien Wanderern Gipfelglück verspricht: die Kogelseespitze (siehe Tour 21).

Touristische Informationen

Anfahrt: Von Elmen oder Imst auf die Hahntennjochstraße (leider kein Linienbus), auf der Westrampe des Passes Abzweigung hinunter zum kleinen Dorf Boden; Parkplatz am Bach.

Ausgangs- und Zielpunkt: Boden, 1356 m.
Höchste Punkte: Westliche Dremelscharte, 2434 m (Dremelspitze, 2733 m), Östliche Dremelscharte, 2470 m.
Reine Gehzeiten: Boden – Hanauer Hütte 2 Std., Hanauer Hütte – Westliche Dremelscharte 1 1/2 Std. (von dort auf die Dremelspitze und zurück 3 1/2 Std.), Westliche Dremelscharte – Steinsee 3/4 Std., Steinsee – Östliche Dremelscharte 1 Std., Östliche Dremelscharte – Hanauer Hütte 1 3/4 Std., Hanauer Hütte – Boden 1 1/2 Std.
Sehenswürdigkeiten: Holzhäuser von Pfafflar (östlich von Boden) aus dem 13. Jh., die ältesten Tirols. Schottische Hochlandrinder auf den Weiden im Angerletal; großartige, abwechslungsreiche Bergszenerie mit Dolomitzinnen und -türmen.
Einkehr/Unterkunft: Hanauer Hütte, 1922 m, bewirtschaftete Alpenvereinshütte.
Abstecher/Varianten: Verknüpfungsmöglichkeiten mit den Touren 19 und 21; Besteigung der Kogelseespitze von der Hanauer Hütte relativ leicht: zum Parzinnsee, dann nicht zur Kogelseescharte, sondern nach links zum Gufelseejöchl und von dort zum Gipfel der Kogelseespitze (ca. 2 Std., siehe Tour 21).
Karte: Kompass Wanderkarte 1:50000, K 24 Lechtaler Alpen – Hornbachkette.

21 Kogelseespitze

Rundtour von Gramais

Charakter: Ausgewachsene Tagestour ohne alpinistische Schwierigkeiten; Rundtour, auf der die Kogelseespitze nicht nur bestiegen, sondern auch vollständig umrundet wird.
Höhendifferenz: 1650 Meter.
Gesamtgehzeit: 9 Stunden.

Die Kogelseespitze zählt zu den beliebtesten Gipfelzielen in der Umgebung. Angesichts der relativ leichten Ersteigbarkeit und der überragenden Aussicht kein Wunder! Ausgangspunkt ist das kleine Bergdorf Gramais.

Die aussichtsreiche Kogelseespitze ist trotz ihrer Höhe leicht zu besteigen. Die umliegenden Felsbastionen dagegen verlangen alle zumindest leichte Kletterei.

Mit seinen etwa 60 Einwohnern ist es so klein, daß es durch Abwanderung in seiner Existenz bedroht wurde. In einer geographischen Studie haben sich Mitarbeiter und Studenten der Universität Innsbruck dem Problem angenommen und zusammen mit der Bevölkerung Strategien für ein Überleben des Dorfes entwickelt. Tourismus kann der Bevölkerung helfen, nicht abwandern zu müssen. Es muß aber ein sanfter Tourismus sein, der auch dem traditionellen Dorfleben noch eine Chance gibt. Wenn das Dorf allerdings mit einer Unzahl überdimensionaler Urlauberautos zugeparkt wird, kommen Zweifel auf, ob die Entwicklung in die richtige Richtung geht. Für die Bewohner von Gramais ist es sicher nicht angenehm, jedes Wochenende vom Benzindunst eingenebelt zu werden und eine Ausstellung der neuesten Autos im Vorgarten zu haben. Als umweltbewußter Bergsteiger wünscht man sich hier einen gut organisierten Kleinbusdienst, ähnlich wie im Lechquellengebirge. Einstweilen ermöglichen hier Mountainbikes – sonst oft zu Unrecht pauschal für Umweltzerstörung verantwortlich gemacht – eine umweltschonende (und konditionsfördernde) Anreise aus dem Lechtal.

Wegverlauf

Zunächst wandern wir in *Gramais* am orographisch rechten (in Anstiegsrichtung linken) Ufer dem Platzbach entlang aufwärts. Nach einer guten Viertelstunde verzweigen

Folgende Abbildung:

Der Abstieg von der Kogelseespitze führt vom Gufelseejöchl zum Gufelsee hinunter. In der Ferne leuchtet einer der verbliebenen Lechtaler Gletscher, der Fallenbacher Ferner unter der Feuerspitze, knapp rechts daneben die Holzgauer Wetterspitze (Tour 30).

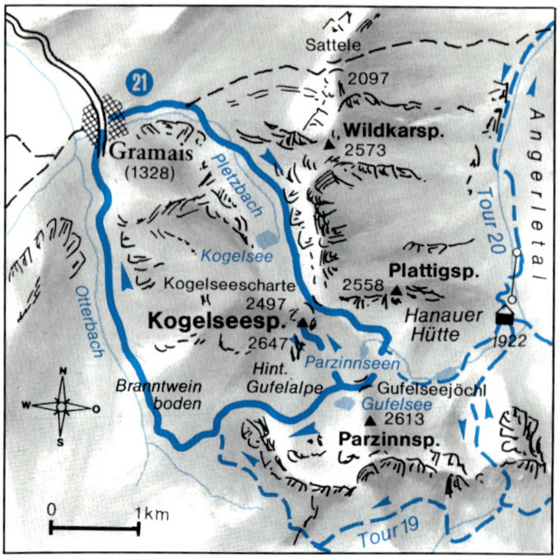

sich die Wege. Hier nicht über das Sattele nach Boden, sondern nach rechts hinauf. Nachdem in vielen Kehren eine Steilstufe überwunden wurde, lädt der *Kogelsee* (2171 m) zur Kühlung der Füße ein (ein Ganzkörperbad wird nur ganz Hartgesottene erfreuen). Über ein weiteres Steilstück geht es zur *Kogelseescharte* (2497 m). Damit sind wir unserem Tagesziel, der Kogelseespitze, eigentlich schon sehr nahe; nur der Nordostgrat trennt uns vom Gipfel. So verlockend er wegen der direkten Verbindung sein mag, als Wanderer sollten wir ihn meiden und statt dessen ins Kar der Parzinnseen hinabsteigen; ein Umweg, der angesichts der damit verbundenen Reize leichtfällt.

Zwischen dem oberen und den unteren Seen zweigt nach rechts der Weg zum *Gufelseejöchl* ab. Dort angekommen eröffnet sich ein überwältigender Blick nach Westen. Die Aussicht läßt sich aber noch steigern, wenn man nach rechts über Sandsteine und Mergel der Gosauschichten (aus der Kreidezeit) auf leichtem Steig zum Gipfelkreuz der *Kogelseespitze* (2647 m) hinaufsteigt. Von hier kann man praktisch die ganzen Lechtaler Alpen überblicken – und noch vieles mehr: Die Allgäuer Alpen liegen zum Greifen nah, während im Süden die Ötztaler Alpen und sogar die Berninagruppe mit ihren Gletschern leuchten.

Zurück am Joch, lassen wir uns vom grün schimmernden *Gufelsee* nach rechts locken. Bald nach diesem Karsee leitet der Pfad über eine Geländestufe zu den lieblichen Wiesen der *Hinteren Gufel* hinunter. Nach Querung einer abschüssigen Flanke (Trittsicherheit erforderlich) zweigt unser Steig nach Gramais rechts ab (Wegweiser). Dieser führt über eine 500 Meter hohe Steilstufe hinab, daher ist es hier ganz besonders wichtig, genau dem Weg zu folgen. Vom *Branntweinboden,* umgeben von imponierenden Felswänden, spazieren wir schließlich auf relativ flachem Weg hinaus nach *Gramais.*

Touristische Informationen

Anfahrt: Im Lechtal nach Häselgehr (dorthin Buslinie 4268 von Reutte oder Lech), weiter auf schmalem Teersträßchen ins Gramaiser Tal; Autofahrer bitte rücksichtsvoll parken!
Ausgangs- und Zielpunkt: Gramais, 1328 m.
Höchster Punkt: Kogelseespitze, 2647 m.
Reine Gehzeiten: Aufstieg über Kogelsee 5½ Std., Abstieg über Gufelsee 3½ Std.
Sehenswürdigkeiten: In Gramais: St. Johannes der Täufer (Altar aus der ersten Kirche von 1704), alte Bergbauernhäuser. Wunderschöne Karseen.
Einkehr/Unterkunft: Am Weg keine (Wasser mitnehmen!), in Gramais um so gemütlicher.
Varianten: Abstieg zur Hanauer Hütte, Übergang zur Steinseehütte (vgl. Touren 19 und 20).
Karte: Kompass Wanderkarte 1:50000, K 24 Lechtaler Alpen – Hornbachkette.

22 Rotwand – Hermann-v.-Barth-Hütte

Im Reich der Gemsen und Schneehühner

Charakter: Unschwierige, aber lange Tagestour, auch für Kinder ab 12 Jahren geeignet. Trittsicherheit (vor allem am Rotwandgipfel!) ist erforderlich.
Höhendifferenz: 1200 Meter.
Gesamtgehzeit: 7 Stunden.

Die Rotwand ist einer der Lechtaler »Heuberge«, die sich im mittleren Lechtal zwischen Holzgau und Häselgehr aneinanderreihen. Bis in die sechziger Jahre oft noch von Hand mit der Sense in zweijährigem Rhythmus gemäht, war das von den Bergmähdern gewonnene Futter einst lebensnotwendig, um das Vieh durch die langen Winter zu bringen. Heute erinnern fast nur noch die alten kleinen Heustadel, auf die man allenthalben trifft, an diese mühsame Arbeit.

Wegverlauf

In *Elbigenalp,* hinter der bekannten Schnitzerschule Geisler-Moroder, wo ein Forst- und Almweg steil den bewaldeten Hang hinaufführt, marschieren wir los. Schon bald gibt eine kleine Lichtung den Blick zwischen den Baumwipfeln auf die hellen, markanten Felsrippen unseres heutigen Gipfelziels frei. Nach etwa einer Stunde Gehzeit zweigt vom Fahrweg rechts ein Wegerl ab (Wegweiser »Hermann-von-Barth-Hütte«), auf dem wir weitersteigen, bis wir flacheres Gelände und, nach nochmaliger Querung des Almwegs, eine durch Windwurf entstandene Lichtung erreichen.

Kurz vor dem Ende dieser Lichtung verlassen wir den zur Barth-Hütte führenden Weg nach rechts und gewinnen, durch den Wald einige Minuten aufsteigend, den oberen Waldrand. Rechter Hand sehen wir ein neues Almgebäude, links zieht ein bewaldeter

Einen freundlichen Empfang bereitet dieser verschmitzte Gnom an der Hermann-von-Barth-Hütte (unter den Kletterfelsen der Wolfebnerspitzen).

Gratrücken hinauf zur Rotwand. Am Fuß dieses Gratrückens treffen wir auf einen Steig, dem wir entlang eines Felswandls kurz und steil ansteigend folgen, bis wir eine Möglichkeit finden, links auf den Rücken zu gelangen. Bei zwei kleinen Jagdhüttchen, die dann bald erreicht sind, überblicken wir den weiten Kessel des *Balschtekars,* das sich von der Rotwand bis zur Wolfebnerspitze auftut und das wir ja noch begehen wollen. Der Weiterweg führt nun immer den grasigen, doch zunehmend mit Fels durchsetzten Grat hinauf zum Gipfel der *Rotwand* (2262 m), den wir in einfacher kurzer Kletterei besteigen (3 Std. von Elbigenalp).

Die Rotwand, ein ziemlich unscheinbarer Gipfel, ist ein ausgezeichneter Aussichtspunkt. Von oben überblickt man fast die gesamten Lechtaler Alpen von der großen Mauer der Heiterwand im Osten übers Parzinn zur Parseierspitze, weiter zur markanten Holzgauer Wetterspitze und bis zur Valluga weit im Süden. Tief unter uns sehen wir aufgereiht die Dörfer des Lechtals und den Fluß, der von einer Talseite zur anderen pendelt. Wir studieren natürlich auch unseren Weiterweg durchs Balschtekar unter den Felswänden der Wolfebnerspitze, hinter der schließlich die Hermann-v.-Barth-Hütte versteckt liegt.

Wenn wir zu dem nur wenige Meter tiefer liegenden *Balschtesattel* wollen, müssen wir kurz zurück absteigen, um einen Durchschlupf durch ein senkrechtes Mäuerchen, das vom Gipfel zum Balschtesattel abfällt, zu finden. Dann gehen wir wieder zum Sattel hinauf und beginnen hier die Wanderung durchs einsame Rund des *Balschtekars.* Manchmal trifft man hier auf größere Gamsrudel. Auch Schneehühner flüchten gelegentlich aus geringer Entfernung. Würden sie nicht aufgeregt ihren laut schnarrenden, an eine alte Tür erinnernden Ruf ausstoßen, sie wären kaum zu erkennen in ihrem perfekt der Umgebung angepaßten Tarnkleid. Gut getarnt lebt auch der Schneehase (selbst im Winter) in diesen Regionen. Doch er ist scheu und nur wenige Wanderer haben das Glück, ihn ins Blickfeld zu bekommen.

Der Weg führt bequem, weil flach, bis unter die Wolfebnerspitze, wo in etwas steilerem Gelände die herabziehenden Felsrippen gequert werden. Bald darauf taucht plötzlich die *Hermann-v.-Barth-Hütte* auf (2129 m, 1½ Std. von der Rotwand), wo uns ein lustiger Gnom empfängt.

Die Hütte liegt in eindrucksvoller Umgebung unter den Orgelpfeifen ähnlichen Felsrippen der Wolfebnerspitze mit ihren zahlreichen Kletterrouten. Gegenüber fällt der Blick auf das fast in Rufweite liegende Gasthaus Bernhardseck (Tour 26).

Nach Rast und Brotzeit steigen wir entweder auf dem Normalweg zu Tal (1½ Std.) oder aber wir gehen einen schönen Umweg:

In westliche Richtung leicht absteigend erreichen wir einen latschenbedeckten Absatz. Hier wendet sich der Weg scharf rechts und traversiert ausgesetzt über eine felsige Stelle (Drahtseilsicherung) ins *Birgerkar.* In ihm steigen wir noch ein Stückchen auf einen grasigen Rücken an, bis wir links steil, aber einfach zu einer Latschengasse absteigen können, die durch das dichte Gewirr von Legföhren hinab ins *Bernhardstal* führt (1½ Std. von der Hütte). Dann wandern wir an einem urig zugewachsenen Bergsturz vorbei das Tal hinaus.

Am Gegenhang lassen sich gut natürliche und vom Menschen verursachte Erosion studieren. Eine Mure hat ein Stück Wald wegge-

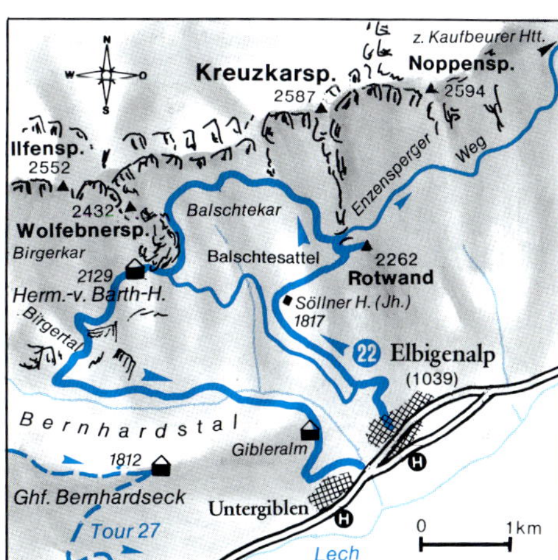

Bald gibt eine Lichtung den Blick auf die markanten Felsrippen der Rotwand frei. Der von links aufstrebende Grat führt uns zum Gipfel.

rissen und man erkennt, daß sich die Wunde kaum mehr schließen wird. Gleich daneben hat schon vor einigen Jahrzehnten eine riesige Lawine den Hang von Wald kahlgefegt. Doch damit nicht genug, durch die Anlage eines Almweges ist der Hang von neuem aufgerissen worden.

Nach einer knappen Stunde erreichen wir das Talende bei der *Gibleralm* und steigen die letzten Meter entlang der canyonartig eingeschnittenen Schlucht des Bernhardsbachs gerade hinab nach *Elbigenalp* (2½ bis 3 Std. von der Barth-Hütte).

Touristische Informationen

Anfahrt: Buslinie 4268, Elbigenalp. Von Reutte kommend biegt man vor der Brücke rechts ab, Wegweiser zur Schnitzschule Geisler-Moroder, dort auch Parkmöglichkeiten.
Ausgangs- und Zielpunkt: Elbigenalp, 1039 m, hinter der Schnitzschule Geisler-Moroder; Zielpunkt: Elbigenalp/Untergiblen.
Höchster Punkt: Rotwand, 2262 m.
Reine Gehzeiten: 7 Std., bei Normalabstieg von der Barth-Hütte ca. ½ Std. kürzer.
Sehenswürdigkeiten: Mit etwas Glück kann man im Balschtekar Gemsen, Schneehühner, Murmeltiere und gelegentlich auch Adler beobachten.
Elbigenalp, Geburtsort von Joseph Anton Koch, Anton Falger und der Anna Knittel (Geierwally), ist eine der schönsten (und ältesten) Ortschaften im Lechtal mit zum Teil prächtig bemalten Häusern und einer barocken Pfarrkirche. Die Mutter von König Ludwig II., Maria von Bayern, pflegte sich hier samt Hofstaat zur Sommerfrische aufzuhalten.
Einen Besuch wert sind die St.-Martins-Kapelle (Totentanzbilder von Anton Falger) und das Café-Restaurant »Zur Geierwally« mit einer Dauerausstellung zum Thema Geierwally, bemerkenswerten Eisbechern und eigenwilligem Charme.
Nicht übersehen sollte man die Schnitzschule Geisler-Moroder (Verkaufsausstellungen), die einzige Österreichs mit internationaler Bekanntheit, und schließlich das kleine, doch interessante Heimatmuseum (»Falgermuseum«).
Einkehr/Unterkunft: Hermann-v.-Barth-Hütte, 2129 m, bewirtschaftete Alpenvereinshütte.
Varianten: Wer zwei bis drei Tage Zeit hat, kann den beschriebenen Weg in umgekehrter Richtung gehen und (nach Nächtigung auf der Barth-Hütte) vom Balschtesattel weiter auf dem »Enzensperger Weg« zum Luxnacher Sattel immer unter den Gipfeln des Hornbachkamms über die Schwärzerscharte zur Kaufbeurer Hütte (Alpenvereinshütte) wandern und ins Hornbachtal absteigen. Auch der Anschluß an den Heilbronner Weg (Tour 28) ist möglich, wenn man von der Barth-Hütte (nach Nächtigung) über die Krottenkopfscharte zur Kemptner Hütte wandert.
Karten: Alpenvereinskarte 1:25000, Nr. 2/1 Allgäuer – Lechtaler Alpen, Westblatt, *und* Nr. 2/2 Allgäuer – Lechtaler Alpen, Ostblatt; Kompass Wanderkarte 1:50000, K 24 Lechtaler Alpen – Hornbachkette.

23 Oberlahmsjöchl

Auf den Spuren der Geierwally

Charakter: Einfache Tagestour in alpinem Gelände, die auch Anfängern die Möglichkeit bietet, die großen Lechtaler Berge am Hauptkamm zu beschnuppern. Trittsicherheit erforderlich.
Höhendifferenz: 1200 Meter.
Gesamtgehzeit: 6 bis 6½ Stunden.

Von der gemütlichen Wirtsstube des Bergheims Hermine sieht man an der gegenüberliegenden Talseite senkrechte Wände, das »Saxerg'wänd«; wer weiß schon, daß der Mythos der Geierwally seinen realen Ursprung dort hatte.

In Wirklichkeit, vor etwa 130 Jahren, hieß die Geierwally nicht Wally, sondern Anna, und der Geier war ein richtiger Adler, der in

Auf dem Weg nach Madau führt dieses Brücklein über den ins Madautal stürzenden Alperschonbach.

seinem Horst, drüben im Saxerg'wänd den Nachwuchs aufzog. Adler galten damals als Schädlinge, wurde doch immer wieder einmal ein Lamm vom »König der Lüfte« geschlagen. Es war wohl eine Mischung aus bäuerlichem Eigennutz und sportlichem Ehrgeiz, die Jungvögel dem Adler aus dem Horst zu rauben.

Mit dem Büchsenmacher Josef Knittel, einem erfahrenen Adlerjäger, wollte jedoch kein Bursch aus dem Lechtal mehr auf Adlerjagd gehen. Denn durch ein verklemmtes Seil hing einer seiner Jagdgehilfen, der zum Adlerhorst hinabgeseilt worden war, mehrere Stunden lang zwischen Himmel und Erde, bis endlich aus dem Tal herbeigeholte Hilfe ihn aus seiner mißlichen Lage befreite. Dieses Abenteuer sprach sich schnell herum und dämpfte bei der männlichen Jugend im Lechtal die Lust auf Adlerpirsch ganz gewaltig. So kam es, daß Knittels 17jährige Tochter Anna sich vom Vater ins Saxerg'wänd abseilen ließ, um die Jungadler aus dem Horst zu nehmen. Dieses Ereignis fand zunächst in der regionalen Presse Beachtung. Später wurde es dann in einem Roman, im Bauerntheater, in vier Filmen, ja sogar in einer romantischen italienischen Oper (»La Wally«) zum exotischen Alpendrama hochgestylt, hatte jedoch nur noch wenig Ähnlichkeiten mit der tatsächlichen Geschichte der Anna Knittel aus dem Lechtal.

Ihre Begabung zum Zeichnen und Malen bemerkte der Künstler und Lithograph Anton Falger, der in Elbigenalp eine Zeichenschule unterhielt. Diese besuchte die Nanno fleißig. Falger förderte generös das Talent seiner besten Schülerin und schickte das Bauernmädchen anno 1859 nach München zum Studium. Der Zugang zur dortigen Akademie war dem weiblichen Geschlecht damals noch verwehrt, und die Anna mußte deshalb eine private Zeichenschule besuchen. Doch hat sie die Zeit des Studiums genutzt, denn als sie nach knapp drei Jahren wegen Geldmangels wieder zurückkehren mußte (Anton Falger hatte die Zahlungen nach einer Meinungsverschiedenheit eingestellt und die Mutter sah sich gezwungen, einige gute Kühe zu verkaufen, um Annas letztes Semester zu finanzieren), da eröffnete ihr ein meisterliches Selbstporträt die Karriere in Innsbruck. Dort hat sie als kluge und emanzipierte Frau erfolgreich ihren Weg gemacht. Vielen Anfeindungen und Schwierigkeiten zum Trotz und ohne die Beziehung zum heimatlichen Lechtal zu verlieren ist sie zu einer gesuchten Porträtistin geworden. Darüber hinaus hat sie uns zauberhafte Blumenbuketts, ein gemaltes Alpenherbarium und exakte Schilderungen des ländlichen Lebens ihrer Heimat in herrlichen Landschaftsbildern hinterlassen.

Wegverlauf

Vom *Bergheim Hermine in Madau* (1310 m) gehen wir zur Forststraße im Talboden, am besten über einen kleinen Wiesenweg, vom Wirtshaus aus am alten Bauernhaus unterhalb vorbei und links hinunter durch einen kurzen steilen Wiesenhang. So erreichen wir die Forststraße an der Brücke über den Röttalbach in wenigen Minuten. Nun weiter auf dem kleinen Sträßchen taleinwärts, nur leicht ansteigend durch einen lichten, urigen Fichtenwald. Die großen, mit Farn und Moos überwucherten Felsblöcke im Wald stammen von einem alten Felssturz, der einst oben aus dem Saxerg'wänd herabstürzte. Nach etwa 20 Minuten wird der Weg eben, der Wald endet, und ein eindrucksvoller Blick öffnet sich ins hintere Parseiertal und auf die steilen Graswände des Seekogels über dem Taleinschnitt unseres späteren Aufstiegs. Wir wandern vorbei an einigen Almhüttchen, immer den Parseierbach entlang und sind bald an der Talstation der Materialseilbahn zur Memminger Hütte (»Parkplatz Memminger Hütte«).

Hier ist der breite Forstweg zu Ende, und ein Wegerl führt nach 150 Metern zu einer Brücke, auf der wir den Bach bequem überqueren können. Jenseits dann links hinauf (der Weg rechts führt ins wildromantische hinterste Parseiertal – Betonung auf wild! – siehe Tour 25) und in steilen Serpentinen durch Fichtenwald, Grünerlen-Gebüsch und schließlich Hochstaudenfluren zu den Hochlegern der Almen. Selbst einen Laien kann die reiche Flora am Wegrand begeistern:

Brandknabenkraut, das vielblütige Wintergrün, dunkle Akeleien, Türkenbundlilien, wilde Rosen, die akeleiblättrige und die sel-

Die Freispitzgruppe mit ihren mächtigen Graten zieht bei der Memminger Hütte den Blick magisch auf sich.

tenere kleine Wiesenraute, weiter oben dann gelbes Läusekraut, Alpenanemonen und Trollblumen sind nur einige Beispiele aus der farbenprächtigen Blumenwelt, für die die Lechtaler Alpen so bekannt sind.

Wir gewinnen an Höhe und steigen hinauf, fast bis zu einem breiten Wasserfall an einer Steilstufe, die wir dann links (über den Bach) auf einem kleinen steilen Lawinenfeld umgehen (Altschnee bis Anfang August möglich!). Oben gelangen wir, rechtshaltend, auf einem Wiesenband zur *»oberen Leg«*, der hochsommerlichen Weide des Almviehs und sind nun nur noch 20 Minuten von jenem verlandeten Seeboden entfernt, über dem die *Memminger Hütte* liegt (2242 m, 3 Std. von Madau).

Von der Memminger Hütte aus entpuppt sich der *Seekogel* (2412 m), ein mächtiger Grünspitz vom Madautal aus, nur noch als Grasbuckel, der in 20 Minuten leicht zu erreichen ist; ein Abstecher, der sich wegen der fantastischen Tief- und Weitblicke und seiner reichen Flora in jedem Fall lohnt.

Bei warmem Wetter bietet der etwas versteckt hinter der Hütte liegende *Untere Seewisee* erstklassige Badefreuden in hochalpiner Umgebung (5 Min. von der Hütte, aber keine Umkleidekabinen!).

Interessant ist auch die Geologie der Hüttenumgebung. Während die Runde der Hauptgipfel, wie so oft in den Lechtalern, vom brüchigen, aber verwitterungsresistenten graubraunen Hauptdolomit gebildet wird, ist die weitere Hüttenumgebung geologisch bunt gemischt: hellgrauer harter Wettersteinkalk an der Edelrautenspitze neben plattigen Rhätkalken und den weichen tonigen Schichten der Fleckenmergel, deren Feuchte und Nährstoffgehalt die Voraussetzung für das saftige Grün sind.

Unser Weiterweg führt über die bereits von der Hütte zu erkennende, begrünte Rinne östlich des Hochtalbodens in Kehren hinauf zum *Oberlahmsjöchl* (2505 m, 40 Min.). Hier öffnet sich der Blick nach Norden auf den schroff zerrissenen Hauptkamm von der Landschaftsspitze bis zur Schieferspitze mit den grauen Steinwüsten ihrer ausgedehnten Kare, die im scharfen Kontrast zu den grünen Böden um die Memminger Hütte und den drei, nun sichtbaren Seewiseen stehen. Der Rückblick über die Memminger Hütte hinweg auf die mächtigen Grate der Freispitze und das riesige Langkar (Weg zur Ansbacher Hütte) bietet Eindrücke von der Qualität der »großen Lechtaler Durchquerung« (Tour 25).

Beim *Abstieg* vom Joch (unter dem oft bis in den Sommer ein kleines Schneefeld zu finden ist) hinunter zum bereits sichtbaren *Röttalbach* hält man sich links, überquert im Tal den Bach und folgt dem zunächst flachen, dann steiler werdenden Weg links hinab, vorbei an den Ruinen der verfallenen *Oberlahmshütte* (2068 m). In einem kleinen Kessel entlang des Bachs steil hinunter, bis der Bach zu einem Wasserfall wird.

Hier queren wir scharf rechts zu einem kleinen Absatz und treffen nach wenigen Metern auf den von rechts, vom Württemberger Haus, kommenden Weg und erreichen hier wieder einfaches Gelände (30 bis 45 Min. vom Oberlahmsjöchl). Nun geht es leicht hinunter und, vorbei an Alpenrosen, prächtigen Silberwurzpolstern, vermoosten Quellen und einigen Wasserfällen, das ebenso schöne wie einsame *Rötbachtal* hinaus nach *Madau* (1½ bis 2 Std.).

Touristische Informationen

Anfahrt: Im Lechtal nach Bach (Buslinie 4268), am Supermarkt links abbiegen, Parkmöglichkeiten vor dem südlichen Ortsrand. Das Madautal ist für private Pkws gesperrt (Kontrollen!). Dies sollte respektiert werden, denn ein autofreies Tal ist in den Alpen inzwischen leider Rarität. Wer das herrliche Alperschontal nicht hinaufwandern möchte, kann das Taxi vom Gasthof »Zum Bär« in Holzgau benutzen.
Ideal ist das Tal mit Fahrrad zu befahren (muß kein Mountainbike sein!), 30 bis 45 Min. von Bach nach Madau.

Ausgangs- und Zielpunkt: Madau, 1310 m.
Höchster Punkt: Oberlahmsjöchl, 2505 m.
Reine Gehzeit: 6 bis 6½ Std. (von Bach 2 Std. mehr).
Sehenswürdigkeiten: Das Madautal mit rauschendem Wildbach und herrlichen Blicken zum Hauptkamm gehört zu den Perlen unter den Seitentälern des Lechtals. Reiche Botanik, geologische Vielfalt sowie eine tolle Aussicht zum Hauptkamm und zur Freispitzgruppe sind geboten.
Einkehr/Unterkunft: Madau: Bergheim Hermine, einfaches, aber gemütliches Berggasthaus (etwas ungemütliche Wirtin); Memminger Hütte, 2242 m, bewirtschaftete Alpenvereinshütte.
Abstecher/Gipfel: Der Seekogel (2412 m), von der Memminger Hütte in 20 bis 30 Min. zu besteigen, bietet eindrucksvolle Einsichten ins Parseiertal und die Freispitzgruppe; sehr lohnend.
Karten: Alpenvereinskarte 1:25000, Nr. 3/3 Lechtaler Alpen – Parseierspitze; Kompass Wanderkarte 1:50000, K 24 Lechtaler Alpen – Hornbachkette oder K 42 Landeck – Nauders – Samnaungruppe.

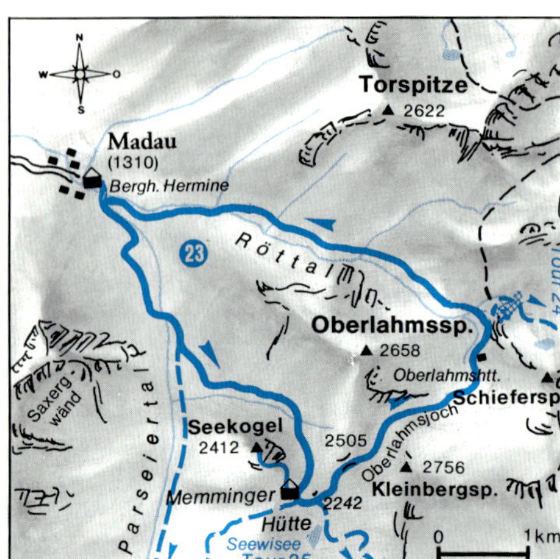

24 Madau – Württemberger Haus – Memminger Hütte

Am Hauptkamm der Lechtaler Alpen

Charakter: Landschaftlich großartige Zweitagetour in alpinem Gelände, für die Trittsicherheit und etwas Orientierungssinn erforderlich sind. Einige kurze, leichte Kletterstellen am Leiterjoch und am Großbergkopf erfordern Schwindelfreiheit.
Höhendifferenz: 1750 Meter.
Gesamtgehzeit: 11 Stunden.

Das Dörfchen Madau ist heute nur noch im Sommer bewohnt. Die wenigen alten Bauernhäuser sind als Ferienwohnungen vermietet und nur im Gasthaus sind noch einheimische Bewohner zu finden. Früher war Madau eine ganzjährig bewohnte Siedlung. Etwa ein Dutzend Familien führten hier ein karges Bergbauerndasein, das noch von der Tatsache erschwert wurde, daß Madau (wie auch Boden, Bschlabs und Gramais) der Gerichtsbarkeit und Verwaltung von Zams im Inntal unterstellt war. Denn die Besiedelung der meisten südlichen Seitentäler des Lechtals, ja wahrscheinlich sogar des gesamten oberen Lechtals zwischen Forchach und Steeg war übers Gebirge vom oberen Inntal und vom Stanzer Tal her erfolgt! Darauf deuten neben den Verwaltungs- auch die Sprachgrenzen der Bewohner im Lechtal hin.

Auch die für Madau zuständige Pfarrei befand sich im oberen Inntal, das nur über hohe Jöcher und nach endlosen Talhatschern (Zammer Loch, Alperschontal) erreichbar

Gischtende Wasserfälle und sprudelnde Bäche sind willkommene Abwechslung am Weg vom Röttal ins Schieferkar.

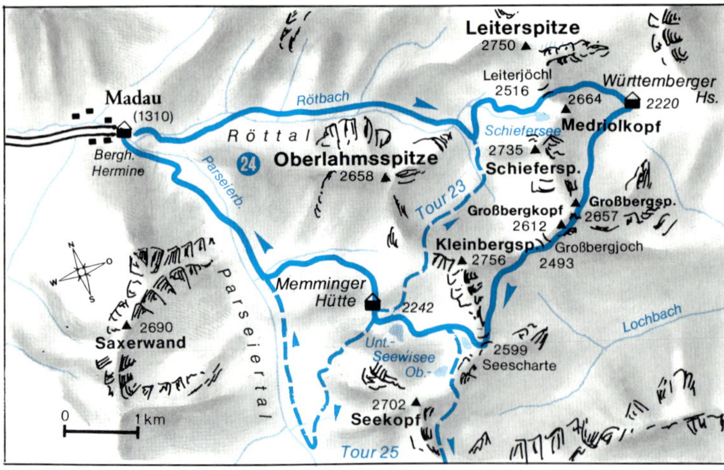

Das Württemberger Haus in hochalpiner Szenerie. Rechts der markanten Schneerinne der Großbergkopf, der über die mit Schneefeldern durchsetzte Schrofenflanke erreicht wird.

war. Im Winter, wenn das Dörfchen wochen-, ja monatelang von der Außenwelt abgeschnitten war, führte dies mitunter zu makabren Situationen: Wenn ein Bewohner starb, konnte die Beisetzung in geweihter Erde manchmal erst im Frühjahr stattfinden, und so mancher Leichenzug über die Berge mag dann in der frischen Bergluft einen ungewohnten Kontrast gebildet haben.

Die winterliche Abgeschiedenheit war letztlich auch der Grund, der zur Aufgabe dieser Siedlung führte, denn die Kinder konnten im Winter oft nicht ihrer Schulpflicht nachkommen, so daß nach und nach die Familien diese Höhensiedlung verließen. 1933 wurde das letzte Kind in Madau geboren, doch wenig später schon wanderte auch die letzte Familie ab. Noch sind einige Höfe erhalten, und auf den fruchtbaren Böden der Hochtäler wird bis heute Almwirtschaft betrieben.

Wegverlauf

Vom *Bergheim Hermine* erreicht man die Forststraße im Talboden über einen kleinen Wiesenweg, der am Bauernhof unterhalb des Bergheims vorbei und anschließend links durch saftige Wiesen hinunterführt (5 Min.).

Nun folgt man einige Minuten dem Forststräßchen, verläßt es aber bald wieder bei einer kleinen Lichtung mit einigen Heustadeln nach links. Am oberen Rand der Lichtung führt rechts ein Waldweg hinauf, in 15 Minuten genau dorthin, wo der Forstweg ins *Röttal* einbiegt. Ihm folgen wir bis zum Ende (45 Min.), wo dann an einer Holzlege ein schöner Wanderweg taleinwärts weiterführt. Erst jetzt, ohne Straße, kommt einem die Schönheit dieses herrlich abgeschiedenen Tals ganz zu Bewußtsein.

Rechter Hand streben eindrucksvoll grasige Steilwände hinauf zur Oberlahmsspitze, links sind die Hänge von dichtem Latschengebüsch bedeckt, durch das gischtend zwei Wasserfälle stürzen. Immer den Röttalbach entlang, vorbei an einigen Quellen mit prächtigen Moospolstern erreichen wir, mal steiler, mal flacher ansteigend, bequem in einer guten Stunde einen mit Latschen und Erlen bewachsenen Steilriegel, der den Talboden abschließt. Rechts hinauf gibt es einen Durchschlupf. Nach ca. 50 Höhenmetern (unter den Wänden des »Schweinsrückens«) biegen wir an einer Weggabelung scharf links in nördliche Richtung ab (rechts ginge es zum Oberlahmsjöchl und zur Memminger Hütte). Fast eben führt der Weg nun weiter über ein Schotterfeld, bis nach etwa 5 Minuten eine unauffällige Abzweigung nicht übersehen werden darf.

Hier geht es rechts hinauf. Über einen Bach und beim nächsten Abzweig wieder rechtshaltend (sonst würden wir nach Gramais laufen) wandern wir nun ins *Schieferkar* hinauf. Weite Felder von Alpenrosen und Steinröserln verströmen einen verführerischen Duft. Allmählich wird die Vegetation

dünner, die Steine immer mehr, und wir geraten in ein regelrechtes Amphitheater, das die Felsgipfel rings ums Schieferkar aufbauen. Wo ist ein Durchkommen in diesen geschlossenen Felsmauern? Nach einem flacheren Karstück wenden wir uns noch unterhalb des Schiefersees links in nordöstliche Richtung, wo der *Südgrat der Schieferspitze* seinen tiefsten Punkt erreicht und steigen in steilen Kehren auf dem markierten Weg zu einer Felsrinne an, die von unten kaum zu erkennen ist. In dieser Rinne geht es in netter Kletterei einfach, aber steil hinauf (Drahtseilsicherung). Oben queren wir dann ganz einfach auf einem Schuttband ein paar Meter rechts zum *Leiterjöchl* (2516 m) hinüber (3½ bis 4 Std. von Madau).

Vor uns liegt nun ein idyllisches Hochtal, der *»Schafhimmel«:* inmitten grüner Bergwiesen ein See, im Hintergrund steil aufragend die Felsgipfel der Gebäudspitz und des Bittrichkopfs.

Der Weg geht über einen Schrofenhang (bzw. ein Schneefeld im Frühsommer) kurz und steil hinab und führt dann, die Hänge zur Rechten querend über einen breiten, vom Medriolkopf herabziehenden Rücken, nach dem man in einigen steilen Kehren links haltend zum *Württemberger Haus* (2220 m) absteigt.

Man kann aber in diesem himmlischen Tal genauso gut einfach querfeldein zum See hinunterschlendern und ein erfrischendes Bad nehmen. Die Steilstufe am Ende des Sees, unterhalb der die Hütte liegt, muß man dann in weitem Links- oder Rechtsbogen umgehen (45 Min. vom Leiterjöchl).

Das Württemberger Haus steht in herrlich aussichtsreicher Lage. Die schroffe Gipfelkette des Obermedriols hat hochalpinen Charakter. Gleich gegenüber der Hütte fällt die Plankenspitz mit begrünten Wänden wie abgeschnitten, nahezu senkrecht zum »Zammer Loch« ab, einer ins Inntal führenden, tief eingekerbten Schlucht, die an Wildheit, Schönheit und Größe wenig Vergleichbares findet.

Am nächsten Morgen verlassen wir die Hütte auf dem Weg, der westwärts in weitem Bogen ins *Obermedriolkar* zieht. Zunächst eben, dann allmählich ansteigend, über einen Bach zu einigen auffälligen Felsrippen, streben wir schließlich rechtshaltend steil hinauf ins Kar unter der Großbergspitze. Rechts einer markanten Schneerinne steigen wir in der schrofigen Westflanke steil an über felsig gestuftes Gelände (gute Markierungen), bis wir schließlich über einen Schutthang den Grat und in einigen Minuten den Gipfel der *Großbergspitze* (2657 m) erreichen (2 Std. vom Württemberger Haus).

Der Blick von diesem etwas vorgelagerten Gipfel auf den Hauptkamm ist eindrucksvoll und reicht hinüber bis zur alles überragenden Parseierspitze.

Von der Großbergspitze steigen wir auf dem Westgrat, gelegentlich in die Südflanke ausweichend, manchmal etwas ausgesetzt (Drahtseile), nie aber schwierig, hinüber zum *Großbergkopf* (2612 m) und dann weiter, immer entlang des Grats in einer Dreiviertelstunde zum *Großbergjoch* (2493 m). Trotz Höhe und Kargheit finden sich hier oben im grauen Fels und Schutt immer wieder leuchtende Farbtupfer von Pionierpflanzen, so die Kriechende Nelkenwurz, verschiedene Steinbrecharten oder das violett-orangefarbene Alpenleinkraut.

An der Scharte verlassen wir den Grat nach links und wandern im Kar unter den zerhackten Hauptdolomitgipfeln des Schwabenkamms bequem, weil fast ohne Steigung, hinüber unter die *Seescharte* (2599 m). Deren Anstieg kostet uns dann doch noch 10 schweißtreibende Minuten (insgesamt 30 bis 40 Min. vom Großbergjoch).

An dieser Scharte reibt man sich, angesichts der Seenlandschaft um die nahe Memminger Hütte zunächst die Augen. Von den drei Seewiseen unter uns ist der obere – mit 2469 Metern der höchstgelegene in den Lechtaler Bergen – nach schneereichen Wintern manchmal bis Ende Juni zugeschneit, der mittlere präsentiert sich polarmäßig voller Eis, und im unteren Seewisee, in der grünen Umgebung der Memminger Hütte, kann man vielleicht schon baden!

Schnell sind wir über eine Geröllhalde hinuntergesprungen zum mittleren und von dort auf abschüssigem Pfad zum unteren Seewi-(Bade-)See und weiter zur nahen Hütte.

Wer noch genügend Kondition hat, dem sei der kurze Aufstieg (20 Minuten) auf den grünen *Seekogel* (2412 m), den »Hüttenberg« der Memminger Hütte, empfohlen. Die Flora sowie Tiefblicke ins Parseiertal und auf die Freispitzgruppe lohnen diesen Abstecher auf jeden Fall.

Nun bleibt noch der *Abstieg* nach Madau. Meist am Seewibach entlang, eine Steilstufe rechts umgehend sind wir in knapp einer Stunde im Parseiertal und in weiteren 30 Minuten in *Madau* (1310 m).

Fußkranke aber, Abenteurer und Blumenliebhaber übernachten auf der Memminger Hütte; vor allem letztere steigen dann anderntags über die Bärenpleis (Richtung Ansbacher Hütte) hinunter ins hinterste Parseiertal und wandern dieses schöne und ursprüngliche Tal hinaus nach Madau (3 bis 4 Std., siehe auch Tour 25).

Touristische Informationen

Anfahrt: Im Lechtal nach Bach (Buslinie 4268), am Supermarkt links abbiegen (Parkmöglichkeiten vor dem südlichen Ortsrand). Das Madautal ist für private Pkws gesperrt (Kontrollen!). Dies sollte respektiert werden, denn ein autofreies Tal ist in den Alpen inzwischen leider Rarität geworden. Wer das herrliche Alperschontal nicht hinaufwandern möchte, kann das Taxi vom Gasthof »Zum Bär« in Holzgau benutzen.
Ideal ist das Tal mit Fahrrad zu befahren (muß kein Mountainbike sein!), 30 bis 45 Min. bis Madau.
Ausgangs- und Zielpunkt: Madau, 1310 m.
Höchster Punkt: Großbergspitze, 2657 m.
Reine Gehzeiten: *1. Tag:* 4½ Std. von Madau, 7 Std. von Bach; *2. Tag:* 6½ Std. (8 Std. wenn man über die Bärenpleis ins hintere Parseiertal absteigt).
Sehenswürdigkeiten: Landschaftlich abwechslungsreich; besonders eindrucksvoll sind die Talschlüsse des Zammer Lochs und der zerschartete Hauptkamm sowie die »Seenlandschaft« um die Memminger Hütte (siehe auch Tour 23 und 25).
Einkehr/Unterkunft: Madau: Bergheim Hermine (einfaches, aber gemütliches Berggasthaus); Württemberger Haus, 2220 m, bewirtschaftete Alpenvereinshütte; Memminger Hütte, 2242 m, bewirtschaftete Alpenvereinshütte.
Varianten: Anschluß von der Seescharte aus an den Spiehlerweg (Tour 25) zur Augsburger Hütte; vom Württemberger Haus führen schöne Höhenwege und Übergänge ins Parzinn (Steinseehütte) und nach Gramais.
Karten: Alpenvereinskarte 1:25 000, Nr. 3/3 Lechtaler Alpen – Parseierspitze; Kompass Wanderkarte 1:50 000, K 24 Lechtaler Alpen – Hornbachkette oder K 42 Landeck – Nauders – Samnaungruppe.

25 Spiehlerweg, Parseierspitze und Augsburger Höhenweg

Große Rundtour im Herzen der Lechtaler Alpen

Charakter: Großartige, doch sehr anspruchsvolle Viertagetour in hochalpinem Gelände, nur für erfahrene und konditionsstarke Bergsteiger. Pickel und evtl. Steigeisen (sowie Kenntnisse im Umgang mit beidem) können im Frühsommer notwendig sein!
Größte Vorsicht bei unsicherem Wetter! (Schneefall im Hochsommer, Blitzschlaggefahr am Grat usw.)
Die absolut lohnende Besteigung der Parseierspitze erfordert einfache, stellenweise etwas ausgesetzte Kletterei, I, eine Stelle II+, siehe Tour 26.
Höhendifferenz: 3200 Meter im Aufstieg, 2900 Meter im Abstieg.
Gesamtgehzeit: 4 Tage mit Etappen von 6 bis 9 Stunden.

Wer von einem der Allgäuer Gipfel, wie dem Hohen Licht oder der Trettachspitze, die Lechtaler Alpen überblickt, sieht sich einem Meer von Gipfeln gegenüber. Und wie die Wogen auf einem stürmischen See, so sind die Berge nicht zu zählen. Doch gibt es einige Kulminationspunkte der sich vielgestaltig verzweigenden Ketten, die immer wieder den Blick auf sich ziehen. Die Holzgauer Wetterspitze gehört dazu, die Freispitze, gewiß auch die große Mauer der Heiterwand.

Vor allen aber beherrscht die Parseierspitze als zentraler Punkt und einziger Dreitausender dieses großen Gebirges die Lechtaler Berge, dort, wo sie am wildesten sind. Königin der Lechtaler wird sie oft genannt; woher mag das weibliche Attribut kommen? Die Besteigung dieser alles überragenden Spitze fordert jedenfalls Geschicklichkeit, Ausdauer und Erfahrung. Die Aussicht vom Gipfel ist dann wahrhaft königlich!

Wer mag, der kann in nur eineinhalb Tagen von Grins im Rosannatal auf die Augsburger Hütte und weiter auf den Gipfel der Parseierspitze hinaufeilen (siehe Tour 26) und gleich wieder absteigen. Ungleich schöner jedoch ist das Erlebnis, durch immer einsamere Täler allmählich zum schroffen Hauptkamm vorzudringen, langsam an Höhe zu gewinnen und die Besteigung der Parseierspitze mit Höhenwegen zu verbinden, die zu den anspruchsvollsten, aber auch den schönsten der Lechtaler Alpen, vielleicht sogar der Nördlichen Kalkalpen zählen. Zu guter Letzt schließlich klingt die Wanderung im wunderschönen Alperschontal aus.

Man sollte sich Zeit nehmen für diesen großen Rundweg. Vier Tage haben wir angesetzt, und wer sich diese Zeit gönnt, kann sich weit entfernen von der Hektik des Alltags, kann den Streß der Zivilisation zurücklassen und eintauchen in eine ursprüngliche Natur, deren oft harte Bedingungen vielen Menschen wieder mehr Nähe zum eigenen Ich ermöglichen.

Wegverlauf

Ausgangspunkt ist das Ortsende von *Bach,* wo neben dem Alperschonbach ein für den öffentlichen Verkehr gesperrtes Forststräßchen ins waldreiche *Madautal* führt. Nach etwa 45 Minuten verlassen wir die Straße nach links absteigend (Wegweiser »Fußweg nach Madau«), überschreiten auf einem Steg den Bach und wandern in leichtem Auf und Ab am Südfuß der Ruitelspitzen teils durch Wald, teils durch die weit herabziehenden Latschenfelder immer entlang der urigen Schlucht des Alperschonbachs. Nach 1½ Stunden können wir dann in *Madau* (1310 m) im gemütlichen *»Bergheim Hermine«* Brotzeit machen.

Zurück zu unserem Forststräßchen gelangen wir anschließend über einen kurzen Wiesenweg gleich unterhalb des Gasthauses. Ihm taleinwärts folgend erreichen wir ein halbes Stündchen später die Materialbahn

Am »Spiehlerweg«. Von der Wegscharte fällt der Blick zurück zum azurblauen oberen Seewisee, dem mit 2469 Meter höchstgelegenen See in den Lechtaler Bergen.

der Memminger Hütte. Wir überschreiten hier den Parseierbach und haben nun zwei Möglichkeiten: Entweder wir steigen nach dem Steg links steil hinauf, wo wir in 2½ Stunden auf dem üblichen Weg die *Memminger Hütte,* unser heutiges Tagesziel, erreichen (2242 m, siehe Tour 23).

Abenteuerlustigen und Botanik-Freaks aber sei der Weitermarsch ins unberührte, hintere Parseiertal empfohlen. Nach der Überschreitung des Parseierbachs wendet man sich rechts und bleibt so lange auf der östlichen Talseite, bis an der *Bärenpleis,* einer kleinen, aber markanten Schlucht steileres Gelände dazu zwingt, den Bach zu überqueren. Das kann zu Zeiten der Schneeschmelze oder nach Regenfällen schwierig sein, denn ein Steg fehlt und die gleiche Prozedur wiederholt sich 300 Meter bachaufwärts noch einmal in umgekehrter Richtung: dort wo man auf den von der Ansbacher Hütte durchs Langkar kommenden Weg trifft,

geht es wieder links über den Bach und gleich anschließend links steil hinauf durch Wald, auf schmalem Steg nochmals über die Bärenpleisschlucht und durch eine unglaubliche Blumenpracht in den »Rosengarten«, wo schließlich der letzte Aufschwung zur Memminger Hütte hinaufführt (4 bis 4½ Std. von Madau).

Der nächste Tag bietet ein Programm der Superlative: drei Seen (darunter der höchstgelegene in den Lechtaler Bergen, der obere Seewisee), zwei Gletscherchen (darunter der am wenigsten kleine in den Lechtalern, der Grinner Ferner) und ein Dreitausender liegen auf unserem Weg! Über den »Spiehlerweg« wollen wir auf die Parseierspitze (mit 3036 m der höchste Berg der Nördlichen Kalkalpen) steigen. Vorbei am *Unteren Seewisee,* der etwas versteckt gleich hinter der Hütte liegt, wandern wir auf schmalem Steig zwischen Edelrautenspitz und Seeköpfl ein steiles Kerbtälchen hinauf zum *Mittleren Seewisee* und weiter – nun flacher – zum *Oberen Seewisee* (1 Std.). Dessen sattes Türkisblau kontrastiert herrlich mit dem Graubraun der umgebenden Kare. Dies fällt erst richtig ins Auge, wenn wir, vom See linkshaltend, steil ins Kar hinaufgestiegen sind und an der *Wegscharte* den Blick noch einmal zurückwenden.

Vor uns aber erhebt sich nun mächtig die Parseierspitze. Abschreckend steil und brüchig sind ihre finsteren Flanken. Wohin wird der Weg uns führen? Zuerst geht es jenseits der Scharte durch eine drahtseilgesicherte Felsrinne sehr steil hinab ins Kar, in dem wir dann rechts in weitem Bogen eben hinüber zum *Parseierjoch* queren, einem kleinen bunten Felsriegel, der aus der Parseierwand herabzieht und den Weg versperrt. In lustiger Kletterei wird er überwunden und vor uns baut sich nun die dunkle Schrofenwand des *Gatschkopfs* – und mächtiger noch die von filigranen Faltungen fein ziselierte Nordwand der Parseierspitze auf. Im düsteren Kessel des obersten *Patrolkars* steigen wir über den, unter Schuttströmen verborgenen, Patrolferner zum Fuß der Gatschkopfwand. Überraschend einfach (wenn auch steil) ist diese abweisende Wand zu durchsteigen, wenn wir uns sorgfältig an die Wegmarkierungen halten (1½ bis 2 Std. von der Wegscharte).

Vor Steinschlag vorausgehender bzw. absteigender Bergsteiger wird gewarnt! Besonders anspruchsvoll ist diese Etappe jedoch, wenn sie im Frühsommer noch verschneit oder gar vereist ist. Pickel und Steigeisen können dann der Schlüssel zum Durchkommen sein.

Oben auf der *Patrolscharte* (2846 m) wird man befreit durchatmen. Dem hellen Gipfelaufbau der Parseierspitze und ihrem Eisfeld am Wandfuß stehen wir nun auf Steinwurfweite gegenüber.

Wer zum *Parseiergipfel* möchte, sollte nun sein schweres Gepäck deponieren. Nach kurzem Abstieg gelangt man dann am oberen Rand des Grinner Ferner querend zum gut markierten Einstieg in die Gipfelwand. An die Markierungen sollte man sich auch weiterhin halten, sie führen in einer halben Stunde über gut gestuften Fels zum Gipfel (3036 m, Schwierigkeitsgrad I, eine Stelle II+). Obwohl die Kletterei relativ einfach ist, kann Steinschlag, der oft von vorausgehenden Gipfelaspiranten ausgelöst wird, gefährlich werden! (Siehe auch Tour 26.)

Am Gipfel erwartet uns dann ein viel gerühmter Rundblick. Vom Säuling am Alpenrand bis zum Ortler, von den Allgäuer bis zu den Zillertaler Alpen reicht die phantastische Sicht. Spätestens hier wird keiner mehr an den königlichen Attributen der Parseierspitze zweifeln. Stundenlang möchte man nur schauen, schauen... und... dennoch darf man nicht zu lange warten. 2½ Stunden Tageslicht (mit Reserven) müssen für den *Abstieg* zur Augsburger Hütte noch eingeplant werden.

Ist die Gipfelwand auch im Abstieg glücklich bezwungen, so gibt es zwei Möglichkeiten, um zur *Augsburger Hütte* zu gelangen. Vom linken unteren Rand des kleinen Grinner Gletschers führt eine gesicherte Steilrinne ins Gasillkar, wo man auf Schuttreißen schnell absteigen kann, um schließlich zur links auf einem Sporn gelegenen Hütte in wenigen Minuten hinüberzuqueren (1 bis 1½ Std. vom Gipfel). Dieser Abstieg ist nicht sonderlich schön, doch schnell und vor allem bei Sturm und schlechtem Wetter vorzuziehen.

Schöner, doch etwas weiter und anstrengender ist jedoch der Abstieg über den

Die Parseierspitze, mit 3036 Meter der höchste Gipfel der Nördlichen Kalkalpen, präsentiert sich vom Gatschkopf als grober Klotz mit den charakteristischen bunten Hornstein-Bändern im Gipfelaufbau. Unter der Ostflanke, durch die der Anstieg führt, liegt der Rest des Grinner Ferners.

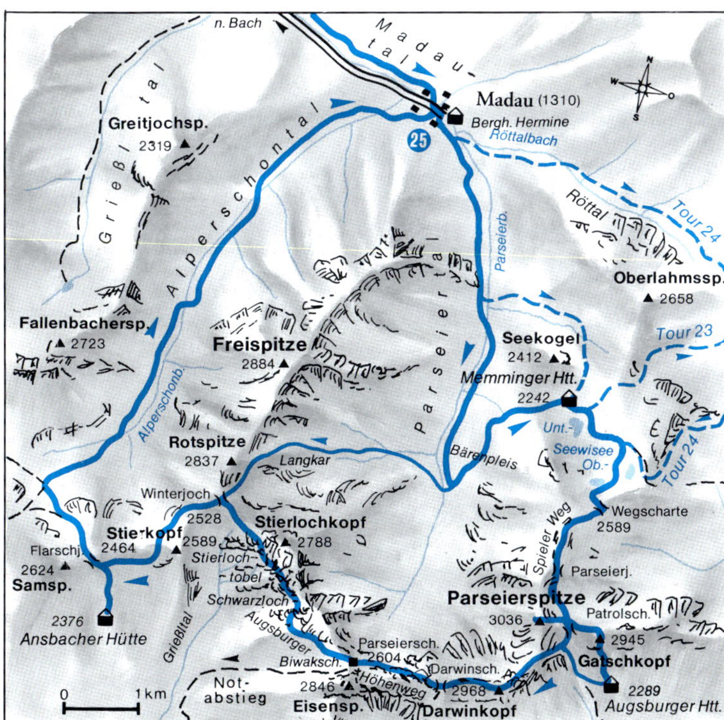

Gatschkopf. Wir gehen wieder zurück zur *Patrolscharte* und weiter auf einem breiten Rücken in östlicher Richtung in 15 Minuten zum *Gatschkopf* (2945 m; wer nicht auf den Parseier gestiegen ist, der genießt auch von hier eine hervorragende Aussicht). Jenseits des Gipfels führt in der Südflanke ein gut bezeichneter Steig steil hinab zur *Augsburger Hütte* (2289 m). Er ist so geschickt angelegt, daß an keiner Stelle Sicherungen notwendig sind (1½ bis 2 Std. von der Parseierspitze). Doch aufgepaßt, nach einem so langen Tag läßt leicht die Aufmerksamkeit nach; hier aber ist nochmals volle Konzentration gefordert, denn ein Straucheln könnte fatale Folgen haben, und es ist besser, auf der schon längst sichtbaren Hütte das Weißbier müde, aber gesund »zischen« zu lassen.

Anderntags folgt ein weiterer Höhepunkt unserer Viertagetour, der *»Augsburger Höhenweg«*, der vielleicht noch eine Steigerung der gestrigen Wanderung bringt, was Schwierigkeiten, Landschaftserlebnis und bergsteigerische Ansprüche betrifft.

Es ist durchaus nicht langweilig, den Abstiegsweg des Vortags am anderen Morgen in aller Herrgottsfrüh wieder im Aufstieg zu begehen, wenn unten im Tal noch dunkel die Wolkenschwaden hängen und die Gipfel mit rosenfarbenem Licht übergossen sind. Auf diesem Weg fühlt man sich viel freier als drüben in der engen Gasillschlucht.

In 1½ Stunden sind wir wieder auf dem *Gatschkopf*. Nochmals der herrliche Rundblick über die Berge, jetzt im Morgenlicht. Abstieg zur *Patrolscharte* und weiter zum *Grinner Eisfeld* hinunter, das wir nun am unteren Rand in westlicher Richtung queren. So gelangen wir über einen kleinen Steilhang (Drahtseil) zu einem Joch mit einem Firnfleck gerade unter den letzten wilden Westgrattürmen der Parseierspitze. Über Schutt, südlich unter der Bocksgartenspitz vorbei, geht's dann in luftiger Kletterei am Drahtseil über den scharfen Grat hinauf auf den *Dawinkopf* (2968 m, 1 Std. vom Gatschkopf). Die prächtige Sicht über das Stanzer Tal hinweg ins Verwall und in die Ötztaler Alpen wird uns den ganzen Tag begleiten. Vom Dawinkopf erspähen wir auch bereits unser Tagesziel, die Ansbacher Hütte. Doch darf man sich von deren scheinbarer Nähe nicht täuschen lassen! Ein anstrengender Tagesmarsch ist nötig, um sie zu erreichen.

Wir steigen das Westgratl hinunter und umgehen den nördlich anschließenden *Schwarzkopf* in seiner steilen gelben Südwand, um auf einem breiten Schuttrücken (schön gruseliger Tiefblick ins Parseiertal) schließlich die *Dawinscharte* (2650 m) zu erreichen (30 Min.). Bei einem Schlechtwettereinbruch wäre die steile Schuttrinne, die hier links (südlich) hinunterführt, als Notabstieg dem Weiterweg unbedingt vorzuziehen, denn die nun folgende Traversierung der ausgedehnten Nordwandfluchten der *Feuerköpfe* und der *Eisenspitze* ist bei Regen und erst recht nach Neuschnee von Steinschlag und Lawinen gefährdet. Ausgesetzt, aber unschwer geht's zuerst zu einem Schartl und jenseits turnt man dann am Drahtseil etwa 25 Meter steil und ziemlich luftig hinunter. Die Linksquerung über die anschließende Rinne kann bei Vereisung (und dort oft fehlender Seilsicherung) schwierig werden.

Vergleichsweise einfach, wenn der Altschnee verschwunden ist, folgt dann eine lange Querung in der düsteren Nordflanke der Eisenspitze. Aber Vorsicht! Die schwarzgefärbten brüchigen Mergel in dieser großen Wand bilden ein unerschöpfliches Reservoir für Steinsalven, vor allem bei Regen oder nach Nachtfrösten. Wenn's wirklich kracht, ist schnell, doch ohne Panik zu reagieren: Ein kurzer Blick muß genügen, um eine eventuelle Gefahr richtig einzuschätzen. Ausweichen kann man den Stein-Kanonaden auf dem fast eben verlaufenden Band dann relativ einfach.

Schließlich verlassen wir, auf einer felsigen Rippe aufsteigend, die finstere Wand und erreichen die *Parseierscharte* (2604 m, 3½ bis 4½ Std. von der Augsburger Hütte). Hier steht auch etwas versteckt am Grat die *Biwakschachtel* der Sektion Augsburg. In Notfällen bietet sie für vier Personen Schutz

Die elegante Eisenspitze bildet den westlichen Sporn der Parseiergruppe. Obwohl man dem Gipfel an der Parseierscharte sehr nah ist, ist eine Besteigung wegen des brüchigen Gesteines nicht besonders zu empfehlen. Im Vordergrund typische Heumandl bei Schnann im Pettnautal.

und Geborgenheit. Wer so eine Situation jemals erlebt hat, weiß solch ein Hütterl zu schätzen und wird es auch pfleglichst behandeln.

Die Ansbacher Hütte ist nun schon greifbar nahe gerückt; aber man glaubt es kaum, wir haben erst den halben Weg geschafft.

Nach der Rast steigen wir in südwestlicher Richtung eine Rinne hinab und gehen unter den Wänden leicht ab- und aufsteigend weiter, bis an einem Eck eine verborgene Scharte überraschend Einblick in die wilden Schluchten des Grießltals sowie des Schwarzloch- und des Stierlochtobels gewährt.

Auch wenn es zunächst unmöglich erscheint, der Weg führt uns sicher und mit erträglichem Höhenverlust durch diese eindrucksvolle, grandiose Erosionslandschaft. Jenseits dieser Etappe müssen wir zu den grünen Böden des unteren Grießl und weiter zum *Winterjöchl* (2528 m) nochmals aufsteigen (3 Std. von der Biwakschachtel) und haben damit endlich einen zahmeren Abschnitt des Hauptkamms erreicht. Die schon so nahe Ansbacher Hütte verschwindet wieder, da wir den *Stierkopf* in seinen Nordhängen umgehen. Vorbei an einem schön ausgebildeten Moränen-Doppelwall, der wahrscheinlich in der »kleinen Eiszeit« entstanden ist, erreichen wir schnell die *Kopfscharte* (2484 m). Von dort sind es nur noch 20 Minuten bis zur heißersehnten *Ansbacher Hütte* (2376 m), wo wir den geschundenen Gliedern endlich Ruhe gönnen dürfen.

Nach all diesen Anstrengungen dient der letzte Wandertag der Erholung. Wer mag, darf ausschlafen und ausgedehnt frühstükken. Dann gehen wir einige Minuten auf dem gestrigen Abstiegsweg zurück, wählen an einer Gabelung aber den Weg links (Richtung Kaiserjochhaus) hinauf zum *Flarschjoch* (2464 m, 25 Min.). Ein letzter Blick zurück zu den Gipfeln und Gletschern der Zentralalpen, dann geht's über die *Knappenböden* hinunter, durch Alpenrosenteppiche und Heidelbeergesträuch, vorbei an Zirben und Lärchen den munteren Bach entlang ins einsame *Alperschontal*.

Das ist ein Tal zum Träumen; irgendwie idyllisch, voller Grün unter den steil und unnahbar aufragenden riesigen Felsabstürzen der Rotspitze und der Freispitze. Atemberaubend ist der Blick hinauf. Wir schlendern ge-

Die zarte Mont-Cenis-Glockenblume, eine botanische Besonderheit an der Parseierspitze.

mütlich auf dem bequemen Weg hinaus nach *Madau* (3 Std.). Die echten Genießer werden nach der Mittagsrast auch noch den Weg am rauschenden Alperschonbach entlang nach *Bach* ins Lechtal auf Schusters Rappen zurücklegen.

Touristische Informationen

Anfahrt: Im Lechtal nach Bach, Buslinie 4268 Reutte – Lech.
Ausgangspunkt: Bach, 1066 m.
Höchster Punkt: Parseierspitze, 3036 m (bzw. Dawinkopf, 2968 m).
Zielpunkt: Madau, 1310 m, bzw. Bach.
Reine Gehzeiten: *1. Tag:* Bach – Memminger Hütte 6 bis 6½ Std.; *2. Tag:* Memminger Hütte – Augsburger Hütte 5½ bis 6 Std. ohne, 7½ bis 8 Std. mit Besteigung der Parseierspitze; *3. Tag:* Augsburger Höhenweg: Augsburger Hütte – Ansbacher Hütte 7½ bis 8½ Std.; *4. Tag:* 3 Std. bis Madau, 5 Std. bis Bach.
Sehenswürdigkeiten: Landschaftlich großartige Szenerien mit phantastischen Blicken in die Lechtaler Alpen und benachbarte Berggruppen; botanisch äußerst interessant, vor allem hinteres Parseiertal, Gatschkopf, Alperschontal.
Einkehr/Unterkunft: Bergheim Hermine in Madau (einfaches, aber gemütliches Berggasthaus); Memminger Hütte, 2242 m, bewirtschaftete Alpenvereinshütte; Augsburger Hütte, 2289 m, bewirtschaftete Alpenvereinshütte; Biwakschachtel an der Parseierscharte am Augsburger Höhenweg, 2604 m, 4 Plätze, nur für Notfälle; Ansbacher Hütte, 2376 m, bewirtschaftete Alpenvereinshütte.
Varianten: Von der Ansbacher Hütte Anschluß an die Höhenwege zum Kaiserjochhaus und zur Leutkircher Hütte.
Von der Memminger Hütte Anschluß an Tour Nr. 24 (Württemberger Haus) in umgekehrter Richtung.
Der Übergang von der Ansbacher Hütte nach Madau ist auch übers Winterjöchl und das Grießljoch durchs Langkar ins hinterste Parseiertal möglich.
Karten: Alpenvereinskarte 1:25 000, Nr. 3/3 Lechtaler Alpen – Parseierspitze; Kompass Wanderkarte 1:50 000, K 24 Lechtaler Alpen – Hornbachkette *und* K 42 Landeck – Nauders – Samnaungruppe.

26 Parseierspitze

Von Süden auf den höchsten Berg der Nördlichen Kalkalpen

Charakter: Anspruchsvolle und etwas anstrengende (Abstieg) Eineinhalbtagetour auf den höchsten Gipfel der Lechtaler Alpen. Absolute Trittsicherheit, Kondition und Erfahrung in einfachen Felskrettereien (I und II) sind Voraussetzungen. Am Gipfel wird man mit einer einzigartigen Rundsicht belohnt.
Höhendifferenz: 2450 Meter.
Gesamtgehzeit: 10½ bis 12 Stunden.

Wer von Imst nach Landeck fährt, dem wird kurz nach Imst plötzlich ein steiler, alles überragender Felsgipfel hart überm Inntal ins Auge stechen, elegant wie ein Pfeil, mit unglaublich steil aufwärts strebenden Flanken und Wänden: die Parseierspitze. Und wer sie erblickt, in dem wird unwillkürlich der Wunsch wach, einmal dort oben über allen Gipfeln zu stehen und auf die Welt hinabzuschauen.

Trotz ihrer abweisenden Steilheit ist diese »Königin« der Lechtaler Berge relativ einfach in eineinhalb Tagen zu besteigen, wenn auch nicht von Anfängern. Zu diesem Zweck fährt man Richtung Arlberg und zweigt kurz nach Landeck rechts ab, hinauf zum hübschen Dörfchen Grins (1006 m), Ausgangspunkt für unsere Parseier Spitzentour.

Wer das Tiroler Lechtal kennt, wird in Grins sofort den gänzlich andersartigen Dorfcharakter wahrnehmen. Die Lage des Dorfes auf dem Sonnenbalkon der Hochterrasse des Sannatals bot schon früh günstige Voraussetzungen für eine Siedlung. Mit Erkern und Graffitimalereien geschmückte Häuser, die Engadiner Einflüsse verraten, und nicht zuletzt der Wermutduft und Grillengesang entlang der Wege und auf den Wiesen geben diesem gern besuchten Erholungsort ein südländisches Ambiente. So hält man sich gerne etwas länger auf, betrachtet vielleicht die barock ausgestattete gotische Kirche und genießt bei einem Kaffee das Flair des freundlichen Dörfchens.

Vom Gatschkopf reicht der Blick über die herbstlichen Morgennebel im Inntal weit hinein in die Zentralalpen. Rechts der Bildmitte ist die Wildspitze in den Ötztaler Alpen erkennbar.

Es ist günstiger, den Aufstieg zur Augsburger Hütte erst am Nachmittag anzugehen, da am Vormittag die Sonne fast vier Stunden lang kräftig ins Genick brennen würde.

Wegverlauf

Vom Ortsende bei der *Fallskapelle,* am Schwimmbad vorbei, führt der breite Wanderweg in einer Waldschneise sanft ansteigend zum Wildbadkreuz auf die *Tschaffelwiesen* (45 Min.). In den anschließend sich aufsteilenden, von Krummholz bedeckten Hängen geht es nun in einer kleinen Schlucht entlang des Rodunbaches weiter, bis wir vor einem Felswandl nach rechts zum Gasillbach queren und östlich von diesem in vielen Kehren steil durch Latschen und später über einen Schrofenrücken zur *Muesmannsruhe* (2000 m, 2 Std.) aufsteigen. An der Quelle bietet sich eine Rast an, bevor wir das letzte Wegstück zur über uns auf einem Felssporn gelegenen *Augsburger Hütte* (2289 m) hinter uns bringen. Wir steigen ins enge Gasillkar, bis wir nach einer Dreiviertelstunde rechts zur sichtbaren Hütte hinüberqueren können (3½ bis 4 Std. von Grins).

Am anderen Morgen steigen wir gleich hinter der Hütte auf einem schmalen Steig, der elegant durch die Schrofen der steilen Südhänge führt, hinauf zum klotzigen *Gatschkopf* (2945 m, 1½ Std.).

Vielleicht wird uns oberhalb der 2000-Meter-Linie ein zartes, himmelblaues Glockenblümchen mit tief eingeschnittenen Blütenblättern auffallen, das in kleinen Büscheln in den Felsspalten wächst: Die »Mont-Cenis-Glockenblume« hat hier ihren einzigen Standort in den Nördlichen Kalkalpen gefunden. Sonst gedeiht sie nur am Alpenhauptkamm und noch weiter im Süden.

Die Sicht vom Gatschkopfgipfel in der (hoffentlich) klaren Morgenluft ist hervorragend und dennoch nur ein Vorgeschmack dessen, was uns am Parseiergipfel erwartet. Dieser zieht nun während des kurzen Abstiegs über einen breiten Schuttrücken zur *Patrolscharte* (2846 m) alle Blicke auf sich. Von der Scharte (die als flacher Schuttsattel erscheint) studieren wir die gelbe, weiter oben von dunklen Hornsteinbändern durchzogene Gipfelwand. Diese verwitterungsresistenten Gesteine liegen wie eine schützende Haube über den weichen fahlgelben Fleckenmergeln. Den Hornsteinbändern ist wohl

die Konservierung des einzigen Dreitausenders in den Lechtalern zu verdanken.

Aber wo findet sich ein Durchstieg in dieser steilen Wand? Der Anstieg scheint schwierig, doch dann ist alles halb so schlimm. Wir gehen von der Patrolscharte einige Meter zum kleinen *Grinner Ferner* hinunter und queren an dessen oberem Rand unter die Parseier-Südostwand. Links von einer unter dem Gipfel herabziehenden Schlucht steigen wir auf einem Band in die Wand ein (deutliche Markierungen, aber keine Sicherungen!) und kommen in gut gestuftem Fels schnell höher. Ist die Kletterei bis zur Schlüsselstelle auch leicht, so ist dennoch größte Vorsicht geboten. Die weichen

Felsen der Fleckenmergel bieten immer wieder lockeres Material, das von voraussteigenden Bergfreunden allzu oft losgetreten und in die Tiefe befördert wird. Steinschlag aber kann in dieser steilen Wand gefährlich werden! Wer nicht ganz sicher ist, soll sich von einem Bergführer ans Seil nehmen lassen. Wir müssen ja noch über die Schlüsselstelle, eine kurze, leicht überhängende Platte in der Wandmitte kraxeln – eine II+-Stelle –, und hinunter wollen wir auch wieder.

Wenn wir aus den mehlig gelben Fleckenmergeln in die Zone der roten und grünen Hornsteine gelangen, ist der Gipfel der *Parseierspitze* (3036 m) fast erreicht (45 Min. von der Patrolscharte).

Die Rundsicht oben ist dann – zumal an klaren Tagen – grandios: vom nördlichen Alpenrand bis in die eisbedeckten Zillertaler Alpen, ja über den Alpenhauptkamm hinweg zur Ortlergruppe reicht der Blick. Phantastische Adlerperspektive auf die zahllosen Gipfel und Kämme der Lechtaler Alpen.

Dem Kundigen bieten sich tiefe Einblicke in deren geologische Strukturen. Tief unten Landeck, das Oberinntal und das Stanzer Tal. Stundenlang möchte man bleiben und schauen. Doch 2000 Meter Abstieg bis hinunter nach Grins stehen uns noch bevor.

Im *Abstieg* folgt man aufmerksam den Markierungen in der Wand und geht (Vorsicht, Spalten!) vom Wandfuß über den Minigletscher (immerhin der »größte« in den Lechtalern!) bis zu seinem linken (nordöstlichen) unteren Rand. Von dort kann der Steilabbruch ins *Gasillkar* an einer markierten Stelle über eine gesicherte Steilrinne (unten rechts queren) überwunden werden. Der folgende Abstieg ist dann einfach. Über Schuttreißen und Geröllfelder (gepriesen sei stabiles Schuhwerk!) geht es flott das Kar gerade hinunter, bis man den gestrigen Aufstiegsweg in Höhe der links gelegenen *Augsburger Hütte* erreicht. Kaum einer wird gleich weiter absteigen, da doch die nahe Hütte den Parseierbezwinger lockt, den Durst zu bekämpfen, den Erfolg gebührend zu begießen – und schließlich braucht der Mensch ja noch eine Stärkung, um die letzten 1200 Meter Abstieg nach *Grins* auf dem vom Aufstieg bereits bekannten Weg noch zu bewältigen (2 Std. von der Hütte).

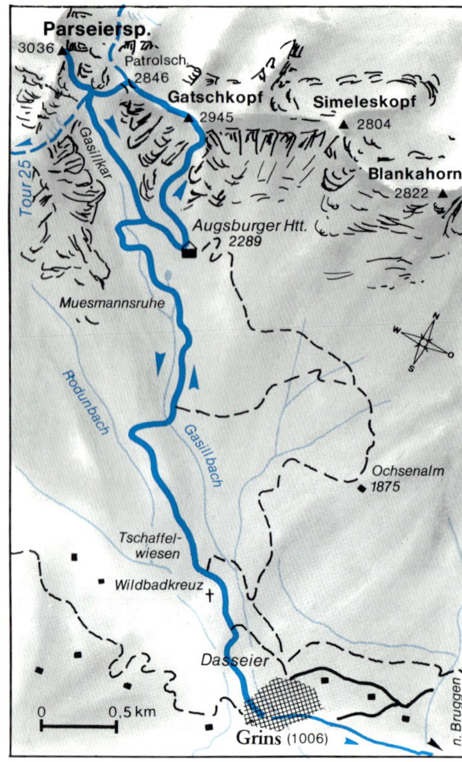

Touristische Informationen

Anfahrt: Buslinie 4206 Nassereith – Imst – Landeck und weiter die Linie 4244 Landeck – Grins. Mit dem Pkw aus dem Inntal Richtung Arlberg, 1,5 km westlich Landeck (500 m östlich vom Tunnelende), südlich nach Grins abbiegen; vom Arlberg kommend, 500 m nach der Abzweigung ins Tunnel links abzweigen.

Ausgangs- und Endpunkt: Grins, 1006 m.

Zielpunkt: Parseierspitze, 3036 m.

Reine Gehzeiten: *1. Tag:* 3½ bis 4 Std.; *2. Tag:* 7 bis 8 Std.

Sehenswürdigkeiten: Schöne (nach einem Brand 1945 meist neu erbaute) Häuser in Grins, barockisierte Kirche aus dem 14. Jahrhundert.

Am Gatschkopf wächst die Mont-Cenis-Glockenblume, eine botanische Rarität.

Einkehr/Unterkunft: Augsburger Hütte, 2289 m, bewirtschaftete Alpenvereinshütte.

Karten: Alpenvereinskarte 1:25 000, Nr. 3/3 Lechtaler Alpen – Parseierspitze.

27 Jöchelspitze – Bernhardseck

Aussichtsgipfel über den Lechtaler Hochmähdern

Charakter: Einfache Tagestour mit vielen Kombinationsmöglichkeiten, die auch für Kinder (ab 10 bis 12 Jahren) geeignet ist. Teilweise etwas steil, deshalb Trittsicherheit erforderlich.
Bei sehr warmem Wetter weniger empfehlenswert, da südseitiger Aufstieg. Bei Nässe sollte der Übergang vom Gumpensattel zur Mutte wegen der großen Rutschgefahr auf tonigen Böden nicht begangen werden!
Höhendifferenz: 1200 Meter.
Gesamtgehzeit: 6 bis 7 Stunden.

Die *Jöchelspitze* (2226 m) ist ein gern besuchter Aussichtsgipfel über dem breiten Grasrücken der Mutte. Regelmäßig wurden früher die ausgedehnten Bergwiesen gemäht (Bergmähder). Heute begegnen dem Wanderer nur noch selten Bergbauern bei ihrer harten und oft auch gefährlichen Arbeit. Die meisten der steilen Bergmähder sind zwar in den Landkarten noch verzeichnet, doch längst schon werden sie nicht mehr gemäht. In nur 30 Jahren hat sich die Zahl der landwirtschaftlichen Betriebe im Lechtal um die Hälfte verringert und diese Tendenz hält weiter an. Die Arbeit ist hart und zu stark dem Preis- und Konkurrenzdruck aus dem Flachland ausgesetzt. Der landwirtschaftlichen Massenproduktion mit Hilfe von Chemie und Technik gegenüber sind die Bergbauern trotz eines immensen Arbeitsaufwands und hochwertiger Produkte kaum konkurrenzfähig.

Spät, vielleicht allzu spät, wurde die Bedeutung der Bergbauernwirtschaft im Alpenraum erkannt. Die Alpen sind ja bis weit in die Hochregion eine schon vor Jahrhunderten geschaffene Kulturlandschaft und diese braucht Pflege. Darum kümmerten sich bislang die Bergbauern, die Sennen und Alphirten, um die Fruchtbarkeit der oft extrem gelegenen Hochweiden und Bergmähder zu erhalten.

Im Lechtal und seinen Seitentälern waren diese Bergmähder besonders zahlreich. Das Haupttal war schmal und bot nicht genügend Raum, um ausreichend Heu zu produzieren. Damit das Vieh in den langen Wintern ernährt werden konnte, war die Erschließung neuer Futterquellen notwendig. Der Wald wurde gerodet, um zusätzliche Mähwiesen zu schaffen. Hart und nicht ungefährlich war die Arbeit des Heuens in den Bergen. Oft war die Mahd in den steilen Hängen nur mit steigeisenbewehrten Schuhen möglich.

Viele Bergmähder waren kein Privat-, sondern Gemeinbesitz, wurden aber von den Familien getrennt bewirtschaftet. Durch eine gerechte Verteilung war eine gewisse Chancengleichheit – und damit wohl auch der Dorffrieden – gewahrt. In Häselgehr kam es alle vier Jahre zur »Heuverlosung«. »Das war ein richtiger Festtag. In der Faschingszeit wurden nach strengem Reglement und mit Protokoll (!) die Anteile auf dem Heuberg verlost: die Teilnehmer konnten in keinem Saal untergebracht werden, weshalb die Veranstaltung im Freien abgehalten wurde. Vor dem Bürgermeister standen zwei Holzbehälter. In den ersten kamen zusammenschraubbare Holznüsse, die einen Zettel mit dem Namen der Losungsberechtigten enthielten. Die Nüsse in dem zweiten Behälter enthielten die Namen und Nummern des zu ziehenden Heuteils. Nach gründlicher Mischung zog der Bürgermeister zunächst den Namen eines Anteilberechtigten, dieser konnte dann eine Nuß wählen, die bekanntgab, welches

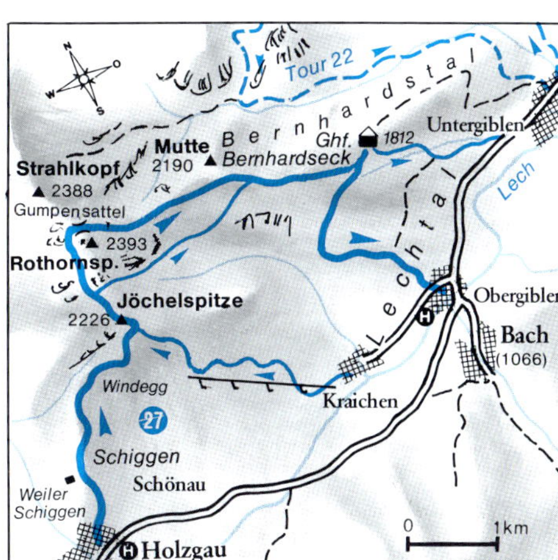

Heuteil ihm in den nächsten vier Jahren zufiel. Meist ließen die Bewerber ihre Kinder ins Holzgefäß greifen, weil man hoffte, daß Kinder mehr Glück haben. So ging es hundertsiebenmal. Hatte nun einer einen guten Heuteil gezogen, so gab es ein großes Hallo und der Glückliche spendierte Glühwein. Wer aber ein schlechtes Teil zog, dem wurde das Mandele gezeigt. Das war ein geschnitztes Männlein, das unter einem schweren Heuschochen (Heubürde) elendiglich schwitzte.« (Aus: »Das alte Lechtal«.)

Interessant ist, daß bereits damals strenge Nutzungsvorschriften, sozusagen ein ökologisches Regelwerk, existierten. So durfte nur alle zwei Jahre gemäht werden, um die Regenerationsfähigkeit der Vegetation zu erhalten. Auch mußten bestimmte Grasarten bei der Mahd geschont werden. Die Bewahrung ihrer Existenzgrundlagen zwang die Bauern

Vom Gipfel der Jöchelspitze fällt der Blick auf die Rothornspitze und den grünen Kamm der Mutte. Deutlich zu erkennen ist die einfachere Wegvariante, die vom Rothornjoch (im Vordergrund links) direkt hinüber zu dem grasigen Rücken führt. Im Hintergrund die Hornbachkette in den Allgäuer Alpen.

schon früh zu ökologischem Bewußtsein, das in den Traditionen verankert war.

Wegverlauf

An der Jöchelspitze sind je nach Geschmack und Kondition mehrere Routenkombinationen möglich. Darüber hinaus bietet dieser Gipfel trotz seiner relativ geringen Höhe herrliche Fernblicke auf die Lechtaler Alpen und intime Einblicke ins Herz der Allgäuer Berge.

In *Holzgau* hinter der Bäckerei Knitel beginnt ein steiler, kurzer Wiesenweg, der zum *Weiler Schiggen* mit einigen sehenswerten alten Höfen führt. Durch weniger steile Wiesen steigen wir weiter hinauf zum Ende einer alten Heuseilbahn am Waldrand, wo rechts eine schmale Waldschneise steil aufwärts zu den aufgelassenen Bergmähdern zieht. Heute erobern Heidekraut, Rausch- und Heidelbeeren das Terrain zurück (was die Tour ab August besonders sympathisch macht).

Vom oberen Waldrand halten wir uns zuerst links, bis von einem mit Krüppelholz bewachsenen Rücken gute Einblicke ins Höhenbachtal und die Berge am Heilbronner Weg möglich sind. Dann, immer in den Wiesen, steigen wir gerade steil hinauf und erreichen eine grasige Schulter mit zwei Hüttchen, wo ein Weg rechts zur Jöchelspitzbahn abzweigt (Schlechtwetter-Fluchtweg). Dieses »Windegg« hat seinen Namen wirklich verdient; hier fand ich einmal eine halbe Hütte und 150 Meter unterhalb das dazugehörige Dach.

Vor uns liegt nun der letzte Aufschwung, und in einer knappen Stunde sind wir auf der *Jöchelspitze* (2226 m, 3 bis 3½ Std. von Holzgau). Hier bleibt man meist nicht lang allein, weil von der nahen Jöchelspitzbahn der Gipfel in einer halben Stunde erreichbar ist. Wir schwelgen in Ausblicken zwischen Parseierspitze und Mädelegabel und wählen schließlich unseren *Weiterweg*. Vor uns liegt der Weg, der vom *Rothornjoch* (einige Meter nördlich unter der Jöchelspitze) die Wiesenhänge der *Mutte* rechts hinüber zum *Bernhardseck* quert; ein schöner und bequemer Weg, den man auch mit kleineren Kindern gut wandern kann.

Etwas weiter und abwechslungsreicher ist

diese Route: Vom *Rothornjoch* gehen wir westlich unter der Rothornspitze vorbei und steigen nach einem Grasköpfl in einigen Minuten rechts hinauf zum *Gumpensattel* (2277 m, ½ Std.).

Hier oben bin ich einmal einem Adlerpaar in nächster Nähe begegnet! Verborgen hinter einem Rücken ließen sich die Riesenvögel bei meinem Erscheinen einfach ins Nichts gleiten und schwebten ohne einen Flügelschlag lautlos davon. Weit unten gelegene, doch unzugängliche Felswände, die es hier in bald jedem Tal gibt, sind ideale Horstreviere. Denn hat der Adler ein Murmel geschlagen oder auch einmal (was selten vorkommt) ein junges Schaf, so kann er mit seiner Beute kaum mehr höher fliegen; er ist auf den tiefer liegenden Horst angewiesen, sonst würde der Nachwuchs verhungern. Der Adlerhorst am Berggipfel ist ein Märchen.

Vom Gumpensattel ziehen mehrere Steigspuren rechts hinab ins Steilgelände unter der Nordostwand der *Rothornspitze*. Wir wählen den untersten Steig, auf dem wir in 20 Minuten problemlos hinüber zur *Mutte* (2190 m) gelangen. (Bei Nässe kann dieser Weg über die tonigen Gesteinsschichten glitschig und gefährlich werden! Eine günstige Alternative ist dann der einfache Weg vom Rothornjoch direkt zur Mutte.)

Der restliche Weg ist so einfach wie vergnüglich. Auf dem grasigen, im Frühjahr blumenübersäten Rücken der Mutte geht's bequem bergab. Links schauen wir auf die gegenüberliegenden Kare und Kletterberge der Hornbachkette um die Hermann-von-Barth-

Schönheit und Funktionalität sind vereint in der Architektur der Bergbauernhöfe wie hier im Weiler Schiggen.

Hütte, rechts liegen ausgebreitet die Lechtaler Alpen. Dieser Abschnitt endet dann unvermeidlich bei einer ausgedehnten Brotzeit im *Gasthof Bernhardseck* (1812 m, 1¼ Std. vom Gumpenjoch), wo uns ein ganzes Heuhüttendorf an vergangene Zeiten (siehe oben) erinnert.

Wer allzu lange beim Bier im Bernhardseck verweilt, der sollte zum *Abstieg* brav den Fahrweg nach Untergiblen benutzen; ja auch übernachten kann man in dem gemütlichen Gasthaus.

Der Abstieg über den *Grünberg* aber fordert noch ein wenig Aufmerksamkeit (und sollte bei Nässe ebenfalls gemieden werden). Wir gehen vom Wirtshaus 50 Meter bis zur Abzweigung zurück, wo sich eine lange Querung durch Wiesen und Buschwerk zum *»Egg«* anschließt und dann ein spärlich markierter Wiesensteig steil hinunter zum Wald führt. Schließlich erreichen wir die Häuser von *Klapf*, gleich über der Kirche von *Obergiblen* (1½ Std. vom Bernhardseck).

Touristische Informationen

Anfahrt: Im Lechtal bis Holzgau mit Buslinie 4268; mit dem Kfz zwischen der Brücke über den Höhenbach und dem Bärenwirt zur Kirche hin rechts abbiegen, dort parken.
Ausgangspunkt: Holzgau, 1114 m, von der Brücke in drei Minuten zur Bäckerei Knitel (ausgezeichnetes Gebäck; Wegweiser), hinter der ein steiler Wiesenweg beginnt.
Höchster Punkt: Gumpensattel, 2277 m.
Zielpunkt: Obergiblen bzw. Bach, 1066 m.
Reine Gehzeiten: Holzgau – Jöchelspitze und Abstieg nach Obergiblen jeweils 3 bis 3½ Stunden.
Sehenswürdigkeiten: Holzgau mit vielen prächtigen alten Häusern, seinen beiden herrlich gelegenen Kirchen, barock und gotisch (sehenswerter Friedhof), könnte als schönstes Dorf im Lechtal mit Elbigenalp konkurrieren, wenn, ja wenn dieser (gelinde gesagt) wenig geschmackvolle Hotelbau in der Dorfmitte nicht wäre – dem zwei denkmalgeschützte Häuser weichen mußten. Nettes Heimatmuseum.
Sehenswert sind einige sehr schöne alte Bauernhöfe im Weiler Schiggen; interessant ist auch das »Heustadeldorf« am Bernhardseck. Unterwegs kann man Schafen, Murmeltieren und.Kolkraben begegnen; mit viel Glück erspäht man gelegentlich Adler.
Einkehr/Unterkunft: Gasthof Bernhardseck, 1812 m.
Varianten/Abstecher: Die Jöchelspitzbahn (Talstation in Benglerwald, Zufahrt: in Obergiblen vor der Lechbrücke rechts abbiegen) verkürzt den Aufstieg zur Jöchelspitze auf eine knappe Stunde.
Ebenfalls schön, aber kürzer und einfacher als der beschriebene, ist der Weg vom Rothornjoch zur Mutte, der von der Jöchelspitze gut eingesehen werden kann.
Anschluß an den Heilbronner Weg (Tour 28) besteht, wenn man noch unterhalb des Gumpensattels den bezeichneten Weg in nördlicher Richtung zur Kemptner Hütte weiter verfolgt (sehr schöner, selten begangener Höhenweg).
Karten: Alpenvereinskarte 1:25000, Nr. 2/1 Allgäuer – Lechtaler Alpen, Westblatt, und 2/2 Allgäuer – Lechtaler Alpen, Ostblatt, oder Kompass Wanderkarte 1:50000, K 24 Lechtaler Alpen – Hornbachkette.

28 Heilbronner Höhenweg

Dieses Mal aus dem Lechtal

Charakter: Anspruchsvolle Dreitagetour, sehr abwechslungs- und aussichtsreich; einige Kraxeleien und Klettersteigpassagen erfordern Trittsicherheit und etwas Schwindelfreiheit. Bei Gewitter gefährlich, im Notfall weg vom eisenbewehrten Grat! Aufstieg zum Gipfel der Mädelegabel (I+) ohne Sicherungen.
Höhendifferenz: 2700 Meter.
Gesamtgehzeit: 2½ Tage, 16 Stunden, ohne Hohes Licht 14½ Stunden.

Der Heilbronner Weg zählt zu Recht zu den eindrucksvollsten Bergtouren der Nördlichen Kalkalpen. Nach dem zweiten Viertel Wein wird er manchmal auch als schwindelerregender Klettersteig gehandelt. Für gute Bergsteiger ist er wohl eher als anspruchsvoller Höhenweg mit Klettersteig-Einlagen einzustufen. Gleichwohl sind Trittsicherheit, Ausdauer und Bergerfahrung Voraussetzung. Üblicherweise wird die Tour über den Heilbronner Höhenweg vom Allgäu aus, also von der deutschen Seite her, angegangen. Vom Lechtal aus ist der berühmte Höhenweg nicht minder interessant – im Gegenteil: Zu- und Abstieg führen sogar durch besonders reizvolle, weniger besuchte Gegenden.

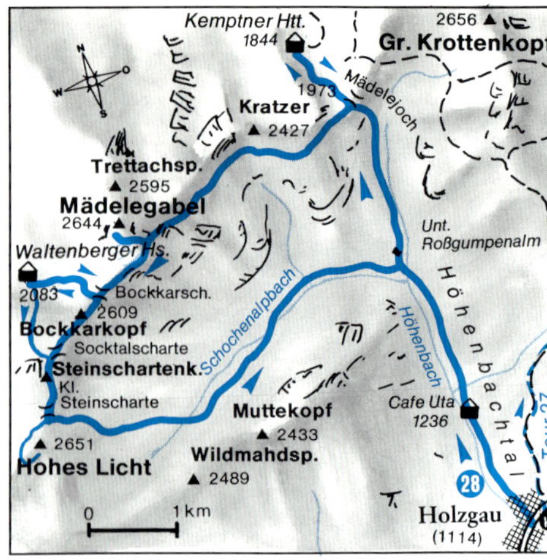

Wegverlauf

Vom Parkplatz in *Holzgau* aus folgen wir dem Sträßchen ins Höhenbachtal. Es passiert den eindrucksvollen Wasserfall, den der Engländer Frederick Simms im letzten Jahrhundert künstlich anlegen ließ. Bald danach lockt das *Café Uta* (1236 m) zu einer ersten Pause. Am Ende der Fahrstraße ist es dann die *Roßgumpenalm,* die zur Brotzeit einlädt; dort gibt es auch frische Milch, leider aus Wegwerf-Plastikbechern. Für den Weiterweg nehmen wir den Pfad, der kurz vor der Hütte nach rechts hinaufführt. Nach einer Steilstufe geht es zunächst flach ins Tal hinein. Rechts oben ragt der Große Krottenkopf auf, mit 2656 Meter ganz knapp vor dem Hohen Licht der höchste Berg der Allgäuer Alpen. Dem Wegweiser zur Kemptner Hütte folgend, verlassen wir schließlich den Talgrund und streben nach links hinauf zum *Mädelejoch* (1973 m). Dort öffnet sich der Blick nach Westen und damit auch auf das Tagesziel, die *Kemptner Hütte* (1844 m).

Nach zeitigem Aufbruch am nächsten Morgen steigen wir zunächst auf dem bekannten Weg wieder zum Mädelejoch auf. Dort nach rechts hinauf und um den Kratzer herum. Bald tauchen Mädelegabel und Trettachspitze auf und bilden eine imposante Kulisse auf der Querung zur *Kratzerscharte.* Die weichen, tonhaltigen Schichten machen den Weg dort glitschig, sobald er naß ist. Nachdem wir wieder Kalk unter den Füßen haben, helfen Stahlstifte über einen kleinen Aufschwung. Jetzt liegt ein Areal vor uns, das der kleine Gletscher unter der Mädelegabel, der Schwarzmilzferner, erst in diesem Jahrhundert freigegeben hat. In diesem »chaotischen« Gelände sollte man den roten Markierungen besonders genau folgen, um den richtigen Weg zu finden. Kurz bevor der Höhenweg an den Gletscher führt, zweigt rechts der Steig auf die *Mädelegabel* (2644 m) ab – ohne Seil und nicht zu steil!

Wer einigermaßen trittsicher ist, wird große Freude an der Mädelegabel haben: In anregender Kraxelei (unten stellenweise Schwierigkeitsgrad I+) turnt man ohne irgendwelche Sicherungen auf den Südostgrat und über diesen zu dem sehr aussichtsreichen Gipfel. Besonders imponierend wirkt der steile Zahn der Trettachspitze direkt gegenüber. Tief unten erkennt man den Weiler Einödsbach, den südlichsten ständig bewohnten Punkt Deutschlands.

Auf der Anstiegsroute geht es zurück zum Rucksackdepot; dabei im unteren Abschnitt genau auf die roten Markierungen achten! Nun geht es auf den *Schwarzmilzferner,* dem einzigen Rest der kleinen Gletscher, die es noch bis ins beginnende 20. Jahrhundert in den Allgäuer Alpen gegeben hat. Er wird in seinem oberen Drittel gequert; dabei sollte man von den Randklüften zur Sicherheit mindestens einen guten Meter entfernt bleiben. Wenn der Gletscher aper ist, sind Skistöcke hier sehr empfehlenswert. Bald nachdem die Schuhsohlen wieder auf griffigen Boden treffen, wird die *Bockkarscharte* (2446 m) erreicht. Von dort folgen wir dem Wegweiser zum *Waltenberger Haus* (2083 m) nach rechts hinunter. Überraschend schnell sind wir so schon am Nachmittag beim nächsten Nachtlager. Bei Gewittergefahr ist das durchaus von Vorteil; wer nicht gar so früh auf der Hütte sein will, kann bei sicherem Wetter im Spätsommer auf der Mädelegabel längere Zeit die Seele baumeln lassen (Sonnencreme nicht vergessen!).

Am nächsten Tag können wir entweder auf bekanntem Weg durch das Vordere Bockkar zur *Bockkarscharte* zurückgehen oder auf dem Steig durch das Hintere Bockkar aufsteigen, so daß man erst auf der *Socktalscharte* (2446 m) wieder auf den Höhenweg trifft. Letztere Möglichkeit spart zwar Höhenmeter, umgeht aber das schöne Teilstück über den *Bockkarkopf* (2609 m). Dieser wird von der Bockkarscharte her auf einem gut gesicherten Steig überschritten. Nach der *Socktalscharte* folgt ein Felsaufschwung; dort halte man sich links. Die Markierungen leiten nun über einige steilere Abschnitte auf einen Grat. Diesen verfolgen wir nach links und erreichen so über eine künstliche Brücke (!) den *Steinschartenkopf* (2615 m).

Über eine Leiter geht es hinunter auf einen geräumigen Absatz. Dort nicht den alten Wegspuren nach Südwesten folgen, sondern auf einem breiten Band kurz nach Osten (links) absteigen. Der Weg wendet sich gleich wieder nach rechts und führt uns nach

Folgende Abbildung:

Mädelegabel und Trettachspitze, gesehen vom Heilbronner Weg. Während die elegant aufragende Trettachspitze (rechts) Kletterern mit Seil vorbehalten ist, kann die Mädelegabel (links) von erfahrenen Bergsteigern auch ohne Kletterausrüstung bestiegen werden.

Steinböcke grasen in der Schwarzen Milz manchmal ganz nah am Weg.

einer Querung durch eine Scharte zurück zur Südwestseite. An einem jungen Felssturz vorbei (Schilder: »erhöhte Gefahr«) erreichen wir eine schrofige Rinne. Dort verzweigen sich die Wege (rote Markierung). Um gleich den »Kurs Holzgau« einzuschlagen, steigt man durch die Rinne rund 8 Meter zur Kleinen Steinscharte hinauf.

Wer sich den Tag gut eingeteilt hat (sprich früh aufgebrochen ist) und genügend Kondition hat, kann zur Krönung der Tour vorher noch das *Hohe Licht* (2651 m) besteigen. Dazu schlüpft man zunächst durch das *Heilbronner Törl,* ein enges Felstor. Über ein Schuttband führt der Weg dann durch die Westseite unseres Gipfelziels. Hier keinesfalls Steine lostreten – sie würden über eine Felswand auf den Weg zur Rappenseehütte stürzen. Nachdem die Abzweigung zur Rappenseehütte rechts liegengeblieben ist, folgen wir dem Wegweiser zum Hohen Licht nach links hinauf. Der etwas mühsame Aufstieg wird durch eine grandiose Fernsicht belohnt.

Beim Rückweg geht es gleich nach dem Heilbronner Törl nach rechts hinauf zur schon erwähnten *Kleinen Steinscharte* (2541 m). Jenseits zunächst auf kleinen Tritten über ein Zwei-Meter-Wändchen hinab. Weiter durch ein mit Schutt und großen Blöcken erfülltes Kar. Dabei muß man genau auf die Markierungen achten, um weiter unten auf den grünen Matten den richtigen Anschluß an den Weg zu finden, der entlang des Schochenalpbachs zur *Unteren Roßgumpenalm* (1329 m) und damit zum Anstiegsweg führt.

Touristische Informationen

Anfahrt: Von der Hauptstraße der Ortsdurchfahrt Holzgau zweigt zwischen der Brücke über den Höhenbach und dem Gasthof Bärenwirt ein Sträßchen ab. Nach ca. 50 m befindet sich unter der Kirche ein Parkplatz, unmittelbar am Bach. Dorthin in wenigen Minuten auch von der Haltestelle der Bundesbuslinie 4268 Reutte – Lech. Wer mit einem berggängigen Fahrrad anreist, kann bis zur Roßgumpenalm fahren (vorbehaltlich eventuell neuer Reglementierungen), was besonders den Abstieg am 3. Tag angenehm verkürzt; aber bitte auf die Wanderer Rücksicht nehmen!

Ausgangs- und Zielpunkt: Holzgau im Lechtal, 1114 m.

Höchster Punkt: Steinschartenkopf, 2615 m (bei jeder Variante des Höhenwegs); höchste Gipfel: Mädelegabel, 2644 m, Hohes Licht, 2651 m.

Reine Gehzeiten: *1. Tag:* Holzgau – Kemptner Hütte 3½ Std.; *2. Tag:* Kemptner Hütte – Mädelegabel 3 Std., Mädelegabel – Waltenberger Haus 2 Std.; *3. Tag:* Waltenberger Haus – Bockkarkopf – Kleine Steinscharte 2½ Std., Kleine Steinscharte – Hohes Licht und zurück 1½ Std., Kleine Steinscharte – Holzgau 3½ Std.

Sehenswürdigkeiten: Prunkvolle Häuser in Holzgau, dort auch die Sebastianskapelle aus dem Jahr 1497 (neben der Pfarrkirche Maria Himmelfahrt); künstlicher Wasserfall im Höhenbachtal, Gletscher an der Mädelegabel, geologische und botanische Vielfalt, Steinböcke in der Schwarzen Milz.

Einkehr/Unterkunft: Café Uta, 1236 m, Roßgumpenalm, 1329 m, Kemptner Hütte, 1844 m, bewirtschaftete Alpenvereinshütte, Waltenberger Haus, 2083 m, bewirtschaftete Alpenvereinshütte; DM mitnehmen, da AV-Hütten auf deutschem Gebiet!

Varianten/Abstecher/Gipfel: Mädelegabel, 2644 m, sehr lohnend, im Text beschrieben; Großer Steinschartenkopf, mit 2615 m höchster Punkt am Heilbronner Weg; Hohes Licht, 2651 m; wer konditionell stark ist und auf das Hohe Licht verzichtet, kann das Waltenberger Haus auslassen und schon am zweiten Tag nach Holzgau zurückkehren.

Karten: Alpenvereinskarte 1:25000, Nr. 2/1 Allgäuer – Lechtaler Alpen, oder Topographische Karte 1:50000, Allgäuer Alpen, oder Kompass Wanderkarte 1:50000, K 24 Lechtaler Alpen – Hornbachkette oder K 3 Allgäuer Alpen – Kleinwalsertal.

Auf dem Abstecher von der Kleinen Steinscharte zum Hohen Licht geht man durch das Heilbronner Törl. Bei zu breiter Ladung nutzt alles Wakkeln und Ruckeln nichts: Der Rucksack muß runter und quer durchgetragen werden.

29 Lechleiten – Rappenseehütte – Biberkopf

Grenzenlos schöne Bergtour über die Grenze

Charakter: Abwechslungsreiche Zweitagetour für trittsichere Bergsteiger; beginnt mit Almwanderung und wird von anregender Kletterei an einem großartigen Gipfel gekrönt.
Höhendifferenz: 1350 m.
Gesamtgehzeit: 1 ½ Tage, 8 bis 9 Stunden.

Die Rappenseehütte zählt mit ihren 400 Lagern zu den größten Hütten der Alpen. Dementsprechenden Betrieb könnte man auf den Wegen drumherum erwarten. Die Masse reiht sich jedoch am Heilbronner Weg ein. Obgleich die Bergsteiger dort oft in Massen versammelt sind, bleiben in der sonstigen Umgebung der Rappenseehütte durchaus noch Plätzchen, die vom großen Ansturm verschont sind.

Eine relativ stille, aber landschaftlich großartige Tour kann erleben, wer von Lechleiten über sanftes Almgelände ins Allgäu wandert und über Deutschlands südlichsten Zweitausender wieder zurückkraxelt. Es ist wohl eher ungewöhnlich, die Allgäuer Alpen von der österreichischen Tannberg-Region aus zu erkunden, aber schön!

Wegverlauf

An der Straßenkehre beim *Holzgauer Haus* (1512 m) in Lechleiten setzt bei einer Bank der Weg zur Rappenseehütte an. Zunächst geht es zur *Lechleitner Alpe*. Eine Abzweigung lassen wir dann links liegen und steigen zur *Schloßwand* (1875 m) hinauf. Unter den finsteren Nord- und Nordwestabstürzen des Biber- und Hochrappenkopfes bummeln wir über liebliches Almgelände zur *Oberen Biberalpe*.

Beim Blick auf die imposanten Berge über uns werden sich skeptische Naturen fragen, wie sie dort am nächsten Tag hinauf und wieder heil herunter kommen sollen. Aber wie so oft sehen die Berge hier von unten wilder aus als sie sind. Bald nach der Oberen Biberalpe gilt es, einige Gräben zu durchqueren; bei Nässe ist hier Vorsicht geboten. Nachdem der *Kleine Rappenkopf* umgangen ist, halten wir uns unter dem *Mußkopf* rechts und stehen bald vor der *Rappenseehütte* (2091 m). Dank guter Bewirtschaftung kann man es sich trotz der Größe ganz gemütlich machen. Auch die Küche hat einfache, aber gute Gerichte zu bieten, so z. B. hervorragende Krautspätzle.

Am nächsten Morgen gehen wir zunächst zu dem kleinen, fast verlandeten See zu Füßen der Hütte hinab. Diesen passieren wir rechts und nehmen dann jenen Weg, der den Talkessel im weiten Bogen ausgeht, um dann am Fuß des Rappenseekopfes schräg über eine Schuttreiße Richtung Südwesten anzusteigen. Durch schrofiges Gelände kraxelt man so zum Joch zwischen Rappenseekopf und *Hochrappenkopf* (2424 m) hinauf. Letzterer ist in 20 Minuten leicht zu ersteigen. Dazu folgt man am Joch zunächst dem Wegweiser nach Lechleiten, biegt aber schon 20 Meter weiter, bei einer roten »8«, wiederum nach rechts ab. Der Gipfel des Hochrappenkopfes bietet eine geräumige Liegewiese.

Die Aussicht ist gut, das nächste Ziel, der Biberkopf, übertrifft sie aber noch deutlich. Also dösen wir besser nicht zu lange und streben am Anstiegsweg zurück zum Höhenweg nach Lechleiten. Dieser quert zunächst Südosthänge, bis ein Wegweiser zum Biberkopf auf die andere Seite des Kammes leitet. Durch eine teilweise schrofige Rinne geht es steil hinab, bis der schattige Weg am Wandfuß entlang wieder Richtung Biberkopf ansteigt. Jetzt steigen wir mühsam über Schutt bergauf. Geräumige Felsbänder führen durch die Nordflanke auf den Westgrat. Dort zweigt die Anstiegsroute zum Gipfel links ab. Sie bietet anregende Kraxelei im ersten Schwierigkeitsgrad durch ein Rinnen- und Schluchtsystem. Nur eine Stelle ist mit Eisen gesichert; weitere Sicherungen sind nicht nötig, da die Schichtköpfe des hier relativ festen Hauptdolomits vielfältige Griffmöglichkeiten bieten und keine schwindelerregenden Tiefblicke zu verkraften sind. Dafür ist der Ausblick vom *Biberkopf* (2599 m), dem südlichsten Gipfel Deutschlands, überwältigend.

Im malerisch gelegenen Rappensee spiegelt sich der Kleine Rappenkopf; links daneben setzen die Felsen des Hochrappenkopfes an; rechts im Hintergrund grüßt der Widderstein herüber.

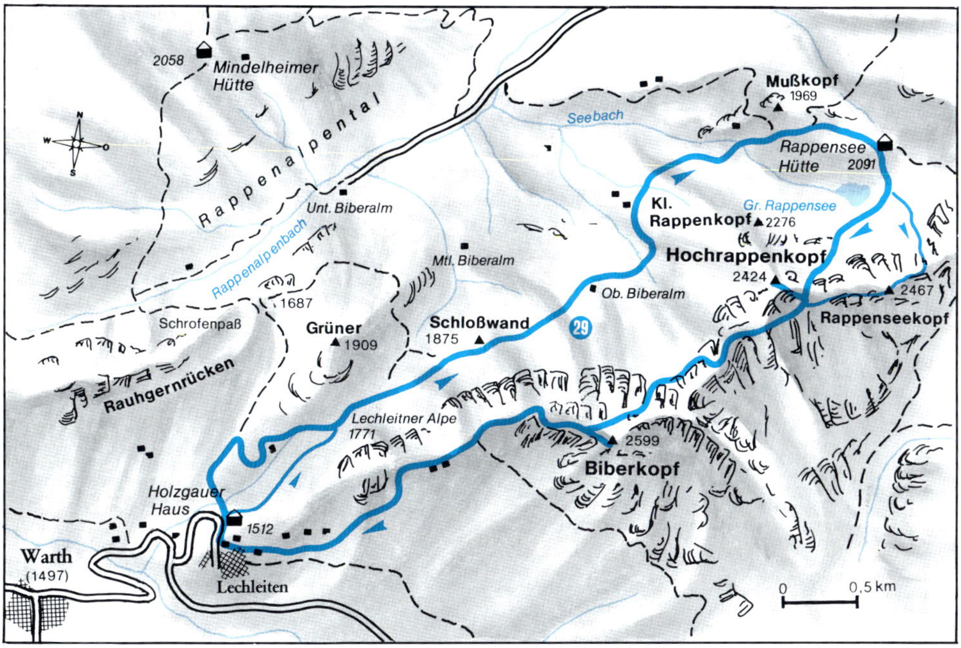

Beim Abstieg vom Biberkopf nach Lechleiten verlangen einige Stellen Vorsicht, insbesondere bei Nässe.

Zurück an der Abzweigung, folgen wir nun dem Steig, der entlang dem Westgrat hinabführt. Daß es nicht langweilig wird, sind noch einige Kraxelstellen und eine Leiter eingestreut. Nach einigen Wiesenserpentinen erreicht man eine Verflachung, bei der sich der Weg verzweigt; beide Wege führen »nach Rom« bzw. Lechleiten. Wer die linke Variante wählt, sollte allerdings nicht nochmals links abbiegen. Von Lechleiten bummelt man auf der Straße in wenigen Minuten zum Holzgauer Haus zurück.

Touristische Informationen

Anfahrt: Von der Lechtalstraße zwischen Steeg und Warth zweigt nach Norden ein schmales Sträßchen zum Weiler Lechleiten ab; auf diesem fährt man bis zum Holzgauer Haus; dort parken; mit Bundesbus Reutte – Lech zur Haltestelle an der Stichstraße nach Lechleiten; weiter zu Fuß.
Ausgangs- und Zielpunkt: Holzgauer Haus, 1512 m.
Höchste Punkte: Hochrappenkopf, 2424 m, Biberkopf, 2599 m.
Reine Gehzeiten: *1. Tag:* Lechleiten – Rappenseehütte 2½ Std.; *2. Tag:* Rappenseehütte – Hochrappenkopf 1 Std., Hochrappenkopf – Biberkopf 2¼ Std., Biberkopf – Lechleiten 2½ Std.
Sehenswürdigkeiten: Überragende Aussicht vom Biberkopf; aufschlußreiche Übersicht über die alte Paßlandschaft zwischen Hochtannberg und Allgäu, die schon in frühen Zeiten begangen wurde und trotzdem heute noch immer von einer Straßenverbindung verschont ist.
Einkehr/Unterkunft: Rappenseehütte, 2091 m, bewirtschaftete Alpenvereinshütte; Holzgauer Haus, 1512 m.
Varianten: Von der Rappenseehütte nicht direkt auf den Hochrappenkopf, sondern zuvor über den Rappenseekopf (2467 m); Verknüpfung der Biberkopf-Überschreitung mit dem Heilbronner Höhenweg (Tour 28) zu mehrtägiger Gebietsdurchquerung.
Karten: Topographische Karte 1:50000, Allgäuer Alpen, oder Kompass Wanderkarte 1:50000, K 3 Allgäuer Alpen – Kleinwalsertal oder K 33 Arlberg – Nördl. Verwallgruppe.

30 Holzgauer Wetterspitze

Auf Umwegen zu einem großen Gipfel

Charakter: Anspruchsvolle Mehrtagetour für trittsichere und schwindelfreie Bergsteiger, Holzgauer Wetterspitze mit ausgesetzten Kletterstellen des II. Schwierigkeitsgrades (wer sich da nicht ganz sicher ist, sollte sich anseilen); stellenweise Pfadfinder-Qualitäten und Orientierungssinn gefordert; Stöcke sehr vorteilhaft, bei Regen von Sulzlbach aus ansteigen, da Falmedonjöchl bei Regen sehr gefährlich (glitschiger, abschüssiger Mergelboden).
Höhendifferenz: 1900 Meter.
Gesamtgehzeit: 2 Tage, 11½ Stunden.

Die Holzgauer Wetterspitze ist der höchste Lechtaler Berg außerhalb der Parseiergruppe; dazu ist sie eine der markantesten Gipfelgestalten der Lechtaler Alpen. Auch aus großer Entfernung und aus jeder Himmelsrichtung fällt der typische Gipfelstock auf, der nach allen Seiten senkrecht abfällt – nach Osten nur ein kurzes Stück, in die anderen Richtungen rund 500 Meter. Trotz der Attraktivität der Holzgauer Wetterspitze ist sie nicht überlaufen. Die Lage abseits des Lechtaler Höhenwegs wird auch künftig viele Wanderer von dieser Ecke der Lechtaler Alpen abhalten. Wegen der ausgesetzten Kletterei am Gipfel ist die Holzgauer Wetterspitze nur schwindelfreien und trittsicheren Bergsteigern zu empfehlen. Wer gerne über exponierte Felsen turnt, wird allerdings seine große Freude an diesem festen Kalkgestein und der großartigen Aussicht haben. Die hier vorgestellte Route ist sicher nicht die kürzeste und einfachste, wenn es nur um den Gipfel geht; da-

Folgende Abbildung:
Zum aussichtsreichen Fallenbacher Joch können auch Bergsteiger aufsteigen, die den Gipfel der Holzgauer Wetterspitze lieber Kletterern überlassen. Links im Bild die Feuerspitze.

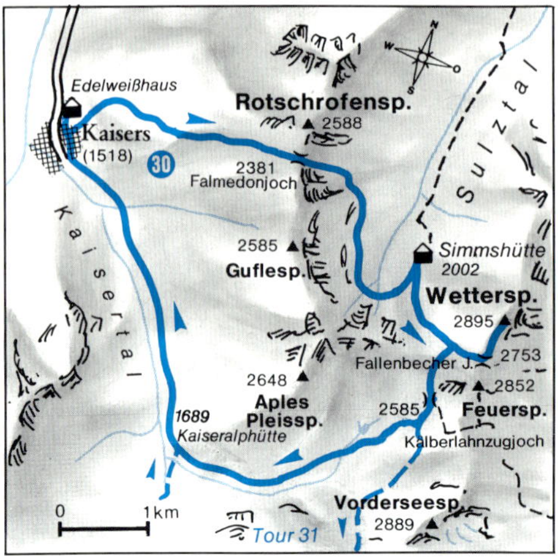

für vermitteln der selten begangene Anstieg über das Falmedonjöchl und der Abstieg durch den Kälberlahnzug besonders vielfältige Naturerlebnisse.

Wegverlauf

Vom unteren Parkplatz in *Kaisers* gelangt man auf der Straße oder auf einem (manchmal kaum sichtbaren) Wiesenpfad zur Kirche. Nachdem das *Edelweißhaus* passiert ist, gehen wir gleich nach dem Feuerwehrhaus nach rechts zu einem kleinen Stadel. Dort wenden wir uns nach links, um kurz einem Almweg zu folgen. Bei zwei gemauerten Quellfassungen verlassen wir den Zaun und streben auf einem Pfad nach rechts hinauf. Bald nach einem Hang mit Lawinen-Anrißverbauungen scheint sich der Weg auf einer Weide zu verlieren. Ein Blick nach rechts zeigt aber, daß es dort über einen Rücken hinweg weitergeht. Zwei Almhütten lassen wir deutlich rechts liegen.

Nach dem bisher durchwegs steilen Anstieg bietet die folgende Querung eine erste Verschnaufpause. Ein Bachbett wird durchquert, dann verzweigt sich der Weg wieder in viele Viehgangeln. Einige Blaiken zeigen, wie Wanderer, Kühe und die hier sehr häufigen Murmeltiere in den wasserstauenden Mergelgesteinen die Erosion fördern können. Wer den Weg verliert, hält sich am besten nach links. Dort sammeln sich die Trittspuren, um dann wieder nach rechts auf das schon lange sichtbare *Falmedonjoch* (2381 m) zu führen. Dort öffnet sich der Blick auf die imposanten Felsgestalten der Feuer- und Wetterspitze.

Der Abstieg vom Joch erfordert dann volle Konzentration: Über bröseligen Mergel geht es zunächst sehr steil hinab, dann folgt eine kurze Querung nach rechts über eine fest »verbackene« Reiße. Nach dieser heiklen Stelle führt der Weg noch ein Stück bergab, bevor er wiederum nach rechts quert. Über zwei steil eingeschnittene Murgräben erreichen wir einen kurzen, ausgesetzten Zwischenaufstieg. Plötzlich taucht das heutige Ziel auf der gegenüberliegenden Talseite auf, die *Frederic-Simms-Hütte* (2002 m). Halb so schlimm, denn der Weg führt nicht in das Tal, sondern ohne unnötigen Höhenverlust um den ganzen Talkessel herum. Ein hüfthoher Blumen-»Urwald« und einige kniffelige, ausgesetzte Stellen geben der Route eine gewisse »Würze«. Die Murgräben im Talhintergrund werden normalerweise bis in den August auf Lawinenresten überquert. Sind die Lawinenbrücken schon brüchig, umgeht man sie besser unten herum. Nach diesem fast abenteuerlichen Hüttenanstieg schmeckt das Bier auf der »Adlerhorst«-Terrasse der Simmshütte besonders gut.

Am nächsten Morgen queren wir auf gutem Pfad zunächst durch grasige Südhänge. Nach einem Felssporn wechseln Richtung und Charakter des Weges: Steinig und steil gewinnt er nun schnell an Höhe. Wo es plötzlich flach wird, verzweigen sich die Wege.

Nach links setzt der Abstecher zum Gipfel an: Der erste Abschnitt führt über eine blokkige Endmoräne, an die der ehemalige Sulzleferner noch in der zweiten Hälfte des 19. Jahrhunderts heranreichte. Mehrere Steigspuren führen auf das *Fallenbacher Joch* (2753 m). Dort sehen wir, daß jenseits der Feuerspitze noch ein Gletscher existiert, der Fallenbacher Ferner. Mindestens bis hierher sollte auch mitgehen, wer keine Ambitionen auf die Gipfelkletterei hat.

Weiter geht es über einen breiten Rücken Richtung Norden. Erste Felsen werden links umgangen. Nach einer kleinen Scharte beginnt dann die Kletterei auf den steil aufragenden Gipfelstock. Dieser bildete sich als

Die Schlüsselstelle der Normalführe am Gipfelstock der Holzgauer Wetterspitze: Zunächst links durch die Schlucht, dann nach rechts hinauf und schließlich an der einzigen Eisensicherung über eine abschüssige Platte um den Felskopf (rechts im Bild) herum.

Riff in Flachwasserbereichen eines warmen Meeres vor fast 200 Millionen Jahren beim Übergang von der Trias- zur Jurazeit. Ganz im Gegensatz zu den gleich alten, aber in tieferem Wasser abgelagerten mergeligen Kössener Schichten (am Fallenbacher Joch) ist der Riffkalk ein festes, zum Klettern hervorragend geeignetes Gestein.

Von der Scharte linkshaltend steigen wir durch eine Rinne zu einem auffallenden Block, unter dem ein Fenster, das Kammerloch, einen spektakulären Tiefblick freigibt. Vor dem Block rechts über die erste Schlüsselstelle etwas ausgesetzt zu einem Band, das wiederum nach rechts führt. Die folgende Ecke mit einer ausgesetzten, abschüssigen Platte ist durch ein Stahlseil entschärft. Schließlich über leichtes Schrofengelände zum Grat und über diesen zum Gipfel der *Holzgauer Wetterspitze* (2895 m). Aussicht und Tiefblicke sind grandios!

Am Anstiegsweg gehen wir zurück zur Wegverzweigung unter der Feuerspitze. Von dort halblinks in 10 Minuten zum *Kälberlahnzugjoch* (2585 m) hinauf (Wegweiser). Gleich nach dem Joch halten wir uns an einer (leicht zu übersehenden) Weggabelung rechts. Bei einem großen Stein folgt dann die nächste Verzweigung. Wer noch einen Tag Zeit hat, kann geradeaus zum Kaiserjochhaus weitergehen (Tour 31, weiterer Anschluß an Tour 32 möglich).

Wer am zweiten Tag nach Kaisers zurück will (oder muß), zweigt hier nach rechts ab.

Auf spärlichen Spuren gehen wir links am See vorbei und nach einer Geländestufe rechts um eine Verlandungszone herum. Bei der folgenden Steilstufe (bei Nässe Vorsicht!) rechts halten. Bald wird der Steig wieder deutlicher und führt über die *Kaiseralpe* (1689 m) zurück zum Ausgangsort.

Touristische Informationen

Anfahrt: Von Steeg auf teilweise sehr steiler Straße nach Kaisers, parken kurz vor dem Ort oder (sehr begrenzt) im Ort beim Edelweißhaus.
Ausgangs- und Zielort: Kaisers, 1518 m, Ausgangsort bei Regen: Sulzlbach im Lechtal, 1104 m.
Höchster Punkt: Holzgauer Wetterspitze, 2895 m.
Reine Gehzeiten: *1. Tag:* Kaisers – Simmshütte 4½ Std.; *2. Tag:* Simmshütte – Wetterspitze 3 Std., Wetterspitze – Kälberlahnzug – Kaisers 4 Std.
Einkehr/Unterkunft: Simmshütte (Frederic-Simms-Hütte), 2002 m, bewirtschaftete Alpenvereinshütte.
Sehenswürdigkeiten: Alte Holzhäuser in Kaisers; geologisch und botanisch außerordentlich vielfältige Landschaft, Murmeltiere, Gletscherreste.
Varianten: Statt Abstieg am zweiten Tag Übergang zum Kaiserjochhaus (Verknüpfung mit Tour 31); kürzeste Möglichkeit der Wetterspitz-Besteigung von Sulzlbach über die Simmshütte und auf gleichem Weg zurück.
Karten: Alpenvereinskarte 1:25000, Nr. 3/3 Lechtaler Alpen – Parseierspitze, oder Kompass Wanderkarte 1:50000, K 24 Lechtaler Alpen – Hornbachkette.

Der Hintersee im Kridlon, ein typischer Karsee zwischen weiten, von Moränenwällen geprägten Blumenwiesen und den kargen Felsen des Kreuzkopfes.

31 Über die Kridlonscharte zum Kaiserjoch

Rundtour durch stille Kare

Charakter: Aussichtsreiche und lange Rundwanderung mit einigen kniffligen Stellen, vor allem im Klämmle; dort auch Steinschlaggefahr.
Höhendifferenz: 1100 Meter.
Gesamtgehzeit: 8 Stunden.

Klassisches Höhenweg-Feeling bietet diese Runde – und das auf einer Tagestour. Nach den einsamen, unter wuchtigen Felsmassiven gelegenen Karen Kälberlahnzug und Stierlahnzug öffnet sich im Kontrast dazu hinter der Kridlonscharte ein großzügiger, weiter Blick über das Stanzer Tal hinweg auf das Verwall.

Wegverlauf

Bei der Spitzkehre der Zufahrt nach *Kaisers* setzt ein unbefestigtes Sträßchen an, auf dem man mit dem Auto noch einige 100 Meter fahren darf. Nach dem kleinen Parkplatz folgen wir dem Fahrweg zur *Kaiseralpe* (1689 m). Dort nicht wie die meisten Wanderer die Bachseite wechseln, sondern geradeaus ins hinterste Kaisertal gehen. Eine Steilstufe, die der Bach direkt überwindet, erklimmen wir (in Aufstiegsrichtung) links. Die Steigspuren verlaufen sich nun stellenweise, insbesondere bei der folgenden sumpfigen Verlandungs zone; diese wird ebenfalls links umgangen.

Über eine weitere Geländestufe kommt man zu einem kleinen See im Kar *»Kälberlahnzug«*. Von dort steigen wir geradewegs auf einen großen Felsblock auf der Wiese unter der Feuerspitze zu. Dort läuft der Höhenweg zum Kaiserjoch vorbei; ihm folgen wir nach rechts. Nach einem Geländesporn quert der Weg im Kar *»Stierlahnzug«* die geologisch jungen Moränenwälle eines Gletschers, der dort in kühleren Phasen der Nacheiszeit am Fuß der Vorderseespitze existieren konnte. Die Wälle zeichnen die Form einer Gletscherzunge nach.

Angesichts der ersten Höfe von Kaisers kann man sich schon auf eine erfrischende Einkehr zum Abschluß der Tour freuen.

Der Weg verliert im weiteren Verlauf etwas an Höhe und quert einige heikle Bacheinschnitte, bevor er durch das *»Klämmle«* steil und in brüchigem Gestein wieder bergauf geht; hier ist große Vorsicht geboten. Viele lose Steine liegen zum Lostreten bereit, und auf die teilweise ebenso losen Stahlseile ist auch kein Verlaß. Bald darauf erreicht der Weg das Karbecken *»Kridlon«* mit dem Hintersee als leuchtendes Auge. In weitem Bogen wandern wir nun um diesen Kessel herum. Dabei bleibt die Abzweigung zur Ansbacher Hütte links liegen. Beim Durchkraxeln einiger tief eingeschnittener Murgräben kann man sich vorstellen, was hier bei einem starken Gewitterregen los ist. Nach einem kurzen Aufstieg öffnet sich bei der *Kridlonscharte* (2371 m) ein weiter Blick nach Süden.

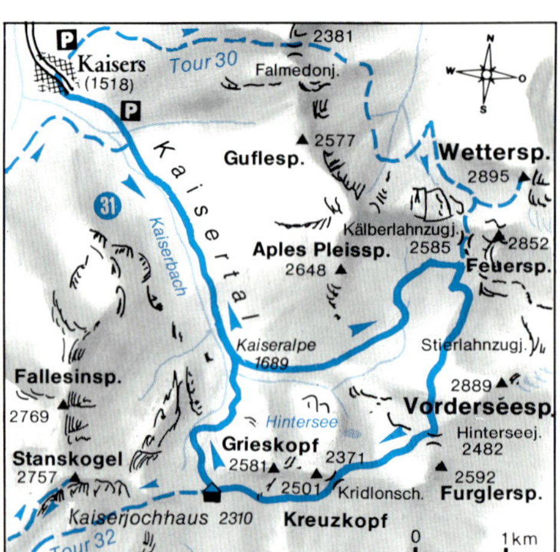

Hier muß wohl jeder erst mal schauen, so zum Beispiel auf das Stanzer Tal in der Tiefe und das Verwall mit dem vergletscherten Hohen Riffler gegenüber. Unter dem Kreuz- und Grieskopf leiten die Markierungen auf einem sehr aussichtsreichen Steig (etwa die Höhe haltend) durch wilde Schutt- und Felssturzlandschaften nach Westen. Ein Blick in die Tiefe läßt erahnen, welche Gefahr von hier durch Lawinen und Hochwasser für die Ortschaft Pettnau ausgeht. Die deshalb vorgenommenen Verbauungen sind tief unten ebenfalls gut zu erkennen. Am markanten, kreuzgeschmückten Malatschkopf vorbei geht es schließlich auf die grünen Wiesen am *Kaiserjochhaus* (2310 m).

Nach einer Rast an diesem einladenden Ort wandern wir in vielen Serpentinen wieder hinunter zur *Kaiseralpe* und auf bekanntem Weg hinaus nach Kaisers.

Touristische Informationen

Anfahrt: Von Steeg (Haltestelle Bundesbus) auf schmalem und steilem Teersträßchen nach Kaisers, Parken kurz vor dem Ort oder hinter dem Ort im Kaisertal (bei Spitzkehre rechts ab, dann Schotterstraße und kleiner Parkplatz).
Ausgangs- und Zielort: Kaisers, 1518 m.
Höchste Punkte: Im Kar Kälberlahnzug, ca. 2500 m, Kridlonscharte, 2371 m.
Reine Gehzeiten: Kaisers – Kälberlahnzug 3 Std., Kälberlahnzug – Kridlonscharte 2 Std., Kridlonscharte – Kaiserjochhaus 1 Std., Kaiserjochhaus – Kaisers 2 Std.
Sehenswürdigkeiten: Alte Holzhäuser in Kaisers; nacheiszeitliche Moränenwälle eines ehemaligen Gletschers im Stierlahnzug nordwestlich der Vorderseespitze.
Einkehr/Unterkunft: Kaiserjochhaus, 2310 m, bewirtschaftete Alpenvereinshütte.
Karten: Alpenvereinskarte 1:25000, Nr. 3/3 Lechtaler Alpen – Parseierspitze, oder Kompass Wanderkarte 1:50000, K 24 Lechtaler Alpen – Hornbachkette oder K 33 Arlberg – Nördl. Verwallgruppe.

32 Um und auf den Stanskogel

Über Matten und Schrofen auf einen großartigen Aussichtsberg

Charakter: Abwechslungsreiche Rundwanderung ohne alpinistische Schwierigkeiten; Rundwanderung gut als Tagestour durchzuführen. Mit Gipfelabstecher (für trittsichere Bergsteiger) besser mit Hüttenübernachtung.
Höhendifferenz: 1300 Meter.
Gesamtgehzeit: Rundtour $7\frac{1}{2}$ Stunden (1 Tag), Stanskogel zusätzlich $3\frac{1}{4}$ Stunden ($1\frac{1}{2}$ Tage).

Kaisers ist die höchstgelegene Gemeinde der Nördlichen Kalkalpen. Besiedelt wurde Kaisers nicht vom Lechtal aus, sondern über die Jöcher vom Stanzer Tal; die Talschlucht zum Lech war nämlich ein größeres Hindernis als die schon früh almwirtschaftlich genutzten weiten Matten der Pässe. Rätoromanische Namen wie Almajur (»alpe major«, für größere oder höher gelegene Almen) weisen darauf hin, daß Menschen hier schon früher lebten, als die erhaltenen Chroniken belegen. So wandern wir auf Wegen, die nicht nur geologisch und botanisch viel Interessantes bieten, sondern auch siedlungsgeschichtlich bedeutend sind.

Wegverlauf

Wie in Tour 31 von *Kaisers* zur *Kaiseralpe* (1689 m). Dort halten wir uns aber rechts und streben auf eine Steilstufe zu. Sie wird in zahlreichen Kehren überwunden. Oben geht es dann über Almweiden zum *Kaiserjochhaus* (2310 m).

Wer die Tour auf zwei Tage verteilt, kann am Abend in den lieblichen Matten um das *Kaiserjoch* wunderschön im Gras dösen. Wer's sportlicher mag, kann sich der Aussicht zuliebe noch durch viel Schutt auf den *Grieskopf* (2581 m, der Name sagt alles) hochwühlen oder einen Abstecher zum exponierten *Malatschkopf* (2388 m) südöstlich der Hütte machen.

Der nächste Morgen beginnt gleich mit einem kräftigen Anstieg auf den steilen Rücken westlich vom Kaiserjoch; da auch die Sonne am Morgen hier schon voll draufscheint, sind die ersten Schweißtropfen sicher. Der Berg-

Vom Verbindungsweg Kaiserjoch – Almajurjoch hat man einen großartigen Blick über das Stanzer Tal hinweg auf den Hohen Riffler in der Verwallgruppe. In der Tiefe erkennt man Pettnau.

rücken wird immer schmaler, so daß der Weg bald nach Süden ausweicht. Am *Schindlekopf* vorbei geht es hinunter in ein beeindruckendes Kar. Dort liegen riesige Trümmer eines Bergsturzes, der vom Stanskogel heruntergekommen ist. Der kurze Weg, den das Gestein genommen hat, bleibt uns verwehrt. Statt dessen gilt es noch ein gutes Stück die Südhänge des Stanskogels zu queren – angesichts der Aussicht auf die Verwallgruppe ein angenehmes Vergnügen. Auch der *Hirschpleiskopf* wird zunächst noch südlich umgangen, bevor der Weg zum Stanskogel rechts abzweigt.

Wer den Markierungen und den Steigspuren genau folgt, erreicht mit dem *Stanskogel* (2757 m) einen Gipfel mit hervorragender Aussicht. An den schwierigeren und ausgesetzten Stellen (teilweise gesichert) ist allerdings Vorsicht geboten, insbesondere im Abstieg.

Zurück an der Wegverzweigung beim Hirschpleiskopf, gehen wir nun nach rechts in wenigen Minuten zur *Leutkircher Hütte* (2261 m). Nach einem letzten Blick aufs geschäftige St. Anton hinunter wenden wir uns wieder der stilleren Nordseite dieses Bergkamms zu.

Über Weiden und eine Geländestufe geht es zur *Almajuralpe* (1805 m) hinab. Ihre Hütten bleiben links liegen. Wir überqueren den Bach und steigen kurz etwas an, bevor ein steiler Abstieg durch den Wald zur *Bodenalpe* (1554 m) führt. Dort wird zunächst der Fahrweg talaus verfolgt. Wo die Schotterstraße die Bachseite wechselt, können wir über einen Wiesenpfad geradeaus weiterschlendern. Einen Kilometer weiter, bei einer Brük-

Die Leutkircher Hütte am Almajurjoch ist eine gemütliche Unterkunft; im Hintergrund die schroffen Berge der Vallugagruppe: links die Weißschrofenspitze, in der Mitte die Roggspitze.

ke, mündet der Wiesenpfad wieder in den Fahrweg.

Bei der folgenden Wegabzweigung halten wir uns rechts und wandern damit wiederum auf der anderen (rechten) Talseite. Nun geht es wieder leicht bergauf, bevor sich der Fahrweg erneut verzweigt. Steht das Auto in oder vor Kaisers, kann man geradeaus hinuntergehen und jenseits des Kaiserbachs wieder aufsteigen. Wer sein Fahrzeug im Kaisertal stehen hat, geht hier am besten rechts und erreicht mit nur kurzen Zwischensteigungen knapp oberhalb des Parkplatzes den Ausgangspunkt.

Touristische Informationen

Anfahrt: Von Steeg, Haltestelle der Bundesbuslinie 4268, mit Taxi, Fahrrad oder Pkw auf schmalem und steilem Teersträßchen nach Kaisers, Parken kurz vor dem Ort oder hinter dem Ort im Kaisertal (bei Spitzkehre rechts ab, dann Schotterstraße und kleiner Parkplatz).
Ausgangs- und Zielort: Kaisers, 1518 m.
Höchste Punkte: Rundwanderung ca. 2400 m, Stanskogel, 2757 m.
Reine Gehzeiten: Kaisers – Kaiserjochhaus 2½ Std., Kaiserjochhaus – Leutkircher Hütte 2 Std., Abstecher Stanskogel 3¼ Std., Leutkircher Hütte – Kaisers 3 Std.
Einkehr/Unterkunft: Kaiserjochhaus, 2310 m, Leutkircher Hütte, 2261 m (beide bewirtschaftete Alpenvereinshütten).
Varianten: Verknüpfung mit den Touren 31 und 33 möglich; Abstieg ins Stanzer Tal von beiden Hütten aus.
Karten: Alpenvereinskarte 1:25000, Nr. 3/3 Lechtaler Alpen – Parseierspitze *und* Nr. 3/2 Lechtaler Alpen – Arlberggebiet, oder Kompass Wanderkarte 1:50000, K 33 Arlberg – Nördl. Verwallgruppe.

St. Christoph am Arlberg vor der Kulisse der Vallugagruppe mit dem Hauptgipfel rechts im Bild. Auf den Matten links darunter erkennt man die Ulmer Hütte, eines unserer Quartiere auf der Erkundung dieser Berge.

33 Große Rundtour um die Valluga

Drei Tage im Südwesteck der Lechtaler Alpen

Charakter: Sehr abwechslungsreiche Mehrtagetour, die Trittsicherheit und alpine Erfahrung verlangt (Vallugabesteigung). Vorsicht am Stapfetobel bei Nässe! Mit Kindern (ab 12 Jahre) sollte in der Weißschrofenspitz-Südflanke der einfachere (untere) Weg gewählt werden (evtl. zusätzliche Nächtigung auf der Leutkircher Hütte einplanen).
Höhendifferenz: 2300 Meter im Auf- und Abstieg, Gipfel der Valluga 300 Meter zusätzlich.
Gesamtgehzeit: 2½ bis 3 Tage, 15 bis 18 Stunden.

Dort wo die Lechtaler dem Alpenhauptkamm am nächsten sind, ist diese Gebirgsgruppe merkwürdigerweise am sanftesten geformt. Wer von Lech oder Zürs zur Stuttgarter Hütte ansteigt, findet weich geschwungene, grüne Hügel, denen vergleichsweise nur kleine Felsgipfel aufsitzen.

Dieser »Mittelgebirgscharakter« der Landschaft ist aus zwischen- und voreiszeitlichen Perioden erhalten geblieben, weil die Erosion, die sich seit den Eiszeiten vom Niveau des Lechtalbodens aus rückschreitend eingesägt hat, noch nicht bis hierher eingedrungen ist.

Wegverlauf

Den Aufstieg von *Zürs* (1717 m) zur Stuttgarter Hütte kann man auf dem üblichen Weg über Trittalpe und Pazüeltal in 2 Stunden hinter sich bringen (Start an der Kirche am südlichen Ortsrand von Zürs). Landschaftlich viel reizvoller ist jedoch ein kleiner Umweg in die Rüfikopfgruppe, mit dem wir auch noch am Nachmittag beginnen können.

Wir starten an einem kleinen Kieswerk (ca. 1650 m), 500 Meter unterhalb (nördlich) von Zürs. Von dort zieht der Weg in einigen engen Kehren durch einen steilen Latschenhang hinauf. Oben zwingt uns eine kleine Felsstufe, kurz nach rechts über den Bach auszuweichen. Bald darauf erreichen wir die Hangkante und kurz danach die *Monzabonalpe* (1979 m, 45 Min., einfache Einkehr).

Von der Alm steigen wir, uns linkshaltend, über Mähwiesen aufwärts und treffen am oberen Ende eines kleinen Lifts auf einen breiten Weg, der uns durch ein verstecktes Tälchen zum kleinen *Monzabonsee* (2220 m, 45 Min.) führt. Gehfaule gelangen dorthin auch von Lech mit der Rüfikopfbahn und einem kurzen Abstieg.

Von dem zur Rast und zum Bad einladenden See steigen wir in wenigen Minuten östlich hinauf zum *Monzabonjoch* (2273 m). Jenseits einige Meter hinunter, und dann an

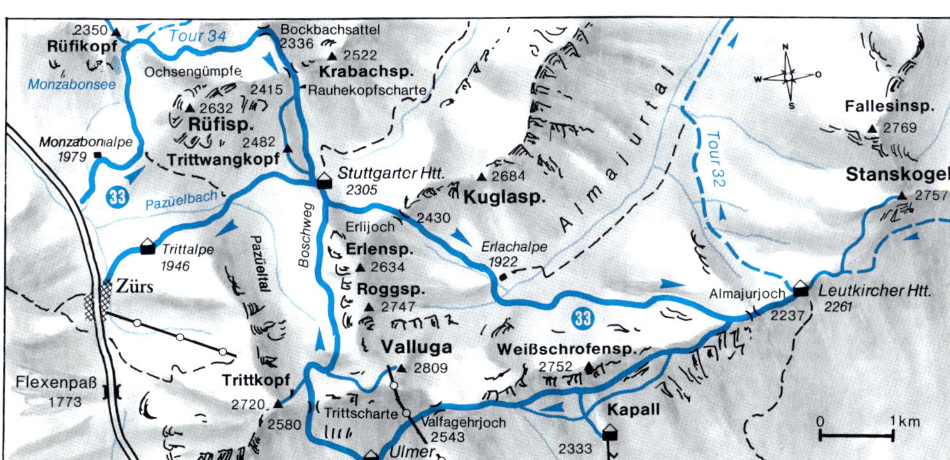

der Weggabel scharf rechts abbiegend queren wir das *Ochsengümple,* eine quellreiche tonige Verflachung, und gelangen unter den mauerartigen Nordwänden der Rüfispitzen zum schon vom Monzabonjoch aus sichtbaren *Bockbachsattel* (2336 m, 45 Min.) Kurz vorher treffen wir auf den von links, vom Wöstersattel herführenden Friedrich-Mayer-Weg, ein landschaftlich ebenfalls schöner, doch etwas längerer Zustieg von Lech durchs Wöstertal.

Bevor wir nun südwärts zur *Rauhekopfscharte* (2415 m) hinaufsteigen, werfen wir noch einen Blick ins markant abfallende Bockbachtal, denn genau hier knabbert die vom Lechtalboden rückschreitende Erosion an den Resten der sanfteren Altlandschaften.

Von der *Rauhekopfscharte* (1 Std. vom Monzabonjoch) erblicken wir endlich die *Stuttgarter Hütte* (2305 m) und erreichen sie einfach und schnell über die welligen grünen Böden östlich des Kamms (½ Std.). Interessanter aber ist es, wenn wir nach kurzem Abstieg den Weg nach rechts verlassen und auf Steigspuren hinauf zur *Trittwangscharte* (2367 m) und weiter aussichtsreich über den *Trittwangkopf* (2482 m) zur Hütte wandern (45 Min.).

Am anderen Tag steht uns ein langer Marsch bevor, und ein frühzeitiger Aufbruch ist empfehlenswert. Von der Hütte zunächst südwärts haltend, biegen wir schon nach wenigen Minuten links ab. Über einen dolinenübersäten Karstsattel kommen wir – kaum ansteigend – zu kleinsplittrigen schwarzen Tonen, deren Vegetation den zentralalpinen Pioniergesellschaften gleicht: Moossteinbrech, Krainer Greiskraut und am Boden kriechende Spalierweiden. Die Blüten geben im Morgenlicht schöne Motive für die Fotografen. Die Geologie wechselt schnell. Anschließend queren wir eine Geröllhalde ohne jeden Bewuchs und erreichen dann das *Erlijoch* (2430 m) mit schönem Blick zum westlichsten Lechtaler Hauptkamm: vom massigen Gipfel der Valluga (neben der steil

Die Roggspitze ist vom oberen Almajurtal betrachtet ein steiler Zahn mit himmelstrebenden Kanten und Pfeilern.

und grazil aufragenden Roggspitze) bis hinüber zum klotzigen Stanskogel.

Unser Weg zieht links hinunter durch saftige Wiesen zur *Erlachalpe* (1922 m) im Almajurtal (1 ½ Std.). Die mit über 80 Jungrindern bestoßene Alm macht dem Talnamen alle Ehre, denn Almajur ist – wie viele andere Namen der Region – rätoromanisch und bedeutet »große Alm« (von: alp maior).

Bei einem Glas köstlicher Buttermilch hat man Zeit, die gegenüberliegende schwarze Schlucht, den »Stapfetobel«, zu studieren. Er scheint schier unpassierbar, ist dann aber überraschend einfach, wenn auch ein bißchen ausgesetzt, zu queren – nur naß sollte es wegen der Rutschgefahr auf dem tonigen Boden nicht sein. Wer hier den Blick von den Schuhspitzen wendet, kann herrliche Farbenspiele zwischen Wasser, Licht, bunter Quellvegetation und dem schwarzen Tongestein entdecken. Der weitere Wegverlauf, durch Latschenfelder und über üppige Wiesen immer gleichmäßig ansteigend, ist problemlos. So gelangen wir zum *Almajurjoch* (2237 m) und von dort über einen verkarsteten buckligen Kamm zur nahen *Leutkircher Hütte* (2261 m, 1 ½ bis 2 Std. von der Erlachalpe).

Die Rast sollte nicht zu ausgiebig werden, denn wir wollen am Nachmittag noch hinüber zur Ulmer Hütte. (Wer jedoch in der Leutkircher Hütte nächtigt, hat anderntags Gelegenheit, einen Abstecher zum Stanskogel zu machen, siehe Tour 32.)

Wir gehen zurück zum *Almajurjoch* und queren weiter auf- und absteigend in die Südflanke der Bacherspitzen bis zu einer Weggabelung. Hier kann man entweder links abwärts Richtung *Kapall* gehen (einfacher, mit Kindern und für nicht Schwindelfreie empfehlenswert; vom Kapall muß man dann wieder 15 Min. ansteigen), oder man wählt den schwierigeren Weg rechts. Er steigt in steiler werdenden Kehren in die Felsen der Südflanke der *Weißschrofenspitze* hinauf, bis man in der Wand etwas ausgesetzt, aber mit Drahtseilsicherungen, queren kann.

Nun folgt eine lange, lange Querung unter dem Kamm der Lisun- und der Knoppenjochspitze, bis wir schließlich das *Matunjoch* erreichen (3 bis 3 ½ Std. von der Leutkircher Hütte). Das Gewirr riesiger Felsbrocken dort lassen wir rechts liegen und steigen in 20 Minuten hinunter zur schon sichtbaren *Ulmer Hütte* (2279 m).

Es sei nicht verschwiegen, daß in der Umgebung der Ulmer Hütte die zerstörerischen Spuren des winterlichen Massenskibetriebs unübersehbar sind. Die Umgebung der Seilbahnstationen ist charakterisiert durch teilweise zum Himmel stinkende Hinterlassenschaften des technischen Fortschritts im Hochgebirge.

Von der *Ulmer Hütte* verläuft der Weg zur Stuttgarter Hütte anderntags, zunächst über Wiesen in nordwestliche Richtung und dann, sich aufsteilend, über Schrofen zur *Trittscharte* (2580 m, 1 Std.), jenseits steigen wir über den kleinen *Pazüelferner* ins Kar hinunter und gelangen rechtshaltend und wieder etwas ansteigend hinüber unter die Westschulter der Valluga mit der Abzweigung zur Valluga.

Potentielle Vallugabezwinger deponieren hier ihr Gepäck und queren dann in südöstlicher Richtung das oberste Pazüelkar. Über felsige Schrofen gewinnt man den breiten Valluga-Südgrat, über den in 30 Minuten der gigantisch verbaute Gipfel der *Valluga* (2809 m, 1 bis 1 ½ Std.) erreicht wird.

Die Bergeinsamkeit ist infolge des von der Seilbahn ausgespuckten Getümmels etwas vermindert, aber die Aussicht zu den nahen (Eis-)Bergen von Verwall, Silvretta und Ötztaler Alpen ist legendär und entschädigt für vieles. Abstieg wie Aufstieg.

Nun folgt der genußreichste Abschnitt des heutigen Tages: Hoch über den saftig-grünen Almböden des Pazüeltals wandeln wir auf dem bequemen *Boschweg*, queren ganz nah vorbei unter dem Pazüeljoch und durch die Westflanken von Roggspitze sowie Erlenspitze, und schon nach einer guten Stunde sind wir auf der *Stuttgarter Hütte* (2305 m).

Touristische Informationen

Anfahrt: Vom Lechtal über Warth, Lech (Buslinie 4268) nach Zürs (Buslinie 4274); über den Flexenpaß aus Richtung Bludenz (Buslinie 4274) oder St. Anton (Buslinie 4248).

Ausgangspunkt: Ein kleines Kieswerk an der Straße 500 m nördlich von Zürs, 1650 m.

Aufbruch im Morgenlicht, kurz nach der Stuttgarter Hütte.

Höchster Punkt: Valluga, 2809 m.
Zielpunkt: Zürs, 1717 m.
Reine Gehzeiten: *1. Tag:* Zürs – Stuttgarter Hütte übers Ochsengümple 3 bis 4 Std., *2. Tag:* Stuttgarter Hütte – Leutkircher Hütte – Ulmer Hütte 6 bis 7 Std., *3. Tag:* Ulmer Hütte – Stuttgarter Hütte – Zürs 6 bis 7 Std. (ohne Vallugabesteigung 4½ Std.).
Sehenswürdigkeiten: Landschaftlich sehr abwechslungsreich! Für geologisch Bewanderte besonders interessant, weil in der Umgebung der Stuttgarter Hütte die »Deckenüberschiebung« von drei Gesteinspaketen, der Inntal- und der Krabachjochdecke über die Lechtaldecke beobachtet werden kann. Infolge der geologischen Buntheit auch botanisch reich.
Eindrucksvoll ist es, wenn man am Bockbachsattel plötzlich auf den Einzugsbereich der Erosionsbasis des Lechtalbodens stößt.
Einkehr/Unterkunft: Monzabonalpe, 1979 m, einfache Einkehr; Stuttgarter Hütte, 2305 m, bewirtschaftete Alpenvereinshütte; Erlachalpe, 1922 m, einfache Einkehr, keine Nächtigung!; Leutkircher Hütte, 2261 m, (bewirtschaftete Alpenvereinshütte); Ulmer Hütte, 2279 m, bewirtschaftete Alpenvereinshütte; Trittalpe (oberhalb Zürs), 1946 m, Berggaststätte.
Varianten/Abstecher/Gipfel: Der Aufstieg

Eine fast märchenhafte Gebirgslandschaft offenbart der Rückblick von der Valluga zum Massiv der Weißschrofenspitze.

zur Stuttgarter Hütte ist auch von Lech möglich:
1. mit Hilfe der Rüfikopfbahn und nach kurzem Abstieg weiter übers Monzabonjoch und die Rauhekopfscharte, wie beschrieben oder
2. zu Fuß durchs Wöstertal auf dem Friedrich-Mayer-Weg, unter den Wösterspitzen zum Rauhekopfsattel (landschaftlich sehr schön; 1 Std. länger als über die Monzabonalpe).
Die Überschreitung des Trittwangkopfs (2482 m) zwischen Rauhekopfsattel und Stuttgarter Hütte (parallel zum Weg) ist eine unschwierige, aber empfehlenswerte Variante (Steigspuren im Steilgras).
Der Stanskogel (2757 m), ein eindrucksvoller Gipfel, kann von der Leutkircher Hütte einfach bestiegen werden (2 Std., siehe Tour 32) und ist der Valluga fast vorzuziehen.
Ein sehr schöner Aussichtsgipfel und ebenfalls eine lohnende Alternative zur Vallugabesteigung ist der Trittkopf (2720 m), westlich der Trittscharte, der unschwierig vom Pazüelferner über den Nordostgrat bestiegen wird (3/4 bis 1 Std.).
Grundsätzlich kann die gesamte Rundwanderung auch in umgekehrter Richtung begangen werden.
Die Stuttgarter Hütte mit ihren unterschiedlichen Aufstiegsmöglichkeiten steht am Beginn des Lechtaler Höhenwegs, der sich über Leutkircher Hütte (entweder über die Erlachalpe oder in umgekehrter Richtung wie beschrieben), die Ulmer Hütte, das Kaiserjochhaus usw. fortsetzt.
Karten: Alpenvereinskarte 1:25000, Nr. 3/2 Lechtaler Alpen – Arlberggebiet, oder Kompass Wanderkarte 1:50000, K 33 Arlberg – Nördl. Verwallgruppe.

34 Rüfispitze

Aussichtsgipfel mit Seilbahnhilfe

Charakter: Abwechslungsreiche Rundtour; auch als Schnuppertour für Anfänger oder Kinder geeignet; mit Seilbahnauffahrt recht bequem, da es überwiegend bergab geht. Gipfelabstecher auf die Rüfispitze kurze, aber anspruchsvolle Bergtour mit leichten Klettereinlagen (I).
Höhendifferenz: 100 Meter im Aufstieg, 1000 Meter im Abstieg; Gipfelabstecher Rüfispitze 300 Meter, Wösterkopf 200 Meter.
Gesamtgehzeit: Je nach Variante 4 bis 7 Std.

Lech am Arlberg ist ein weltberühmter Wintersportort. Im Sommer geht es zwar nicht ganz so mondän zu, trotzdem spürt man auch in der grünen Jahreszeit, welche Gästeklasse die Restaurants und Hotels hier ansprechen wollen. Im Vergleich zum Tiroler Lechtal von Steeg abwärts erscheint hier oben alles etwas überdimensioniert und recht eindeutig auf Hochpreistourismus ausgelegt. In der Umgebung von Lech kann man sich aber auch als einfacher Wanderer wohl fühlen: Es gibt hier noch relativ ruhige und unberührte Flecken. Für einen ersten (und bequemen) Eindruck der Berge um Lech bietet sich die Seilbahn auf den Rüfikopf an. Von der Bergstation aus kann man dann eine leichte und aussichtsreiche Wanderung ins Tal unternehmen. Wer gleich zu Beginn Fels in den Händen spüren will, kann zunächst die Rüfispitze erklimmen.

Wegverlauf

Von der Bergstation am Rüfikopf wandern wir, auf die markante Rüfispitze zuhaltend, ein Stück bergab zum *Monzabonjoch*. Der gleichnamige See bleibt rechts liegen; dort können sich Gruppen- oder Familienmitglieder ohne hochalpine Ambitionen zum zweiten Frühstück niederlassen.

Währenddessen streben Gipfelstürmer über einen langgestreckten Rücken aus wei-

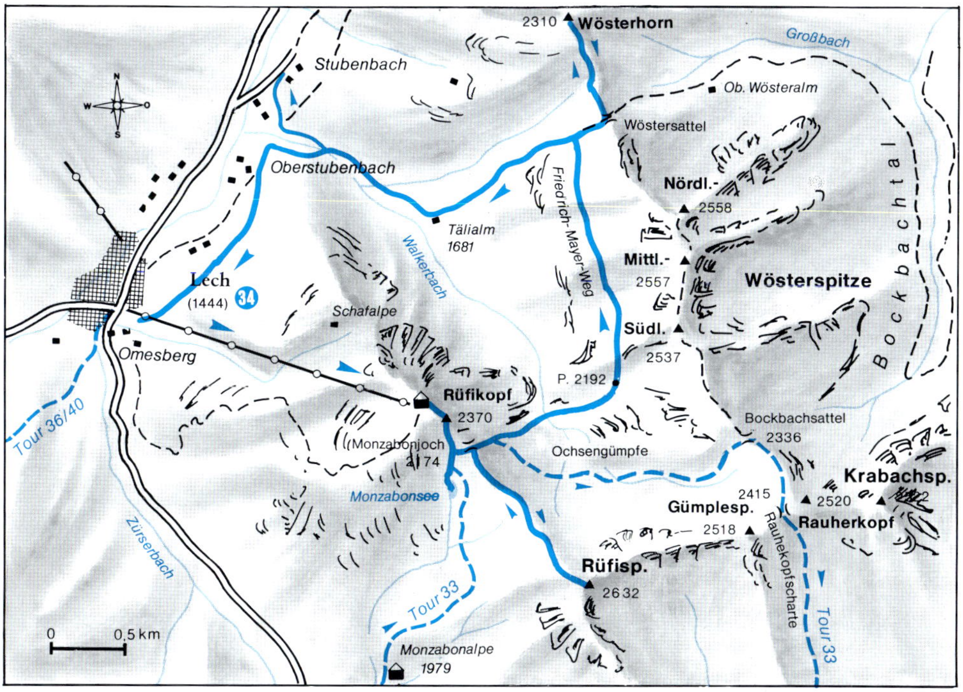

chen Kreideschiefern den Dolomitfelsen der Rüfispitze zu. Die ersten Kraxelstellen des Gipfelaufbaus sind gleich die anspruchsvollsten (I). Mit dieser »Schlüsselstelle« schreckt der Berg unerfahrene Bergfreunde gleich am Einstieg ab. Über einen öden Schutthang mit kleinen Felsstufen und viel lockerem Gestein (möglichst nicht lostreten) wird schließlich die *Rüfispitze* (2632 m) erreicht. Hier oben sitzt man förmlich auf dem Westbalkon der Lechtaler Alpen – dementsprechend gut ist die Aussicht bei klarem Wetter.

Zurück am Monzabonjoch, steigen wir zunächst rechts hinunter; gleich darauf biegen wir nicht nach rechts ab zur Stuttgarter Hütte, sondern gehen geradeaus. Dieser Weg führt am talseitigen Rand des weiten Ochsengümple-Karbodens entlang. Der in der Kompass-Karte eingezeichnete Direktabstieg über die teilweise senkrechte Karschwelle existiert nicht! Also, nicht in die Gefahr verleiten lassen, sondern am Weg bleiben und auf ihm wieder ein kurzes Stück aufsteigen. Sobald der *Friedrich-Mayer-Weg* erreicht ist, geht es dann bequem Höhe haltend unter den Wösterspitzen entlang zum *Wöstersattel* (2192 m).

Wer noch auf einen Gipfel Lust hat, kann von hier noch bequem auf das *Wösterhorn* (2310 m, auch Wännelikopf genannt) gehen; es ist sozusagen der Gipfel für alle, da für diesen lohnenden Aussichtsberg keine Kraxelfertigkeiten wie zuvor an der Rüfispitze erforderlich sind.

Wer das Wösterhorn ausläßt, kann schon etwas unter dem flachen Wöstersattel nach links auf den Weg ins Tal einschwenken. In vielen Kehren geht es dann hinunter zur *Tälialpe* (1681 m). Auf einem Fahrweg wird eine Steilstufe überwunden, bevor in einer flacheren Talverengung ein kleiner Weg nach links abzweigt. Auf diesem wechseln wir die Talseite; der Fahrweg, auf den wir gleich jenseits der Brücke treffen, führt schließlich wieder nach Lech hinaus.

Touristische Informationen

Anfahrt: Aus dem Lechtal, über den Hochtannberg- oder den Flexenpaß nach Lech; kostenloses Parken in der Tiefgarage unter der Kirche. Von dort in wenigen Minuten zur Talstation der Rüfikopfbahn. Mit den Bundesbus-Linien 4268 Reutte – Lech oder 4242 Landeck – St. Anton und 4248 St. Anton – Lech oder 4274 Bludenz – Lech – Hochkrumbach.

Ausgangspunkt: Bergstation der Rüfikopfbahn, 2350 m.

Höchster Punkt: Rüfispitze 2632 m, Wösterhorn 2310 m.

Zielpunkt: Lech 1444 m.

Reine Gehzeiten: Rundwanderung ab Bergstation 4 Stunden, Abstecher Rüfispitze 2½ Stunden, Abstecher Wösterhorn 1 Stunde.

Sehenswürdigkeiten: Aussicht auf das Lechquellengebirge; glazialer Formenschatz, wie das Kar Ochsengümple mit nacheiszeitlich verlandetem Karsee, eine Trogschulter unter den Wösterspitzen, den Transfluenzpaß Wöstersattel (der in der Hochphase der Eiszeit vom Eisstrom überflossen wurde); späteiszeitliche Moränenwälle (z. B. nahe der Tälialpe). Heimatmuseum in Lech.
Einkehr: Bergstation der Rüfikopfbahn (2350 m); an sonnigen Tagen empfiehlt es sich, reichlich Getränke mitzunehmen.
Karten: Alpenvereinskarte 1:25000, Nr. 3/2 Lechtaler Alpen – Arlberggebiet, oder Kompass Wanderkarte 1:50000, K 33 Arlberg – Nördl. Verwallgruppe. (Vorsicht: In der Kompass-Karte ist fälschlicherweise ein direkter Weg über die teils senkrechte Karschwelle vom Ochsengümple zum Walkersbach eingezeichnet; das Wösterhorn ist als »Wöster-K.« eingetragen!)

Der Anstieg zur Rüfispitze führt über den bewachsenen Kamm aus kreidezeitlichen Schichten zum triaszeitlichen (also älteren) Dolomitstock des Gipfelaufbaus.

Wegen der stellenweise brüchigen Schrofen der Rüfispitze sollte man besonders im Abstieg vorsichtig gehen; links im Bild die Seilbahnstation auf dem Rüfikopf.

35 Mohnenfluh

Erlebnistour über dem Touristenzentrum Lech

Charakter: Relativ einfache, aber abwechslungsreiche und lange Tagestour mit herrlichen Ausblicken in drei benachbarte Berggruppen; auch mit Kindern empfehlenswert (dann aber besser von Oberlech).
Der Gipfelanstieg erfordert Trittsicherheit.
Höhendifferenz: 1100 Meter.
Gesamtgehzeit: 6½ bis 7 Stunden.

Es hat uns selbst erstaunt, daß wir hier bei Oberlech, im Herzen des berühmten »Winterskizirkus«, an der Mohnenfluh einen Höhenweg entdeckt haben, der uns einen langen und abwechslungsreichen Tag durch wunderschöne Almen- und Naturlandschaften führte, und auf dem uns die an anderen Orten im Sommer meist recht häßlichen Pistenlandschaften weitgehend erspart blieben. Die Mohnenfluh selbst, noch zum Lechquellengebirge gehörend, steht etwas abseits – zu ihrem Vorteil, denn man genießt von ihrem Gipfel einen hervorragenden Überblick über die benachbarten Allgäuer und Lechtaler Alpen und natürlich auch über das Lechquellengebirge selbst.

Wegverlauf

Früh am Morgen sollten wir unsere Wanderung auf die Mohnenfluh beginnen, denn sie ist wirklich lang (wer konditionell nicht so gut in Form ist, kann auch vom Straßenende in Oberlech aus starten und auf diese Weise fast 1½ Std. sparen).

Wir verlassen das Sträßchen von Lech nach Oberlech schon in der ersten Kehre nach rechts und folgen hinter einer Schranke einem ebenen Fahrweg (Nr. 5). Er führt uns am Waldrand entlang (in 1/2 Std.) in ein waldiges Tälchen, in dem sich zwei Tobel treffen (Tobel heißt im alemannischen Sprachgebrauch »kleine Schlucht«), von denen wir den nördlichen, den *Stierlahntobel* verfolgen. Einige Kehren links hinauf und weiter in einem kleinen Kerbtal auf einem breiten Weg gehen wir bequem am Bach entlang. Immer wieder fällt der Blick auf das zur Rechten aufragende Karhorn, in dessen steilen Wiesenhängen noch das Edelweiß blüht. Schließlich erreichen wir den *Auenfeldsattel* (1710 m), ein flaches, mooriges Almgebiet.

Wir wenden uns nun nach links in ein flachhügeliges Gelände am Fuß unseres heutigen Ziels, der Mohnenfluh. Saftig grüne Hänge, von einer steilen Felsmauer durchzogen, werden gekrönt von einem breiten Felsgipfel. Wenn sich dieser Anblick auftut, befinden wir uns mitten in einem Gestrüpp von Heidel- und Rauschbeeren, die uns jetzt, nach einer guten Wegstunde zur ersten Rast verführen. Nach ausgiebiger Beerennascherei steigen wir einige Meter in eine Senke ab, aus der ein steiler Serpentinenpfad zwischen mit Erlengebüsch bestandenen Wasserrunsen hinauf zur *Mittleren* und dann weiter zur *Oberen Gaisbühelalpe* führt. Beide Almen (alemannisch: Alpen) sind nicht bewirtschaftet, eventuell ist eine einfache Einkehr möglich.

Wir folgen, etwas linkshaltend, einem Tälchen, das steiler werdend in einem kleinen Kessel endet. Nun noch einige Meter steil links hinauf und wir stehen plötzlich auf einer der Mohnenfluh vorgelagerten Schulter. Vor uns einige sumpfige Tümpel voll leuchtendem Wollgras. Ein schöner Blick öffnet sich nun auf die Lechtaler Berge und das Lechquellengebirge. Doch schließlich fallen unweigerlich die Skipisten ins Auge. Kraß ist der Wechsel von den blumenübersäten Almwiesen zum schütteren Bewuchs der planierten und anschließend mühsam begrünten Skipisten. Entwässerungsrinnen durchziehen den Hang, denn das unglaublich zähe Wurzelgeflecht der ursprünglichen Vegetation ist zerstört, der Boden ohne Halt. Durch den Abbau der Humusschicht ist die Wasseraufnahmefähigkeit des Bodens nur noch gering. Nach starken Regenfällen können die Wassermassen nicht mehr versickern und fließen oberflächlich ab. Ohne die künstliche Kanalisation (auf 2000 m Höhe!) würden die Kräfte der Erosion ihre zerstörerische Wirkung schnell entfalten.

Zehn Zentimeter Humusschicht, die das schützende Vegetationskleid der Alpen tragen, benötigten Jahrtausende, um sich zu entwickeln. Doch wie lang werden die künstlichen Wasserrinnen erhalten bleiben? Die Zeit wird hier keine Wunden heilen...

Nur ein nachdenkliches Viertelstündchen, und wir steigen über die Piste hinauf, bis wir am *Mohnensattel* (2315 m) unter dem Gipfelaufbau alle finsteren Gedanken hinter uns lassen. Jenseits liegt wie ein azurner Kristall, nur wenige Meter unter uns, der *Butzensee*. Die Entscheidung, ob wir gleich zu seinen Ufern hinunterstreben oder zuerst noch den Gipfel in einer guten halben Stunde über den steilen, aber einfachen Schrofenhang besteigen, fällt – besonders an heißen Tagen – schwer. Doch bei schönem Wetter lohnt die Aussicht von der *Mohnenfluh* (2542 m) jede Mühe! Drei Gebirgsgruppen liegen in unmittelbarer Nachbarschaft: Die Allgäuer Berge im Norden und das Lechquellengebirge im Westen und Süden beeindrucken mit großen schroffen Berggestalten und tief eingesägten Tälern, während die westlichen Ausläufer der Lechtaler Alpen mit ihren gerundeten grünen Rücken nur ahnen lassen, welch mächtiges Gebirge sich dahinter verbirgt.

Nach dem schweißtreibenden Gipfelgang ist die Erfrischung eines Bades im glasklaren Wasser des *Butzensees* ganz unbeschreiblich. Der geschundene Körper regeneriert sich im – gar nicht so kalten – Wasser in wenigen Minuten. Was wäre die ganze Bergsteigerei ohne diese Freuden?

Vom See steigen wir kurz durch eine kleinräumig strukturierte Dolinenlandschaft gegen Süden hinauf zu einem Sattel (1/4 Std.), von dem ein gemütlicher Weg durch Wiesen beginnt, immer links und leicht bergab. Wer nicht lärmt, kann auf diesem Weg Murmeltierfamilien, ja ganze Murmelclans beobach-

Folgende Abbildung:

Zwischen Mohnenfluh und Kriegerhorn (im Bild, mit Seilbahnstation) liegen die Gipslöcher; das sind Karstdolinen, hier aber nicht im Kalk, sondern im besonders wasserlöslichen Gipsgestein.

ten, die in den tonigen Böden der südseitig exponierten Hänge gute »Wohnbedingungen« vorfinden: Die Baue sind leicht zu graben, und vor der Haustür wachsen die saftigsten Kräuter. Da bleibt genügend Zeit für Verwandtenbesuche, Spiele, Boxen und Winterheu machen. Wie gesagt, man darf nicht lärmen, sonst macht ein schriller Pfiff dem lustigen Treiben ein schnelles Ende.

Bald nach einer Lifttrasse kommt eine Wegabzweigung, wo wir rechts bergabwärts in Richtung einer schon länger sichtbaren »Bombenkraterlandschaft« wandern (3/4 bis 1 Std. vom See – ohne Murmeltierbeobachtung!).

Diese *»Gipslöcher«* sind eine merkwürdige Erscheinung. Zunächst glaubt man einen Negativabdruck der Bozener Erdpyramiden vor Augen zu haben. Gips ist ein in Wasser leicht lösliches Mineral. Durch den unterirdischen Karstabfluß hat das Regenwasser die gipshaltigen Gesteinsschichten, die hier zutage treten, regelrecht durchlöchert, so daß Dutzende scharf gegrateter, steiler Trichter entstanden sind, die wabenförmig aneinandergereiht dieses bizarre Löcherfeld ergeben. Es wäre lebensgefährlich, in diese Löcher zu steigen, denn sie sind ausgesprochen brüchig, und obwohl sie nicht allzu tief sind, kann man sich durch Sturz leicht verletzen und kommt ohne Hilfsmittel kaum mehr heraus.

Unterhalb der Gipslöcher zieht ein Fahrweg ins Tal, dem wir folgen. Wir erreichen auf diesem Weg *Oberlech* (1669 m), können aber, nachdem wir eine Seilbahnstation und einen Bach passiert haben, angenehmer und kürzer rechts, über kleine Wiesensteige, hinunter zum unteren Ortsteil von Oberlech absteigen. Von dort kommen wir linkshaltend zur Straße und zu unserem Ausgangspunkt zurück (1 Std. von den Gipslöchern).

Touristische Informationen

Anfahrt: Vom Lechtal über Warth nach Lech (Buslinie 4268, Haltestelle Stugbenbach), am Ortsbeginn rechts Richtung Oberlech abbiegen; vom Arlberg über den Flexenpaß und Zürs nach Lech (Busline 4248 oder 4274), am Ortsende links abbiegen.
Ausgangs- und Zielpunkt: Die erste Kehre der Straße Lech – Oberlech (1500 m; zu Fuß 15 bis 20 Minuten von Lech, beschränkte Parkmöglichkeit!); Start auch in Oberlech (1669 m) möglich.
Höchster Punkt: Mohnenfluh, 2542 m.
Reine Gehzeit: 6 1/2 bis 7 Std.
Sehenswürdigkeiten: Naturkundlich interessant: Butzensee, Karstdolinen, Murmeltiere, mit viel Glück kann man (an der Nordschulter der Mohnenfluh) Steinböcke erspähen. Besonders erwähnenswert ist die bizarre Erosionslandschaft der »Gipslöcher«.

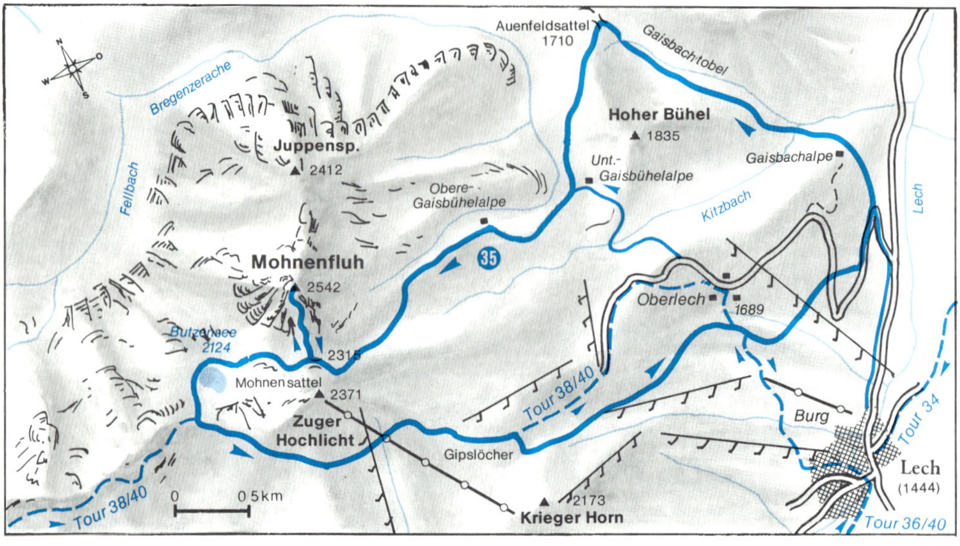

Einkehr/Unterkunft: Außer einigen Gasthöfen in Oberlech keine! Evtl. einfache Einkehr in der oberen Gaisbühelalpe möglich.
Varianten bzw. Abkürzungen: In Oberlech führt ein Weg über den Kitzbachtobel direkt zur unteren und weiter zur oberen Gaisbühelalpe (1 Std. kürzer).
Wer die Mohnenfluh nicht besteigen mag, kann vom Mohnenfluhsattel auch direkt zum Butzensee absteigen.
Karten: Alpenvereinskarte 1:25000, Nr. 3/2 Lechtaler Alpen – Arlberggebiet, oder Kompass Wanderkarte 1:50000, K 33 Arlberg – Nördl. Verwallgruppe.

36 Auf den Spuller Schafberg

Nicht nur für Schafe

Charakter: Abwechslungsreiche Streckenwanderung mit Gipfelabstecher; als Tagestour gut durchführbar, mit Hüttenübernachtung auch auf zwei Tage ausdehnbar.
Höhendifferenz: 930 Meter im Aufstieg, 1350 Meter im Abstieg.
Gesamtgehzeit: 7 Stunden.

Schafberg klingt so ein bißchen nach langweiligem Grasbuckel. Dabei weist er anspruchsvolle Kletterrouten auf – und selbst der Normalweg verlangt durchaus Trittsicherheit. Der Ausgangspunkt unserer Tour, der Spullersee, hat zwar einen kleinen natürlichen Vorgänger, ist in seiner heutigen Größe aber das Produkt der Staumauern, die in den zwanziger Jahren gebaut und in den sechziger Jahren nochmals erhöht wurden. Das Besondere an diesem Stausee ist, daß er gegen zwei Täler hin gestaut ist, die sogar in unterschiedliche Meere entwässern: Das Wasser des nach Süden abfließenden Spreubachs fließt dem Rhein und damit letztendlich der Nordsee zu, während der Spuller Bach über Lech und Donau dem Schwarzen Meer zugute kommt. Der Spullersee liegt also auf einer kontinentalen Wasserscheide; für einen See ist das recht kurios!

Wegverlauf

Von der nördlichen Staumauer des *Spullersees* führt ein Pfad um den Südfuß des Schafbergs herum auf kürzestem Weg zur *Ravensburger Hütte* (1947 m). Etwas weiter, aber zur Einstimmung sicher lohnend, ist es, den See auf einem Sträßchen südlich zu umrunden und erst dann die gut 100 Höhenmeter zur Hütte zu bewältigen.

Der Abstecher auf den Spuller Schafberg beginnt mit einer Querung nach Südwesten. An schön ausgebildeten Karren vorbei (das sind Längsrinnen im Kalkgestein, eine Karsterscheinung) geht es weiter über etliche Serpentinen zu einer flachen Wiese, die einen einladenden Rastplatz bildet. Dort wenden wir uns nach rechts und überwinden eine steile, zunächst noch breite Schulter. Sie wird im weiteren Verlauf immer schmaler und schließlich zu einem gratartigen Rücken. Diesem folgt der Steig bis zum Gipfel des *Spuller Schafbergs* (2679 m). Im oberen, felsigeren Abschnitt kann man an einigen Stellen die Hände zur Fortbewegung gebrauchen.

Auf gleichem Weg zur Hütte zurückgekehrt, setzen wir unsere Wanderung talein fort. Vom Weg zum Mahdlochjoch zweigen wir bald links ab zum *Stierlochjoch* (2009 m). Von nun an geht's bergab, zunächst auf einem ausgebauten Viehtriebweg. Diesen verlassen wir bald, um auf einem schmalen Pfad nach rechts zur *Stierlochalpe* (1796 m) zu gehen. Von dort gelangt man am rechten Hang (stellenweise bergauf) zur *Gstütalpe.* Am Nordfuß des Omeshorns entlang schlendern wir schließlich nach Lech hinunter.

Touristische Informationen

Anfahrt: Im Lechtal aufwärts, aus dem Bregenzer Wald über den Hochtannberg oder über den Flexenpaß nach Lech (auch Bundesbuslinie 4268 von Reutte und 4242 bzw. 4248 von Landeck bzw. St. Anton); kostenloses Parken in der Tiefgarage unter der Kirche. Weiter mit Linien-Kleinbus (Wanderbus) ab der Tiefgarage oder ab Dorfbrunnen (bei der Abzweigung nach Zug) zum Spullersee; Abfahrt um 9, 10 und 11 Uhr. Vor 9 Uhr darf man zwar auch mit dem Privat-Pkw zum

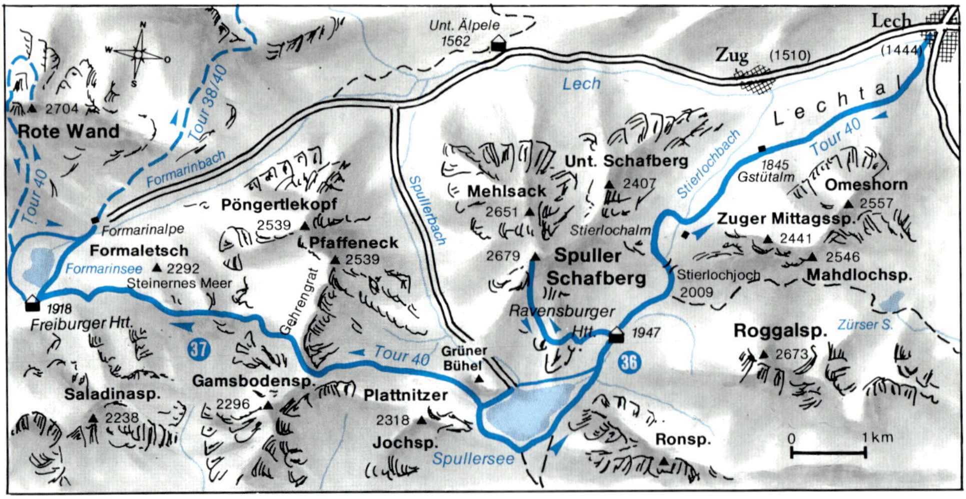

Die Ravensburger Hütte ist ein idealer Stützpunkt für den Spuller Schafberg.

Zum Gipfel hin verläuft der Aufstieg zum Spuller Schafberg meist nahe der Kammlinie. Im Hintergrund schauen die Berge des Verwall durch die Wolken.

Spullersee fahren, das hat aber keinen Sinn für diese Tour; seien wir froh, wenn unsere Benzinkutsche einmal nicht in die letzten Winkel vordringt.
Ausgangspunkt: Spullersee, 1830 m.
Höchster Punkt der Streckenwanderung Stierlochjoch, 2009 m; bzw. mit Gipfelabstecher Spuller Schafberg, 2679 m.
Zielpunkt: Lech, 1444 m.
Reine Gehzeiten: Spullersee – Ravensburger Hütte 1/2 Std., Ravensburger Hütte – Spuller Schafberg 2 1/2 Std., Spuller Schafberg – Ravensburger Hütte 2 Std., Ravensburger Hütte – Lech 2 Std.
Sehenswürdigkeiten: In Lech: Pfarrkirche (Ende 14. Jh., Rokoko-Ausstattung Ende 18. Jh.) und Heimatmuseum (Walsersiedlung!).
Einkehr/Unterkunft: Ravensburger Hütte (bewirtschaftete Alpenvereinshütte).
Varianten: Von der Ravensburger Hütte über das Mahdlochjoch (2437 m) und den Zürser See nach Lech; Begehung in umgekehrter Richtung und Verknüpfung mit Tour 37.
Karten: Alpenvereinskarte 1:25000, Nr. 3/2 Lechtaler Alpen – Arlberggebiet, oder Kompass Wanderkarte 1:50000, K 33 Arlberg – Nördl. Verwallgruppe.

Folgende Abbildung:
Vom Gipfel des Spuller Schafberges reicht der Blick nach Norden über den Lech hinweg zu den Allgäuer Alpen.

37 Über den Gehrengrat von See zu See

Entlang der europäischen Hauptwasserscheide

Charakter: Abwechslungsreicher Höhenweg, für absolut trittsichere Bergsteiger ohne alpinistische Schwierigkeiten, aber gefährlich für bergunerfahrene Wanderer. Nicht bei Schnee gehen, da der Weg über das Karrenfeld des Steinernen Meeres dann nicht mehr zu finden ist und scharfkantige Karren sowie Schachtdolinen als Gefahren lauern. Wegen der steilen und schmierigen Ostseite des Gehrengrates auch bei Regen meiden.
Höhendifferenz: 620 Meter im Aufstieg, 570 Meter im Abstieg.
Gesamtgehzeit: 4½ Stunden.

Einen herausragenden Gipfel hat die Tour über den Gehrengrat nicht zu bieten – Sammler berühmter Gipfel können also weiterblättern. Naturfreunde und Genießer werden sich aber an den botanischen, geologischen und landschaftlichen Reizen in einer Bergregion mit ungewöhnlich gegensätzlichen Gesichtern erfreuen. Mit etwas Glück sind sogar Steinböcke zu beobachten.

Wegverlauf

Mit dem Kleinbus lassen wir uns morgens von Lech zum *Spullersee* (1830 m) chauffieren. Zunächst spazieren wir ein Stück auf dem Sträßchen, als wollten wir gegen den Uhrzeigersinn um den See gehen. Wo linker Hand, also auf der Seeseite, ein kleines Hüttlein steht, zweigt gegenüber, also rechts, der Weg zur Freiburger Hütte ab. Daß wir richtig sind, bestätigt sich nach rund 10 Metern mit einem roten »F. H.« samt Pfeil am Boden. Bald passieren wir eine *Schützhütte* (mit Kreuz). Vor einem Graben steigen wir erst ein Stück nach links hinauf, um ihn auf einem neueren Weg etwas höher zu überqueren. Vor einem Betonklotz verzweigen sich die Wege; wir folgen der Markierung »FH« nach rechts. Etwas oberhalb des tiefsten Jocheinschnitts öffnet sich der Blick auf das Rätikon. Dort wendet sich unser Weg nach rechts. Zunächst sanft ansteigend, dann aber immer steiler werdend führt der Weg auf den imponierend aufragenden *Gehrengrat* (2439 m) zu. Ein äußerst steiler Grashang (bei Nässe sehr gefährlich!) wird nun in vielen engen Kehren überwunden; an einer Stelle braucht man die Hände. Keinesfalls Steine lostreten, diese können sich auf Gras nämlich enorm beschleunigen! Auf der Kammhöhe geht's nach rechts weiter, zunächst noch immer bergauf.

Nach einem Flachstück verläßt unser Weg den Kamm nach links und führt ein Stück unterhalb eines mit roter Vermessungsstange gekennzeichneten erhabenen Gratpunktes vorbei. Nach kurzer Querung führen die Steigspuren nach links über den Hang hinab. Nach einer felsigen Steilstufe erreichen wir ein eindrucksvolles Karstgebiet mit ausgeprägten Karren und noch tiefen Schächten. Die relativ gute Wasserlöslichkeit der Rätkalke in diesem Gebiet ermöglicht es dem Regenwasser, sich Abflußbahnen ins Gestein zu bahnen, statt oberflächlich abzufließen. So entstehen diese faszinierenden Gesteinsskulpturen. Auf diesem Karrenfeld empfiehlt sich vorsichtiges Gehen, denn die scharfkantigen Karren können bei einem kleinen Ausrutscher recht unangenehm sein, von den Dolinen (Schächten) ganz zu schweigen. Genau auf die Markierungen zu achten ist hier sehr wichtig, insbesondere bei Nebel. Daraus ergibt sich auch, daß man den Weg nach Schneefällen gar nicht begehen sollte.

Nahe dem Formaletsch sind wieder mergelige und wasserstauende Gesteine erreicht, so daß der Weg zwar wieder lehmiger, dafür aber nicht mehr mit Karren durchzogen ist. Gleich nach dem Joch, unter dem Forma-

Folgende Abbildung: Am Weg zum Gehrengrat; ein Blick zurück auf den Spullersee.

Die urige Karstlandschaft des Steinernen Meers mit den markanten Rillen- und Rinnenkarren imponiert vor allem im schrägen Abendlicht.

letsch, verzweigen sich die Wege: Rechts geht es zu mehreren kleinen Lacken, links gehen wir. Eine folgende Abzweigung nach links wird ignoriert. Die *Freiburger Hütte* (1918 m) liegt so aussichtsreich am *Rauhen Joch,* daß kaum jemand der Versuchung widerstehen wird, dort einzukehren.

Zum Schluß wandern wir am Formarinsee entlang, der wunderschön unter der Roten Wand gelegen ist, zur *Formarinalpe* (1871 m). Dabei hat man die Wahl zwischen dem weiteren, aber bequemeren Weg links um den *Formarinsee* (1789 m) und dem direkteren, recht reizvollen Steig rechts am See vorbei. Der Kleinbusdienst sorgt für die Rückfahrt nach Lech. Die Abholzeiten kann man bei der Anfahrt erfragen bzw. mit dem Fahrer vereinbaren.

Touristische Informationen

Anfahrt: Nach Lech mit Bundesbus 4268 von Reutte oder 4242 bzw. 4248 von Landeck bzw. St. Anton; den Privat-Pkw parkt man am besten (kostenlos) in der Tiefgarage unter der Kirche. Zum Spullersee kommt man mit dem Kleinbusdienst; Abfahrt um 9, 10 und 11 Uhr bei der Tiefgarage und beim Brunnen neben der Abzweigung nach Zug. Der Kleinbusdienst ermöglicht auch die Rückfahrt von der Formarinalpe.
Ausgangspunkt: Spullersee, 1820 m.
Höchster Punkt: Gehrengrat, 2439 m.
Zielpunkt: Formarinalpe, 1875 m.
Reine Gehzeiten: Spullersee – Gehrengrat 2 Std., Gehrengrat – Freiburger Hütte 2½ Std.
Sehenswürdigkeiten: Steinböcke am Gehrengrat, klassische Karstformen (Karren, Dolinen) im Kalkgestein des Steinernen Meeres. In Lech: Pfarrkirche (Ende 14. Jh., Rokoko-Ausstattung Ende 18. Jh.) und Heimatmuseum (Walsersiedlung).
Einkehr/Unterkunft: Freiburger Hütte, 1918 m, bewirtschaftete Alpenvereinshütte.
Variante/Abstecher: Besteigung der Roten Wand (nach Übernachtung auf der Freiburger Hütte), 3 Std. für den Aufstieg, nur für Geübte.
Karte: Kompass Wanderkarte 1:50000, K 33 Arlberg – Nördl. Verwallgruppe.
Kartenskizze siehe Seite 169.

38 Über die Göppinger Hütte zur Braunarlspitze

Steiniger Höhenweg durchs nördliche Lechquellengebirge

Charakter: Hochalpine Bergtour mit Kraxeleinlagen und vielfältigen landschaftlichen Highlights; für einen Tag recht lang, auf zwei Tage verteilt gemütlich.
Höhendifferenz: 1000 Meter im Aufstieg, 1400 Meter im Abstieg.
Gesamtgehzeit: 9½ Stunden.

Der Höhenweg von der Formarinalpe nach Lech ist landschaftlich besonders vielfältig. So sieht man Karstformen am Unteren Johannesjoch, ein wunderschönes, mit Wollgras bestandenes Feuchtbiotop am Oberen Johannesjoch und die Gipslöcher beim Kriegerhorn. Dazu kommen an einigen Stellen kleine Gletscher bzw. deren Reste, die insofern etwas Besonderes darstellen, da sie für alpine Verhältnisse an außergewöhnlich niedrigen Bergen existieren; der hohe Niederschlag nahe dem Alpenrand macht's möglich, die Erwärmung der letzten Zeit läßt das Eis aber stark abschmelzen. Den Höhenweg können konditionsstarke Bergsteiger an einem Tag bewältigen. Wer aber eine Übernachtung auf der Göppinger Hütte einplant, hat sicher mehr von der Tour und kann auch in Ruhe die Braunarlspitze mit ihrer großartigen Aussicht genießen.

Wegverlauf

Wie bei den Touren 36 und 37 benutzen wir den Kleinbusdienst von Lech aus, diesmal aber nicht zum Spullersee, sondern zur *Formarinalpe* (1871 m). Direkt östlich (rechts) neben dieser setzt der Weg an, der zwischen einem Vermessungspunkt und einem Kreuz

Am Oberen Johannesjoch wandert man an diesem Feuchtgebiet mit wunderschönem Wollgras vorbei. Im Hintergrund der Misthaufen (so heißt der Berg!) und die Hirschenspitze (rechts).

hindurch zunächst ganz unscheinbar beginnt. Er quert dann durch einen auch morgens schon recht sonnigen Südosthang. Beim *Unteren Johannesjoch* (2055 m) zweigt unser Weg nach rechts ab, um nach dem *Oberen Johannesjoch* (2037 m, tatsächlich niedriger!) eine Steilstufe zu überwinden. Am Südostrücken der Hirschenspitze angekommen, wenden wir uns nach links. Bei einer Stange leicht abwärts in die weite *Johanneswanne*. Jenseits geht es über eine Rampe wieder bergauf. Der Steig führt alsdann rechts um den Östlichen Johanneskopf herum. Sobald die Göppinger Hütte in Sichtweite ist, öffnet sich das Gelände; daher lohnt es jetzt, genau den Markierungen zu folgen, wenn man

Die Göppinger Hütte in der trockenen Karstlandschaft des Gamsbodens. Im Hintergrund der Westliche und Östliche Johanneskopf sowie der Rest eines Gletschers.

nicht umständlich durch eine Karstlandschaft kraxeln will.

Ein Blick nach links zurück zeigt im hinteren Gamsboden, unter Johannes- und Bratschenkopf, Gletscherreste – und das bei einer Karumrahmung, die nur an einigen Stellen 2500 Meter übersteigt! Daß hier noch Ende des letzten Jahrhunderts ein richtiger, aktiver Gletscher lag, machen die mächtigen, noch fast unbewachsenen Moränenwälle davor deutlich (auch alte Karten bestätigen das). Die *Göppinger Hütte* (2245 m) hat im Spätsommer arge Wasserprobleme, da sie in einem Karstgebiet liegt; früher lieferten Schneeflecken unter der Hochlichtspitze genügend Schmelzwasser bis in den Herbst; in den warmen Sommern der achtziger Jahre aber tauten diese schon frühzeitig ab. Wer auf der Hütte übernachtet und einigermaßen trittsicher ist, kann als »Abendspaziergang« noch das Hochlicht (auf neueren Karten zur Hochlichtspitze verwandelt) besteigen.

Wenn es auch kein Leitungswasser gibt, sollte man unbedingt reichlich Getränke mitnehmen, bevor man die Hütte verläßt – richtige Quellen gibt es am Weg nicht! Von der Hütte weg geht es auf dem *Thomas-Praßler-Weg* nach Nordosten, rechts unter der Hochlichtspitze vorbei (nicht der blauen Markierung »KG« zum Klettergarten folgen), zum Südhang unter der Braunarlspitze.

Der *Abstecher zum Gipfel* setzt bei einem Wegweiser an und führt zunächst mühsam über eine Schutthalde empor. An den Felsen angelangt, muß gleich zu Beginn die Schlüsselstelle (Schwierigkeitsgrad I) überwunden werden. Nach einer längeren Querung nach links (Westen) schickt uns ein Pfeil nach rechts; hier nicht nach der alten, blassen Markierung geradeaus weitergehen. Knapp unterhalb des Gipfels sollte man eine kleine Scharte rechts des Weges nutzen, um einen Blick in die schaurig steile und kalte Hochgletscherwanne zu werfen. Noch immer liegt dort der »Hochgletscher«, der nicht, wie sein Name vermuten läßt, besonders hoch liegt, sondern in einer für alpine Gletscher relativ geringen Höhe.

Wenn der Blick dann vom Gipfel der *Braunarlspitze* (2649 m) in die Ferne schweift, grüßen deutlich höhere und größere Gletscher mit ihren weißen Flanken: so zum Beispiel von der Wildspitze, der Weißkugel, der Bernina oder dem Tödi. Gegenüber im Norden reicht der Blick über die Allgäuer Alpen und über den Bodensee hinweg ins Alpenvorland hinaus. Wenn das Wetter gut ist, wird jeder Bergsteiger froh sein, wenn er hier oben Zeit hat (ein Argument, die Tour in zwei Tagen durchzuführen).

Zurück an der Wegverzweigung gehen wir nach links um die Butzenspitze herum Richtung Butzensee. Nahe dem See nach rechts, der Wegweisung »23 Lech über Petersboden« folgend. Um das Zuger Hochlicht wandern wir nun rechts herum zu den *Gipslöchern*. Diese sind im Prinzip Karstdolinen, wobei der Anhydrit (»Gips«) noch viel wasserlöslicher ist als Kalk, so daß besonders spektakuläre Löcher und Schächte entstehen können (siehe auch Tour 35). Hier sind wir schon im Skigebiet von Lech und haben eine Vielzahl aufwendig ausgeschilderter Wanderwege zur Auswahl, um über *Oberlech* nach *Lech* zu gelangen.

Touristische Informationen

Anfahrt: Nach Lech mit Bundesbus 4268 von Reutte oder 4242 bzw. 4248 von Landeck bzw. St. Anton. Wer mit dem eigenen Auto anfährt, parkt am besten (kostenlos) in der Tiefgarage unter der Kirche. Zur Formarinalpe kann man vor 9 Uhr zwar mit dem Privat-Pkw fahren, da unsere Wanderung aber in Lech endet, nehmen wir besser den Wanderbus, der um 9, 10 und 11 Uhr in Lech bei der Tiefgarage abfährt (Zustieg auch beim Brunnen neben der Brücke bei der Abzweigung nach Zug).

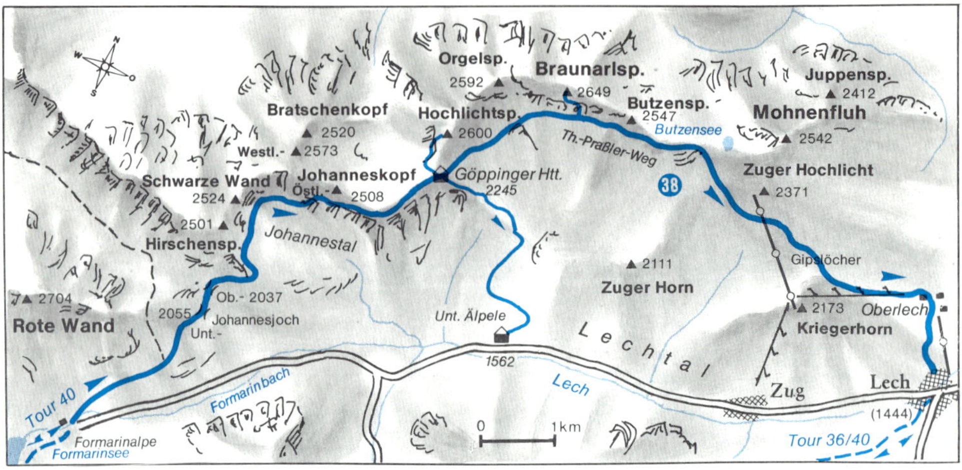

Ausgangspunkt: Formarinalpe, 1871 m.
Höchste Punkte: Gipfelabstecher Braunarlspitze, 2649 m, ohne Gipfelabstecher ca. 2450 m.
Zielpunkt: Lech, 1444 m.
Reine Gehzeiten: Formarinalpe – Göppinger Hütte 4 Std., Göppinger Hütte – Braunarlspitze 2¼ Std., Braunarlspitze – Lech 3¼ Std.
Sehenswürdigkeiten: In Lech: Pfarrkirche (Ende 14. Jh., Rokoko-Ausstattung Ende 18. Jh.) und Heimatmuseum in Lech (Walsersiedlung). Karsterscheinungen in Kalk (Karren, Dolinen) und Gips (Gipslöcher), kleine Gletscher bzw. deren Reste und Moränen.
Einkehr/Unterkunft: Göppinger Hütte, 2245 m, bewirtschaftete Alpenvereinshütte.
Varianten/Abstecher: Zur Göppinger Hütte kürzerer Aufstieg vom Unteren Älple (1562 m, 2 Std.); Hochlichtspitze (2600 m, 1¼ Std.), Aufstieg von der Göppinger Hütte.
Karte: Kompass Wanderkarte 1:50000, K 33 Arlberg – Nördl. Verwallgruppe.

39 Lechtaler Höhenweg

Eine der schönsten Hochgebirgsdurchquerungen in den Ostalpen

Charakter: Hochgebirgsdurchquerung entlang dem Hauptkamm der Lechtaler Alpen. Tagesetappen von Hütte zu Hütte von 3 bis 5 Stunden Gehzeit, Augsburger Höhenweg 8 bis 9 Stunden. Diese Teilstrecke ist nicht nur die längste, sondern mit klettersteigähnlichen Passagen auch die alpinistisch anspruchsvollste. Schrofengelände, Fels und Steilgras erfordern auch auf den anderen Streckenabschnitten Schwindelfreiheit und Trittsicherheit; die Höhenlage zwischen 2000 und 3000 Metern verlangt eine entsprechende Ausrüstung.
Gesamtgehzeit: 7 bis 9 Tage

Der Lechtaler Höhenweg ist eine der großartigsten Hochgebirgsdurchquerungen in den Ostalpen und eine logische Verbindung von Steigen und Wegen entlang des von Südwesten nach Nordosten ziehenden Hauptkamms. Eine Woche oder länger bewegt man sich in hochalpinem Gelände, meist zwischen 2000 und 3000 Meter, und erlebt den Wandel der Gebirgslandschaften vom Flexenpaß bis zum Hahntennjoch.

Der Wechsel zwischen zerscharteten Felskämmen und grünen, blütenübersäten Hochtälern, herrliche Blicke in die nahen eisgepanzerten Zentralalpen, einige kristallklare (Bade-)Seen und viele zusätzliche Gipfelmöglichkeiten bieten täglich neue Höhepunkte. Dies und die perlschnurartig gereihte Kette ideal gelegener Alpenvereinshütten machen diesen Weg zum begehrten (doch nicht überlaufenen) Ziel vieler Hochtouristen.

Der Höhenweg ist durch die Hütten in Etappen gegliedert, die für geübte Wanderer problemlos in drei bis fünf Stunden bewältigt werden können – mit Ausnahme des Augsburger Höhenwegs! Dieses Herzstück der Durchquerung, von Schwärmern gern als »Königsetappe« bezeichnet, ist – gewürzt durch einige klettersteigähnliche Passagen – nichts für Anfänger. Die acht bis neun Stunden Gehzeit zwischen Ansbacher und Augsburger Hütte fordern schon etwas mehr »Schmalz« als die Normaletappen. Wer dann noch die 3036 Meter hohe Parseierspitze, den höchsten Gipfel der Nördlichen Kalkalpen, besteigt, wird die Klasse dieses Höhenwegs bestätigen.

Übrigens, dieser anspruchsvollste Abschnitt des Lechtaler Höhenwegs kann von weniger Geübten (oder bei unsicherem Wetter) einfach, doch landschaftlich und botanisch reizvoll, übers hinterste Parseiertal umgangen werden.

Der Weg wird üblicherweise von Südwesten nach Nordosten begangen. Das hat den Vorzug, daß man sich von den vergleichsweise sanften Bergen um Stuttgarter und Leutkircher Hütte in nicht zu langen Tagesetappen den eindrucksvollen und anstrengenderen Abschnitten des wild zerrissenen Hauptkamms nähert.

Der nördliche Bereich der Durchquerung steht dem zentralen Hauptkamm an Wildheit nicht nach. Obermedriol und das Parzinn mit ihren himmelstrebenden Pfeilern und Graten sind Gebirgslandschaften ganz eigenen Charakters. Und wer schließlich den Anhalter Höhenweg als Schlußetappe wählt, erlebt ein grandioses Finale.

Während der Wegverlauf entlang des Hauptkamms eindeutig ist, hat man am Beginn und am Ende dieser Gebietsdurchquerung die Wahl zwischen mehreren Alternativen. Ganz nach individuellem Geschmack und abhängig von der zur Verfügung stehenden Zeit sowie dem Zustand der Füße kann man zum Einstieg und zum Ausklang Seilbahnhilfe, Höhenwege oder Täler wählen.

Zu den Anforderungen: Dieser Weg ist nichts für Halbschuhtouristen. Bis in den Hochsommer schneegefüllte Rinnen, Schrofen, Fels und Steilgras, gelegentlich fehlende Seilsicherungen usw. erfordern neben einer dem Gelände und den Verhältnissen angepaßten Ausrüstung Trittsicherheit, Kondition und ein wenig bergsteigerische Erfahrung. Sonst könnte diese genußreiche Wanderung durch einen Wettersturz oder einen kleinen Ausrutscher urplötzlich zur lebensgefährlichen Unternehmung werden. Die Anforderungen und Gefahren des hochalpinen Geländes müssen realistisch eingeschätzt wer-

Die Steinseehütte liegt besonders eindrucksvoll über dem oberen Starkenbachtal. In der Bildmitte wird sie überragt von der Steinkarspitze.

den, denn es gibt schon viel zu viele vermeidbare Unfälle in den Bergen.

Die meisten Begeher des Lechtaler Höhenwegs finden sich naturgemäß in der Hochsaison Mitte Juli bis Mitte August (dann sind gelegentlich auch die Hütten überfüllt). Ideale Verhältnisse mit meist stabilem Wetter herrschen aber auch oft noch im September. Wer schon im Juni aufbrechen will, wird stellenweise fast noch winterliche Verhältnisse vorfinden und sollte den alpinen Anforderungen entsprechend gerüstet sein (zum Beispiel Steigeisen und Pickel, evtl. Seil).

Die meisten Abschnitte des Lechtaler Höhenwegs sind in Touren dieses Buchs beschrieben, wenn auch zum Teil in umgekehrter Richtung.

Wegverlauf

Übersicht in Stichpunkten. Falls Alternativen möglich sind, wird die empfehlenswertere immer zuerst genannt. Kürzere Etappen können als Tagestour zusammengefaßt werden. Zum Beispiel: Etappen 3 und 4 Leutkircher Hütte – Ansbacher Hütte oder Etappen 7 und 8a Württemberger Haus – Hanauer Hütte. Achtung: Die Zeitangaben sind als reine Gehzeiten zu veranschlagen!

1. Zur Stuttgarter Hütte, 2305 m (Tour 33):
a) von Lech mit der Seilbahn auf den Rüfikopf, 2362 m, und übers Ochsengümple und die Rauhekopfscharte, 2415 m, 2 Std.;
Gipfel: Trittwangkopf, 2482 m;
b) von Lech durchs Wöstertal zum Friedrich-Mayer-Weg und zur Rauhekopfscharte, 4 bis 5 Std.;
c) von Zürs durchs Pazüeltal, 2 Std.

2. Zur Leutkircher Hütte, 2261 m (Tour 32, 33):
a) übers Erlijoch, 2430 m, und die Erlachalpe, 3½ Std.;
b) über die Trittscharte, 2580 m, Ulmer Hütte, 2279 m, und das Valfagehrjoch, 2543 m, 6½ bis 7 Std.;
Gipfel: Trittkopf, 2720 m, +3½ Std.; Valluga, 2809 m, +¾ Std.

3. Zum Kaiserjochhaus, 2310 m (Tour 31, 32), 2 Std.;
Gipfel: Stanskogel, 2757 m, +3¼ Std.; Bergleskopf, 2577 m, +1/2 Std.

4. Zur Ansbacher Hütte, 2376 m, über Kridlonscharte, 2371 m, Hinterseejoch, 2482 m, und Alperschonjoch, 2303 m, 4½ Std.;
Gipfel: Samspitz, 2624 m, +1 Std.

5. Zur Augsburger Hütte, 2289 m (vgl. Tour 25):
über den Augsburger Höhenweg, 8 bis 9 Std.

Alternative:
Zur Memminger Hütte, 2242 m (Tour 25):
über Grießlscharte, 2632 m, Langkar und das Parseiertal, 1723 m, 5 Std.

6. Zum Württemberger Haus, 2220 m (Tour 24, 26):
a) von der Augsburger Hütte über den Gatschkopf, 2945 m, und den Spiehlerweg, 4 bis 5 Std.;
Gipfel: Parseierspitze, 3036 m (Tour 26), +1½ Std., Schwierigkeitsgrad I-II!
b) von der Memminger Hütte über Seescharte und Großbergspitze, 2657 m, 3½ Std.

7. Zur Steinseehütte, 2061 m (vgl. Tour 19):
vom Württemberger Haus übers Gebäudjöchl, 2452 m, und Roßkarscharte, 2400 m, 4 bis 5 Std.

8. Zur Hanauer Hütte, 1922 m (Tour 19, 20):
a) von der Steinseehütte, 2061 m, 2 Std.;
Gipfel: evtl. Dremelspitze, 2733 m, +3½ Std., Schwierigkeitsgrad II!
b) unter Auslassung der Steinseehütte direkt vom Württemberger Haus über Bitterscharte, 2535 m, und Gufelseejöchl, 2373 m, zur Hanauer Hütte, 5 bis 6 Std.;
Gipfel: Kogelseespitze, 2647 m, +1½ Std.

9. Zur Muttekopfhütte, 1934 m, über Galtseitejoch, 2421 m, und Muttekopfscharte, 2630 m, 4½ Std.;
Gipfel: Muttekopf, 2774 m, +1½ Std., von dort Abstieg möglich: nach Imst (Tour 18) oder über das Alpjoch zum Lift.

10. Zur Anhalter Hütte, 2038 m (Tour 16):
a) von der Muttekopfhütte, 1934 m, über

Scharnitzsattel, 2441 m, Hahntennjoch, 1894 m, und Steinjöchl, 2198 m, 4 Std.; *Gipfel:* Maldongrat, 2544 m, +2 Std.
b) direkt von der Hanauer Hütte 1922 m, durch Angerle- und Plötzigtal, 4 bis 5 Std.;

11. Abstieg:
a) über den Anhalter Höhenweg (Egger Muttekopf – Elmer Kreuzspitze) nach Elmen, 976 m, 7 bis 8 Std. (Tour 17);
b) über die Namloser Wetterspitze, 2553 m, durchs Fallerscheintal nach Namlos, 1263 m, 3½ bis 4 Std. (Tour 15);
c) durchs Tegestal zum Fernsteinsee, 943 m, bzw. nach Nassereith, 836 m, 5 Std. (Tour 12);
d) durchs Plötzigtal nach Bschlabs, 1315 m, 2½ Std. (Tour 17);
e) durchs Brennhüttental nach Namlos, 1263 m, 2 Std. (Tour 15).

Den westlichsten Punkt im Einzugsgebiet des Lechs markiert die Rote Wand; optisch wird sie hier überragt von einer exponiert wachsenden Zirbe oberhalb des Formarinsees.

40 Große Runde durch das Lechquellengebirge

Drei, vier oder fünf Tage, das ist hier die Frage

Charakter: Die drei Touren 36, 37 und 38 kann man zu einer großartigen Rundtour verbinden, auf der man einen Großteil des Lechquellengebirges durchstreift.
Gesamtgehzeit: 3 bis 5 Tage

Das Lechquellengebirge, zwischen Großem Walsertal und Klostertal in Vorarlberg gelegen, zählt nicht zu den bekanntesten Gebirgsgruppen der Ostalpen. Das ist Naturgenießern, die ruhigere Refugien suchen und bereit sind, mit einem Mehrtagerucksack unterwegs zu sein, gerade recht.
Drei bis fünf Tage sind für diese Rundtour angesetzt. Wer es allerdings darauf anlegt, kann die Strecke in zwei Tagen hinter sich bringen. Dazu läuft man an der Ravensburger Hütte vorbei über den Gehrengrat gleich zur Freiburger Hütte und am nächsten Tag über

die Göppinger Hütte in einem Satz zurück nach Lech (einen dritten Tag braucht man dann zur Erholung). Wer es gemütlicher angeht, vielleicht zusätzlich auch auf einigen der interessanten Berge am Weg stehen will, kann sich auch eine Woche lang im Lechquellengebirge vergnügen, und das ohne sich zu langweilen.

Wegverlauf

Wegverlauf gegliedert in Tourenetappen und Gipfelabstecher. Pro Tag kann man sich 1 bis 3 der folgenden Punkte vornehmen, je nach Wetter, Kondition, Lust und Laune.

1. Lech – Ravensburger Hütte, 1947 m (Tour 36):
a) über die Stierlochalm, 2½ Std.;
b) über Zürser See und Mahdlochjoch, 3½ Std.

2. Gipfeltour Spuller Schafberg, 2679 m (Tour 36): 3½ Std. für Auf- und Abstieg.

3. Ravensburger Hütte – Freiburger Hütte, 1918 m (Tour 37): Um den Spullersee und über den Gehrengrat, 2439 m, 5 Std.

4. Gipfeltouren auf:
a) **die Rote Wand,** 2704 m, Schwierigkeitsgrad I-II, 6 Std.;
b) **die Saladina-Spitze,** 2238 m, 2½ Std.;
c) **den Roggelskopf,** 2284 m, 3 Std. (jeweils für Auf- und Abstieg).

5. Freiburger Hütte – Göppinger Hütte, 2245 m (Tour 38): Über die Formarinalpe und das Johannesjoch, 4½ Std.

6. Gipfeltour auf die Hochlichtspitze, 2600 m, 2¼ Std. mit Abstieg.

7. Göppinger Hütte – Lech, 1444 m (Tour 38): auf direktem Weg 4½ Std.
Abstecher auf die **Braunarlspitze** (Krönung der Tour), 1¾ Std. mit Abstieg (dazu eine ganze Stunde für Gipfelrast einplanen – es lohnt sich!).

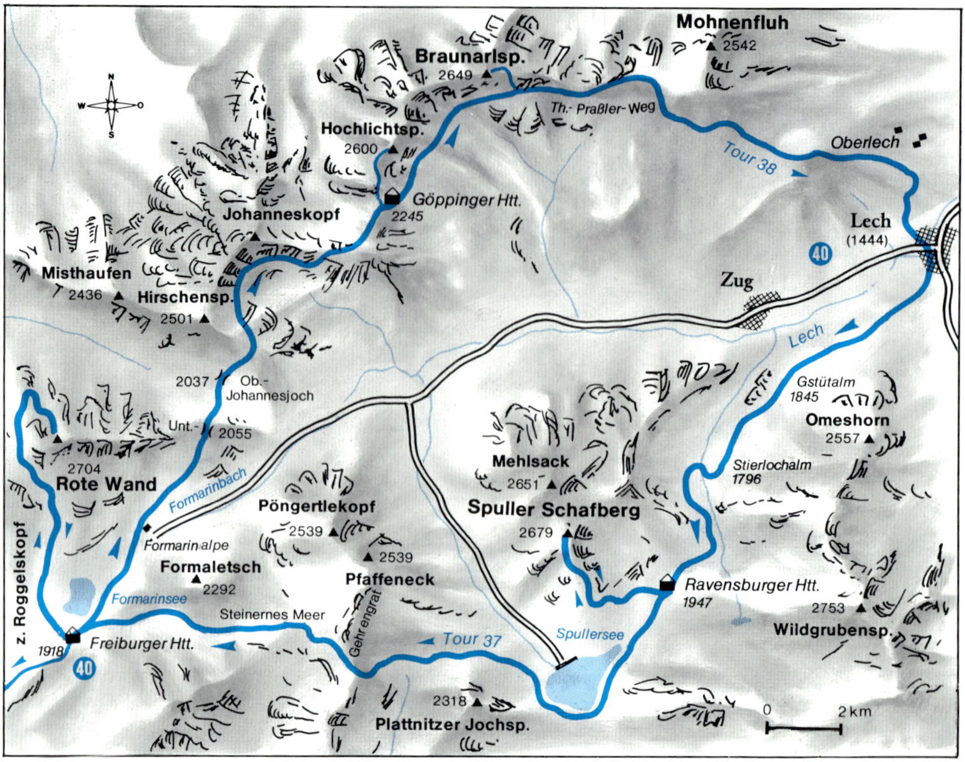

Anhang

Einige Worte zur Tourenvorbereitung

Richtiges Verhalten und Sicherheit am Berg

Wer sich im Hochgebirge bewegt, muß verantwortungsbewußt handeln, und zwar gegenüber sich selbst und seinen Mitmenschen, ebenso wie gegenüber der Natur. Im Hochgebirge ist man Gefährdungen ausgesetzt, an die man als Stadtmensch üblicherweise gar nicht denkt. Es gilt aber auch, sich umweltgerecht zu verhalten, denn in einem solch extremen Lebensraum ist die Natur besonders sensibel.
Zum richtigen Verhalten in den Bergen hat der Deutsche Alpenverein (DAV) unter dem Motto »sanft und sicher« die wichtigsten Grundregeln zusammengestellt:

Tips des DAV fürs Bergwandern und Bergsteigen

Sanft – der Natur und uns allen zuliebe

1. Fahrgemeinschaften bilden
Eine Selbstverständlichkeit, wenn man mit dem Auto ins Gebirge fährt. Wie steht's mit dem geregelten Drei-Wege-Katalysator?

2. Vernünftig parken
In den meisten Talorten gibt es Parkplätze oder Abstellmöglichkeiten am Straßenrand, wo niemand behindert wird. Bitte nicht versuchen, am Berg so weit wie möglich mit dem Auto hinaufzufahren.

3. Die Kombination Bahn / Fahrrad nützen
Wenn möglich, sollte das Auto zu Hause bleiben. Wer mit dem Zug fährt und sein Fahrrad mitnimmt, ist den Pkw-Touristen gegenüber mitunter sogar im Vorteil. Denn diese können nicht in die langen Täler hineinfahren und sich so die Zustiege verkürzen. – Übrigens gibt es ein Programm »Bergwandern leicht gemacht«, herausgegeben von der Deutschen Bundesbahn und vom Deutschen Alpenverein.

4. Die Bergnatur in Ruhe lassen
Daß man Blumen nicht pflückt, die Tierwelt nicht stört und nicht herumschreit, wissen die meisten Bergfreunde. Halten Sie sich auch daran?

5. Nirgendwo Spuren hinterlassen
Abfall gehört auf die Deponien der Zivilisation. Im Erlebnisraum Alpen ist kein Platz dafür. Auch Gewässer nicht verunreinigen!

6. Auf den Wegen bleiben
Wo immer möglich, unmittelbar auf gebahnten und markierten Wegen gehen – nicht daneben. Alpine Pflanzendecken reagieren empfindlich auf Trittschäden.

7. »Abschneider« vermeiden
Der Bodenerosion keine Zusatzchance auf bewachsenen Hängen geben! Ein »bißchen abkürzen« – und die dabei entstehenden Rinnen können sich zu großflächigen Zerstörungen entwickeln. Schließlich geht die Bodendecke auf ganzen Hangteilen dahin.

Sicher – damit Sie Ihre Freude genießen können

8. Zuerst planen
Was sagt die Führerliteratur, die Routenbeschreibung, die Landkarte zur vorgesehenen Tour? Wie hoch geht es hinauf? Mit wieviel Stunden Gehzeit muß man rechnen? Planen macht Spaß und erspart Enttäuschungen. Klug kann man auch ohne Schaden sein!

9. Die eigenen Fähigkeiten überprüfen
Fehlt es nicht an der Kondition? Oder doch noch etwas am technischen Können?
Zur gewissenhaften Vorbereitung gehört auch körperliches Training. Leichtsinn und Selbstüberschätzung sind oft der Anfang vom Ende. Gehen Sie auf »Nummer Sicher«. Sie haben mehr Freude an der Tour.

10. Die zweckmäßige Ausrüstung wählen
Was sagt die Checkliste? Fehlt etwas oder ist etwas defekt? Am Berg ist es zu spät! Aber bitte auch keine unnötige »Musterkollektion« im überschweren Rucksack mitschleppen.

11. Informationen über Wetter und Wege einholen
Wetterbericht abhören, den alpinen Wetterdienst (Telefon 1 15 09), in speziellen Fällen auch die alpine Auskunft des DAV (Telefon 0 89/29 49 40) anrufen. Schneefelder vom vergangenen Winter können noch bis in den Sommer die Wege bedekken. Über die aktuelle Situation in seinem Gebiet weiß am besten der Hüttenwirt Bescheid. Wie heißt's so treffend? Vorbeugen ist besser...

12. Gesicherte Steige bei Gewitterneigung meiden
Denn Eisenklammern, -leitern und Drahtseile sind Blitzableiter! Bei sicherem Wetter bieten Klettersteige eindrucksvolle Bergerlebnisse. Aber man sollte nur mit der richtigen Ausrüstung unterwegs sein: Steinschlag-Schutzhelm, Brust-/Sitzgurtkombination oder Komplett-Anseilgurt, Seilstück mit 11 mm Durchmesser und 3,50 Meter Länge, Klettersteig-Seilbremse, zwei Klettersteig-Karabiner, dünne Lederhandschuhe.

13. Langsam angehen, gut zu Ende bringen
Wer langsam geht, geht gut – wer gut geht, kommt weit. So sagt ein altes Sprichwort aus den Alpen. Und für Gipfelersteiger gilt noch immer: Der Abstieg kommt bestimmt – und muß bewältigt werden!

14. Rechtzeitig und regelmäßig rasten
Und natürlich auch rechtzeitig Brotzeit machen mit genügend zum Trinken! Regelmäßige Pausen im Auf- wie im Abstieg halten Körper und Geist fit. Ermüdung oder gar Erschöpfung gefährden nur die Sicherheit, fürs Bergerlebnis lassen sie keinen Platz.

15. Umkehren, wenn es notwendig ist
Ein Zurück, wenn es die Verhältnisse erfordern, beweist mehr innere Kraft als das Erzwingen. Vorsicht und Vernunft haben schon viele Bergsteiger steinalt werden lassen.

16. Niemanden gefährden
Nicht den Partner und nicht die weiter unten Nachkommenden. Ein loser Stein ist schnell abgetreten. Dann kommt jede Reue zu spät.

Und wenn doch etwas passiert?
Ruhe bewahren. Verletzte versorgen. Die Retter kommen in jedem Fall. Heute meistens aus der Luft – per Helikopter. Aber Unfallmeldestellen sollte man sich trotzdem einprägen. Und das *alpine Notsignal:* sechsmal in der Minute (in regelmäßigen Abständen) ein hör- oder sichtbares Zeichen; eine Minute Pause und wieder von vorn. Die Retter antworten dreimal pro Minute.

Spezielle Hinweise für die Lechtaler Berge

Zusätzlich zu den allgemeinen Regeln sollte man bei Touren in den Lechtaler Bergen einige gebietsspezifische Besonderheiten berücksichtigen:

- In den Lechtaler Bergen gibt es viele steile Grashänge. Diese können bei trockenem Wetter harmlose Blumenwiesen sein, bei Nässe aber lebensgefährlich rutschig werden.

- Losgetretene Steine werden auf Grashängen besonders leicht zu gefährlichen Geschossen für nachfolgende Bergsteiger.

- Wege auf den häufig anstehenden tonhaltigen und wasserstauenden Gesteinen (u. a. Mergel) werden bei Nässe gefährlich glitschig.

- Viele der in den Lechtaler Bergen vorkommenden Gesteine sind recht brüchig. Wo Wege und Steige durch felsiges Gelände führen, ist daher Vorsicht geboten: Bevor man sich an einem Felsen festhält oder ihn betritt, sollte man also die Festigkeit prüfen – nicht nur sich selbst zuliebe, sondern auch zur Vermeidung von Steinschlag.

- Auf Stahlseile und Eisenstifte kann man sich nicht bedingungslos verlassen, insbesondere auf wenig begangenen Steigen und nach schweren Gewittern; während eines Gewitters sind Eisenwege wenn irgend möglich zu vermeiden.

- In den Lechtaler Bergen treten häufig Gewitter mit intensiven Starkregen auf. Dabei können sich wegen der geologischen Bedingungen ungewöhnlich große Gesteinsmassen in Bewegung setzen: Steinschlag, Muren und hochwasserführende Bäche sind dann unter Umständen gefährlicher als der Blitzschlag.

- Nach einem der häufigen Murgänge kann es passieren, daß plötzlich ein Stück des Weges fehlt und ein Murgraben mit senkrechten Uferwänden zu überwinden ist.

- Schneereste können bis in den Sommer hinein die Wegabschnitte bedecken. Insbesondere vormittags, bei noch gefrorenem Schnee, ist die Querung abschüssiger Schneefelder gefährlich (Ausrutschen auf steilen Schneefeldern ist eine der häufigsten Ursachen tödlicher Wanderunfälle!). Leichtsteigeisen (»Grödeln«) sind auf manchen Touren also eine durchaus sinnvolle Ausrüstung.

- Schneebrücken über Bäche sollte man bei zweifelhafter Stabilität wenn möglich umgehen, andernfalls vorsichtig auf allen vieren »überkrabbeln«.

- Die Lechtaler Berge sind ein Gebiet, in dem die Natur noch wertvolle Rückzugsgebiete hat. Daß Sie Teile davon entdecken und erleben können, dazu soll dieses Buch beitragen. Wir hoffen aber sehr, daß darunter die Natur nicht leiden muß.

Die Auswahl der »richtigen« Tour

Die Touren, die wir hier vorstellen, sind so ausgewählt, daß für jeden »Geschmack« etwas dabei ist: von der gemütlichen Bergwanderung bis zur anspruchsvollen, mehrtägigen Hochtour mit leichten Klettereinlagen.

Um eine Tour so auszuwählen, daß sie gerade »paßt«, gilt es viele Faktoren abzuwägen:

- Wetter in den Tagen zuvor (glitschiger Boden nach Regen? Schneereste?),
- Wettervorhersage für die Tourentage (Gewitterneigung? Kaltfront?),
- Geländebeschaffenheit (Steilgras oder steile Mergelschichten? – nicht bei Nässe!, Klettersteig? – nicht bei Gewitter!),
- Geländeexposition (gefrorener Altschnee in nordexponierten Karen, ungeschützte Südseite – mühsam und durstfördernd im Sommer),
- Selbsteinschätzung (Kondition, Trittsicherheit, Schwindelfreiheit).

Natürlich spielt dabei meist auch die **Jahreszeit** eine Rolle. Da die Jahreszeiten aber oft – und wie es scheint immer öfter – »total verrückt« spielen, haben wir bewußt auf die durchgehende Angabe der »Besten Jahreszeit« verzichtet. Darauf kann man sich im Einzelfall ohnehin nicht verlassen; im Gegenteil, diese Angaben können für unbedarfte Wanderer sogar gefährlich irreführend sein. Man denke nur an Kaltfronten im August mit Schnee bis 1200 Meter herab! Andererseits war es in den letzten Wintern mehrmals möglich, fast schneefrei sogar 2000er zu besteigen, sofern die Anstiege in offenen Südhängen lagen.

Um den **Zeitaufwand für eine Tour** richtig einschätzen zu können, müssen Sie zu unseren Angaben der Gehzeit noch Zeit für Pausen dazurechnen; bei sportlich orientierten Bergsteigern wird das nicht viel sein, bei gemütlichen Gruppenwanderungen (z. B. mit Kindern) kann sich die gesamte Tourenzeit wesentlich verlängern oder auch fast verdoppeln.

Weiterführende Literatur

Heinz Groth: Lechtaler Alpen, Alpenvereinsführer;
Dieter Seibert / Heinz Groth: Allgäuer Alpen, Alpenvereinsführer;
Marcus Lutz: Tannheimer Berge, Alpenvereinsführer;
Marcus Lutz / Dieter Seibert: Ammergauer Alpen, Alpenvereinsführer;
Dieter Seibert: Bregenzerwaldgebirge und Lechquellengebirge, Großer Führer;
alle: Bergverlag Rudolf Rother, München.
Horst Höfler: Bergwandern heute, Ein unentbehrlicher Ratgeber für jeden Wanderer, Bruckmann Verlag, München.
Pepi Stückl / Georg Sojer: Bergsteigen, Lehrbuch und Ratgeber für alle Spielarten des Bergsteigens, Bruckmann Verlag, München.

Register

Die geradestehenden Ziffern verweisen auf die Textseiten, die kursiven Ziffern auf die Seiten der Bildunterschriften.